BODO LAMPE

——

TRACTATUS DE NATURA MUNDI

2

Bibliografische Information der Deutschen Nationalbibliothek: Die Deutsche Nationalbibliothek verzeichnet diese Publikation in der Deutschen Nationalbibliografie;
detaillierte bibliografische Daten sind im Internet über dnb.dnb.de abrufbar.

Herstellung und Verlag: BoD - Books on Demand, Norderstedt

ISBN: 9783749446230

BODO LAMPE

TRACTATUS

DE NATURA MUNDI

EINHEIT UND DIALEKTIK DER
THEORETISCHEN PHILOSOPHIE

INHALT

VORREDE

Die Bedeutung der Philosophie liegt seit jeher darin, das gemeinsame Dach für die Natur- wie auch die Geisteswissenschaften zu bilden, und darüber hinaus deren vom Bewusstsein vorgegebene Einschränkungen mitzudenken. Dabei sind Objekte der Philosophie nicht nur die Methoden und Resultate des menschlichen Reflektierens, sondern auch die Totalität des materiellen und geistigen Seins. Unter den Wissenschaften nimmt sie daher eine natürliche Sonderstellung ein.

Diese hat ihr zuweilen den Ruf eingebracht, sie bewege sich in einem zurückgebliebenen, ja unreifen Stadium und habe den Rang einer Wissenschaft vorläufig noch nicht erreicht. Einer solchen Einschätzung ist jedoch zu widersprechen. Abgesehen davon, dass sich die Philosophie den jeweils neuesten Entwicklungsstand der Wissenschaften zunutze machen kann und muss, gibt es bei ihr - genau wie in jeder anderen Wissenschaft - richtige und falsche Ansätze, Modelle und Standpunkte. Darüber hinaus ist auch nicht einzusehen, weshalb eine so alte Disziplin wie die Philosophie unreif sein könnte. Im Gegenteil: die Philosophie zeigt ihre Reife, indem sie selbst in Fällen, wo keine neuen Elemente zur Betrachtung hinzugetreten sind, neue Akzentuierungen ohne weiteres zulässt, und sich auch nicht scheut, durch diese den Blick auf die Totalität zu verändern.

Schon gar nicht darf man den Fehler begehen, die Philosophie näher bei Kunst und Religion anzusiedeln als bei den Wissenschaften. Während das vorherrschende Merkmal der Kunst die Schönheit ist, und das der Religion der Glaube, hat Philosophie von Definition und Begriffsbildung her mit dem Denken zu tun, und weniger mit Empfindungen - oder sagen wir besser: es hat mit Empfindungen nicht mehr zu tun als jede andere Wissenschaft auch. Die Philosophie kann sich der Schönheit und dem Glauben mit philosophischen Methoden nähern, doch das heißt natürlich nicht, dass sie in irgendeiner Form Kunst oder Glaube wäre.

Ein Mensch kann Philosophie betreiben und leidenschaftlich von ihr ergriffen sein, weil er spürt oder zu spüren meint, dass sich seine Gedanken auf das Große-Ganze oder etwas Kosmisches beziehen; es geht ihm damit aber nicht anders als jenem Naturwissenschaftler, der von dem letztlich unergründlichen Zauber eines Naturgesetzes beseelt ist und darin eine göttliche Wirkung durchscheinen sieht. Kurz gesagt: von Emotionalität und Intuition werden auch die Kollegen in den Fachdisziplinen inspiriert und beeinflusst, und es kann aber die Philosophie genau wie die Einzelwissenschaft nicht bei Gefühlen stehenbleiben.

Es ist auch nicht so, dass alle Philosophie die Endlichkeit des Menschen reflektieren muss, die Potenz seines Geistes und seiner Kultur oder die Unendlichkeit des Universums. Diese können ihr Thema so gut sein wie jedes andere, etwa das Geld, die Armut oder jene Art der Entfremdung, die dem Menschen nicht einmal sein Einzeln-Sein lassen will. Philosophie kann sich auf eine Welt beziehen, die vom menschlichen Denken und Tun derart beeinflusst ist, dass darunter liegende objektive Materiestrukturen scheinbar keine Rolle mehr spielen, aber genauso gut kann sie versuchen, einen letzten materiellen Grund allen In-der-Welt-Seins zu entdecken. Es gibt eben verschiedene Wege der Philosophie, verschiedene Einstellungen gegenüber Natur und Gesellschaft, und auch verschieden akzentuierte Bewertungen wissenschaftlicher Erkenntnis. Es gibt die Naturphilosophie, und es gibt eine Einstellung, die die materielle Natur für ein nachgeordnetes Phänomen hält und vordringlich gesellschaftliche oder politische Betrachtungen anstellt. Dann wieder gibt es diejenigen Philosophen, die die Welt nur zusammen mit der Psychologie des Menschen für begreifbar halten, oder die, welche dem Denken mit den präzisen Werkzeugen von Logik und Mathematik auf die Spur kommen wollen.

Alle diese Zugänge sind erlaubt. Was allein zählt, ist der Erkentnisgewinn. Indem sie die Gesamtheit dieser Aspekte zu integrieren versteht, wird die Philosophie zu einer umfassenden Wissenschaft. Das gilt sogar für die Metaphysik, die heute oft als Scheinwissenschaft abgelehnt wird, nach meiner Auffassung aber immer ihren Platz in der Philosophie behaupten wird, in jenen Bereichen, die die Grenzen der menschlichen Existenz und Erkenntnis markieren. Kurz gesagt gilt: Philosophie sollte so präzise wie möglich vorgehen - und so metaphysisch wie nötig.

Von jeher geht philosophisches Denken darauf, in weitem Kontext tiefgründige Fragen zu beantworten. Doch gerade diejenigen Fragen, die die Menschheit seit dem Eintritt der Vernunft in die Geschichte am brennendsten interessieren, wie zum Beispiel die nach dem Sinn oder Ziel des Lebens, dem letzten Urgrund des Daseins oder die tiefere Verfasstheit und Freiheit unserer Individualexistenz, sind bisher nicht oder nur unvollständig beantwortet worden.

Möglicherweise lassen sie sich gar nicht beantworten, auch nicht durch noch so verklausulierte rationale Konzepte, sondern man kann sich ihnen höchstens im Rahmen metaphysischer Konstruktionen nähern, einfach weil die auf der Erde entstandene menschliche Intelligenz dafür wenig geeignet ist. Viele neuere Konzepte der Philosophie zielen ohnehin nur funktionalistisch auf die Entzifferung struktureller Abläufe und streben gar nicht an, jene Metaebene zu erreichen, auf welcher jene Fragen zu behandeln wären. Auch die Wissenschaften von der Natur sind vor allem beschreibend tätig und können jene Probleme daher kaum lösen.

Trotz solcher Hemmnisse lässt sich durchaus zu Recht behaupten, dass die Philosophie heute immer mehr einem Abschluss zustrebt - wenngleich nur in einem relativen Sinn, d.h. modulo weiterer möglicher Akzentuierungsstrategien. Dies hängt nicht allein damit zusammen, dass die enge Welt der Menschen, die traditionell einen wesentlichen Bestandteil philosophischer Betrachtungen ausmacht, dem Grundsatz nach unveränderlich ist. Das menschliche Leben und Zusammenleben findet unter verschiedenen, jedoch immer von der Natur vorgegebenen Vorzeichen und immer auf der Erde statt. Der Mensch kann die Natur und seine eigenen Lebensverhältnisse kulturell und technisch beeinflussen, kann sich Gedanken über die von ihm beobachteten kleinsten Teilchen und größten Galaxienansammlungen machen, ist aber nicht in der Lage, die dem kosmischen Geschehen zugrunde liegenden Naturgesetze aus eigener Kraft zu modifizieren.

Darüber hinaus hat sich auch die Menschheit als Ganzes in den letzten Jahrtausenden nicht allzu sehr verändert; sonst würden uns Heutigen die philosophischen Fragen und Ansätze antiker Denker nicht so selbstverständlich erscheinen.

Tatsächlich ist der Fundus philosophischer Fragen weitgehend erschöpft, und auch die meisten Antworten sind bereits gefunden. Abgesehen von den bereits genannten 'metaphysischen' Sinnfragen gibt es allerdings noch einige weitere

Bereiche, in denen vollständige Antworten kontrovers oder nicht gegeben sind. Obwohl meine Abhandlung den Fundus als Ganzes umfasst, konzentriert sie sich auf eben diese Bereiche und versucht, sie zu einem befriedigenden Abschluss zu bringen. Im Einzelnen geht es darum,

-was die Natur der Substanz ist, aus welcher der Kosmos in Wahrheit besteht, und wie sich Raum und Zeit als deren Umgebungsbedingungen konstituieren.

-wie Geisteserkenntnis in und über die äußere Welt überhaupt möglich sein kann. Eine alte Frage, von Lorenz schlüssiger beantwortet als von Platon oder Kant. Ich werde diese klassischen Deutungen um den Begriff des Pointers erweitern, vermittels dessen Ideen mit Erkenntnisobjekten verbunden werden können.

-ob es Gedanken oder Erkenntnis ohne Sprache geben kann. Gewiss in dem Sinne, dass jeder Gedanke mit etwas Vorsprachlichem ansetzt und somit der Keim jedes Gedankens sprachlos ist. Ein Bild zum Beispiel, das wir uns vorstellen, ist i.a. nichts Sprachliches, und wir können durch Bilder gewissermaßen an der Sprache vorbei Erkenntnis gewinnen. Sprache besteht aus Zeichen, Wörtern, Begriffen und Pointern, Erkenntnis liegt näher bei den Dingen an sich.

-ob es menschliche Freiheit gibt, oder ob unser Leben in jedem Moment vollständig determiniert ist. Zunächst muss man sich darüber klarwerden, dass Freiheit kein an-sich ist, sondern eine Eigenschaft für-uns. Sie ergibt sich aus der Existenz des Zufalls, weil das an sich determinierte Weltgeschehen für uns nicht völlig erfassbar ist. Ein wichtiger Wesenszug ist ihre Negativität.

-welches die bevorzugte Gesellschaftsform ist, in welcher wir leben sollten.

-ob es ein Telos oder einen tieferen Sinn in der Geschichte bzw der künftigen Menschheitsentwicklung gibt. Ein Telos wohl nicht, doch es gibt technischen und sozialen Fortschritt, der freilich immerzu vom Entgleisen bedroht ist; und es gibt im Zeitalter der Globalisierung vielleicht so etwas wie eine Universalgeschichte, auf die alle gegenwärtigen Kulturen der Erde hin konvergieren.

-ob Letztbegründungen unseres Seins und der Erkenntnis überhaupt möglich sind.

-was Metaphysik wann zu leisten vermag.

Man könnte vermuten, der erwähnte technische Fortschritt, etwa das Internet oder Eingriffe in das menschliche Erbgut, generiere beständig neue Aspekte und Sichtweisen der Philosophie. Das ist aber nur selten der Fall, da sich die Schlüsselfragen der menschlichen Existenz selbst durch Technologiesprünge höchstens graduell verändern und normalerweise auch keine neuen hinzutreten. Unsere Lebensweise und viele gesellschaftliche Prozesse mögen sich durch Technik vereinfachen, aber an den fundamentalen Fragen des Daseins ändert sich meistens nicht viel.

Die Situation der Philosophie ist damit komfortabler als die der Naturwissenschaften. Diese haben zwar beträchtliches Wissen aufgehäuft, auf dessen Basis sich viele natürliche Prozesse zum Beispiel der Chemie und Biologie begreifen lassen, und von ihren Auguren wird gern selbstbewusst verkündet, mit den beiden sogenannten Standardmodellen der Teilchenphysik und der Kosmologie sei ein vollständiges Weltbild bereits gegeben. Leider ist diese Behauptung falsch. Um das zu erkennen, muss nur daran erinnert werden, dass etwa das Standardmodell der Teilchenphysik ebenso wie seine Erweiterungen Dutzende von nicht berechenbaren Parametern sowie ein Ensemble von 24 fermionischen Teilchen enthält, die man allesamt als fundamental zu betrachten gezwungen ist.

Auch gibt es, von einigen nicht verifizierbaren und voluntaristischen Ansätzen abgesehen, bis heute keinerlei Verständnis dafür, wie sich Quantenmechanik und Gravitationstheorie - und damit die beiden genannten Standardmodelle - zusammenführen lassen. Der Leser mag hinnehmen, dass eine neuere Theorie des Autors, die diesen Problemen Abhilfe schafft, an verschiedenen Stellen des Tractatus zur Absicherung der philosophischen Argumente herangezogen wird.

ONTOLOGIE DER SUBSTANZ

Substanz ist das Eine, woraus alles besteht. Sowohl die Natur als auch der Geist bestehen aus diesem Einen, nur erscheint uns der Geist subjektiv als etwas Anderes, Besonderes. In Wirklichkeit besteht er aus Hirnmasse, d.h. er ist letztlich aus demselben Material geformt wie der Rest der Natur. Unser Bewusstsein ist ein Teil der Substanz, allerdings einer, den wir subjektiv anders wahrnehmen als den Rest der Welt, weil er sich habituell zu einem soziobiologischen Individuum abnabelt, um die übrigen Teile nicht nur wahrzunehmen, sondern sie auch zu erkennen, d.h. zu begreifen, nach welchen Prinzipien sie funktionieren. Wir können uns teilweise, aber nie vollständig, von der Welt lösen, um die Welt aus einer halbwegs objektiven Perspektive zu analysieren. Wie dieses 'halbwegs' genau zu verstehen sei, haben Philosophen und Physiker seit Jahrhunderten aus ihren je verschiedenen Blickwinkeln zu beschreiben versucht.

Die Substanz samt den auf sie und in ihr wirkenden Kräften ist die Ursache für alles, was wir sind und wahrnehmen und worin wir sind. Doch welches ist die 'Ursache' der Substanz? Wie und wodurch ist sie entstanden? Diese Frage kann zu diesem Zeitpunkt, beim gegenwärtigen Stand der Experimentierkunst, niemand verlässlich beantworten. Es kann nur gesagt werden, durch welche Ursachen bzw Wechselwirkungen die Substanz bewegt, d.h. in Form und

Gestalt verändert werden kann - zum Beispiel durch die Zufuhr von Energie. Allerdings ändert sich bei solchen Vorgängen nie ihre substantielle Identität.

Letztere Aussage gilt in dem von mir vorgeschlagenen Weltmodell für die von der Tetronmaterie gebildete Substanz, die den von uns wahrgenommenen Teil des Kosmos vollständig ausfüllt und den Träger der Einsteinschen Metrik bildet. Da andererseits die gewöhnliche Materie aus Anregungen (von Tetronen) besteht, kann diese durchaus ihre Identität ändern, indem etwa beim Betazerfall ein Neutron in ein Proton übergeht.

Ebenso ist hier nicht die Rede von der 'Substanz' eines einzelnen Dinges, eines Tisches zum Beispiel, im Sinne der charakteristischen Eigenschaft dieses Tisches, die ihn etwa von einem Stuhl unterscheidet. Dies bezeichne ich eher als Funktion denn als Substanz, da sie für den Menschen, nicht aber für die Materie-an-sich von Bedeutung ist. Vom Standpunkt der Einen Substanz unterscheidet sich ein Tisch nicht von einem Stein oder von einem anderen begrenzten Stück Materie. Im Vergleich dazu sind charakteristische Eigenschaften - insbesondere von Gebrauchsgegenständen - etwas menschlich Subjektives, den Dingen durch unser Bewusstsein Auferlegtes, was mit der Einen Tetronsubstanz, von der ich spreche, nichts zu tun hat. Auch in der Biologie gibt es solche Funktionen, die sich die DNS 'ausdenkt', d.h. durch trial and error im Laufe der Evolution entwickelt, um ihren Fortbestand zu sichern. (Dieser wird nach allem, was wir wissen, eines Tages ziemlich jämmerlich zu Ende gehen, spätestens wenn der Sonne der Brennstoff ausgeht.)

Substanz ist auch nicht die Eigenschaft eines chemischen Elementes, welche es von anderen Elementen unterscheidet, sondern das Zentrale, Gemeinsame aller Elemente, die aus Leptonen und Quarks und einer noch tiefer liegenden, universellen Schicht von Materie bestehen. Der Begriff der Substanz meint hier also etwas Grundlegenderes, was allen Dingen gemeinsam inhärent ist und auch die materielle Basis für unsere Bewusstseine darstellt, welche über sie nachdenken.

Die Idee der Einen Substanz ist dem Monismus verwandt, der von einem einzigen Grundprinzip ausgeht, welches die Dynamik des Kosmos bestimmt; und ganz allgemein hat das theoretische Denken seit jeher versucht, die Phänomene der Welt nach einfachen Richtmaßen zu ordnen. Obwohl es damit zuweilen recht erfolgreich gewesen ist, steckt hinter der Suche nach ordnenden Prinzipien und letzten Urgründen der Hang des menschlichen Verstandes, Reduktionen vorzunehmen; nicht nur in Fällen, wo Prozesse allzu kompliziert und für ihn unbegreiflich sind, sondern er wendet sie leider oft auch dort an, wo ihm mit solchen Vereinfachungen wesentliche Aspekte des Untersuchungsgegenstandes entgehen.

Immerhin korreliert dem Einheitsprinzip des Monismus eine einheitliche Grundbeschaffenheit der Wirklichkeit, deren Träger man die Substanz nennen würde. Als Naturalisten geht es mir in erster Linie um die Vorrangstellung des Trägers über das Prinzip, da die Substanz etwas Materielles ist, ein Prinzip hingegen etwas Gedachtes. Natürlich ist auch der Substanzbegriff als Begriff nur etwas Gedachtes, aber er pointet eben auf den materiellen Träger der Realität.

Weiterhin hat die Eine Substanz den Vorteil, dass sie die Existenz von mehrerlei Prinzipien erlaubt, mit unterschiedlichen Facetten, aufgrund derer man die Vielfalt der Welt verstehen kann. Damit löst sie das Grundproblem des Monismus, der ja aus seinem Einheitsprinzip heraus alle in der Welt auftretenden Differenzen generieren muss. Denn es wäre schlecht abstrakt, zu behaupten, die erste Differenz sei durch den Gegensatz zwischen Sein und Nichts gegeben und daraus ließen sich alle anderen gewissermaßen durch Iteration gewinnen. Auch durch Hinzufügen des ebenso abstrakten Konzeptes des Werdens lässt sich die reale Vielfalt der Welt definitiv nicht erzeugen.

Wenn umgekehrt mehrere unterschiedliche Prinzipien existieren, stellt sich die Frage, wodurch denn diese in einer gemeinsamen Welt konsistent zusammengehalten werden. Darin sehe ich allerdings kein Problem, solange sie alle den Schattierungen der Einen Substanz entsprechen, welche die Welt bildet. Allein die Tatsache, dass wir in einem (mindestens) 3-dimensionalen Raum existieren, stellt eine Facette dar, die ein dogmatischer Monismus nicht verstehen kann. Wenn in einem solchen Raum auch noch eine große Anzahl von vielen verschiedenen Teilchen als Anregungen der Substanz auftreten, entstehen zwischen diesen Teilchen automatisch nichtlineare Effekte, eine Tatsache, die den Widerspruch zwischen der einfachen Basisstruktur der Substanz und dem scheinbar komplizierten Gewebe unserer Welt auflöst.

Aus der Endlichkeit und Wandelbarkeit der materiellen Erscheinungen darf man auf keinen Fall schließen, dass diese auf einem Urprinzip beruhen, dem eine größere Rolle zukommt als der Substanz. Sondern Sein, Erscheinung und Interaktionen der Substanz müssen zusammen betrachtet werden. Es ist doch ganz einfach: es gibt eine Substanz, eine universelle bisher nicht beschriebene Teilchenart, aus der alle anderen Teilchen bestehen bzw deren Anregungen sie sind, und diese Substanz tritt mit sich selbst in Wechselwirkung, derart, dass sie eine Art kristalline Struktur bildet, die den gesamten Kosmos ausfüllt. Die normale Materie, einschließlich des Menschen, seines Gehirns, seiner Gedanken und seines Bewusstseins sind Konglomerate der genannten Anregungen. Und schließlich entspringt die Gravitationswechselwirkung, die Einstein als metrische Verformung interpretiert hat, einer Elastizität des kosmischen Kristalls.

Eine solche realistische, materialistische Sichtweise steht natürlich im Gegensatz zu jeder Form von Idealismus und Antinaturalismus, wo das Individuum und seine Reflexionen und Wahrnehmungen das Maß aller Dinge zu sein beanspruchen. In der Konsequenz ist die idealistische Welt allerdings chaotisch, unerklärbar, schlimmer noch: nicht existenzfähig. Offensichtlich darf man daher das oberste Prinzip nicht in unseren Köpfen suchen, sondern muss sich an die Informationen der Wahrnehmung halten.

Das menschliche Bewusstsein stellt immerhin die Begriffe bereit, ohne die diese Informationen nicht gefiltert und weiter ausgeforscht werden könnten. Das heißt: ohne Begriffe gibt es zwar die Natur, aber kein Verständnis von der Natur.

Es ist also die Substanz NICHT wie bei Aristoteles das Wesen eines Dinges - weil dieses Wesen etwas rein Gedachtes ist und daher von verschiedenen Betrachtern verschieden definiert werden kann. Sondern die Substanz ist eben das Meer der Tetronen und Tetraeder, auf denen sich die konkreten Dinge als Konglomerate von Anregungen bewegen können. Da es real ist, ist dieses Meer aber auch nicht reine Potentialität - oder höchstens in dem Sinne, dass es den verschiedensten Anregungsformen erlaubt, sich auf ihm auszubreiten.

Auch nicht sollte man das Gesetz, welches die Bildung des Tetraedermediums beschreibt, ein erstes und oberstes Prinzip nennen, nur weil es wegen der homogenen Verteilung der Tetronen an jedem Punkt des Raumes gleichartig wirksam ist. Ein Prinzip und ein Gesetz setzen ein Gehirn voraus, das diese innerhalb eines begrifflichen Rahmens formuliert. Nur wenn die Begriffe 'Prinzip' und 'Gesetz' so verstanden werden, dass sie Zeiger auf ein entsprechendes systematisches Verhalten, d.h. auf eine Eigenschaft-an-sich der Materie sind, kann man weiter voranschreiten und versuchen, dieses Verhalten genauer zu verstehen. So könnte etwa hinter jenem 'Prinzip' eine unbekannte neue Kraft stehen, die durch ein bisher unbekanntes Bindeteilchen mit durchaus komplexen Eigenschaften hervorgerufen wird. D.h. das, was man zuvor als ein oberstes Prinzip angesehen hatte, erweist sich im Verlauf der Erkenntnisgeschichte als ziemlich vermittelt.

So wie der menschliche Geist von der Natur getrennt aber letztlich doch mit ihr verbunden, aus ihr geformt und von ihr abhängig ist, gibt es eine aus Bewusstseinen zusammengesetzte gesellschaftliche Substanz, die mit der physikalischen Substanz scheinbar nichts zu tun hat. Descartes hat diese Art der geistigen Substanz als res cogitans bezeichnet, und er hat hiermit durchaus eine bedeutsame wenngleich nicht besonders tiefsinnige Feststellung getroffen. Denn die Trennung von hyle und morphe nimmt das Gehirn vor. Die Dinge an sich, so sehr sie anthropologisch die Entwicklung unseres Geistes mitbestimmt haben, sind für dieses zunächst eine große Brache, die benutzt und erkannt werden will, aus möglichst vielen, unterschiedlichen Blickwinkeln, und dazu bedarf es einer res cogitans.

Das heißt nicht, dass ein Ding-an-sich strukturlos wäre. Sondern nur um die Struktur an sich zu erkennen und ihr einen Namen zu geben, bedarf es des Verstandes. - Was andererseits eine Trivialität ist, da die Einführung und Verwendung von Bezeichnungen und Definitionen ein System des Denkens voraussetzt. So sind auch die Seinsstrukturen-an-sich des Ding-an-sich, da sie nichts Sprachliches oder Begriffliches enthalten, von anderer Art als die vom Verstand benutzten, jene Seinsstrukturen freilegenden Methoden und Denkmodelle.

Obwohl diese DIFFÉRENCE, wie von verschiedenen Philosophen besonders der Moderne hervorgehoben, dem Menschen eine Reihe von Chancen eröffnet, sowohl im Hinblick auf sein eigenes Ich als auch seinen Umgang mit der Welt, darf man den menschlichen Geist und dessen Substanz auf keinen Fall zum Maß aller Dinge verklären, nur aufgrund der im Grunde Selbstverständlichkeit, dass wenn ein Ich die Welt betrachtet, es diese Welt distanziert durch seine eigenen Augen hindurch wahrnimmt, und dass es sie nach Prinzipien ordnet, die der Natur des Verstandes, welcher aufgrund seines Entstehens von praktischer Art sein muss, genehm sind und damit seine Sicht auf die Welt beschränkt.

Der Mensch konstituiert die Welt, doch nicht die Welt-an-sich, sondern eine, die ihm durch sein Gehirn und seine Wahrnehmung gezeigt wird, und eine, die er aufgrund seiner Vorurteile und -erfahrungen schon kennt oder zu erkennen meint. Genaugenommen sind alle diese Aussagen trivial, sie beschreiben nur, wie Hirn und Bewusstsein funktionieren. Anders könnte es gar nicht sein, denn anders kann gar keine Weltsicht entstehen. Das eigentliche, vermutlich unlösbare Geheimnis liegt eher darin, woher die außermenschliche Welt, d.h. die Welt-an-sich und ihre oben beschriebene Substanz stammen.

Entsprechend diesen Ausführungen darf die Wissenschaft günstigstenfalls hoffen, die Vorgänge in dem Ding-an-sich unseres Kosmos näherungsweise und funktional zu begreifen. Das ist viel und wenig zugleich. Um zur Erkenntnis zu gelangen, bedarf es beider 'Substanzen', der abgeleiteten des Geistes und der fundamentalen der Materie; und innerhalb der ersteren drittens uns SUBJEKTE DER FREIHEIT, ohne die überhaupt keine Erkenntnis wäre. Erkenntnis und Freiheit finden vollständig im Medium der Materie statt, zu dem auch unsere Gehirne und letztlich auch unsere Bewusstseine gehören.

Eigentlich substantiell sind also nur das materielle Universum und seine gesetzliche Dynamik, auf dessen Fundament sich alles abspielt, die materielle Realität ebenso wie der erkennende, in und auf ihr agierende Geist.

Raum und Zeit

Raum und Zeit werden benötigt, damit die Substanz sich zu der Welt entwickeln kann, welche der Kosmos ist.

In der modernen Physik, besonders bei hohen Energien, hat es sich eingebürgert, Raum und Zeit zusammen zu denken. Die Relativitätstheorie hat bewiesen, dass Räumliches und Zeitliches ineinander transformiert werden kann. Man könnte dadurch zu der - allerdings irrigen - Annahme verleitet werden, zu glauben, Raum und Zeit seien von durchaus verwandter Natur. Tatsächlich wird in der Relativitätstheorie häufig von einem Raumzeitkontinuum gesprochen, was ebenfalls die scheinbare Ähnlichkeit von Raum und Zeit insinuiert. Das Zusammenspiel von Raum- und Zeitkoordinaten, wie wir es in Lorentztransformationen kennen, auf denen die Konzepte der Relativitätstheorie aufbauen, hat aber vor allem damit zu tun, dass wir in einer Welt der Wellenanregungen leben und selber aus solchen Anregungen bestehen. Die Wellengleichung, deren Symmetriegruppe die Lorentzgruppe ist, verschränkt Raum und Zeit in wohldefinierter Weise, ohne dass diese beiden Konzepte von ihrer tieferen Natur her etwas miteinander zu tun haben müssten.

-Die Substanz muss sich innerhalb von etwas ergießen. Dieses nennen wir Raum und beschreiben es durch Koordinaten und Koordinatenachsen. Seiner Natur nach besteht er in nichts Anderem als eben dieser Koordinatisierbarkeit. Damit die Substanz sich ausfalten kann, stehen grundsätzlich eine unbekannte Anzahl von Dimensionsachsen zur Verfügung. Dass wir genau drei wahrnehmen, ergibt sich im Tetronmodell aus der Dynamik ihres Kristallisationsprozesses.

-Seit Boltzmann wird die Zeit oder zumindest ihre Gerichtetheit mit der Entropie und dem zweiten Hauptsatz der Thermodynamik in Verbindung gebracht. Die kosmische Zeit entwickelt sich parallel zum Anstieg der Entropie, also in Richtung auf immer wahrscheinlichere Zustände, ein Faktum, dass sich unmittelbar aus der wahrscheinlichkeitstheoretischen Basis der Boltzmannschen Thermodynamik ergibt; und man kann daraus auf die Existenz eines Zeitpfeiles schließen.

Die Behauptung allerdings, Thermodynamik und Entropie reichten völlig aus, um das Wesen der Zeit zu verstehen, ist falsch. Das erkennt man am besten anhand der Betrachtung von elementaren Teilchenprozessen, bei deren zeitlicher Entwicklung die Entropie erkennbar keine wesentliche Rolle spielt. Auch ist bekannt, dass bei solchen Elementarprozessen eine Orientierung des Zeit-pfeils nicht a priori vorgegeben werden muss. Jeder dieser Prozesse kann auch rückwärts verlaufen (modulo Vertauschung von Teilchen und Antiteilchen).

Wir wissen also nicht, was das Wesen der Zeit ist; möglicherweise besteht es wiederum in nichts Anderem als ihrer Koordinatisierbarkeit. Immerhin wissen wir aber, dass Zeit benötigt wird, damit die Substanz und besonders ihre An-regungen sich fortentwickeln können. Und dass nur eine einzige Zeitkoordina-te vorhanden ist, entspricht der Tatsache, dass sich der Prozess des Daseins nur einen einzigen Weg seiner Entwicklung suchen kann.

Zusammengefasst können Zeit und Raum als 'Umgebungsbedingungen' für die prozesshafte Entwicklung bzw Entfaltung der einen Substanz begriffen werden.

Sein/Seiendes - Ontologie Natur

Der Begriff des Seienden umfasst sowohl unser Bewusstes und Unbewusstes als auch die äußere Welt, welche (in jeder realistischen Philosophie) unab-hängig von diesem Bewusstsein existiert. Zum Sein gehört also nicht nur alles Denk- und Vorstellbare, das sich in unseren Köpfen abspielt, sowie unsere normale tägliche Umgebung, sondern auch all das, was außerhalb der direkten Wahrnehmung liegt und gewissermaßen jenseits der Ränder unseres persönli-chen und physikalischen Kosmos existiert.

Im Ganzen unterscheide ich 2 plus 2 grundlegende Seinskomponenten:

(1a) Das Unbewusste, welches all jene Gehirnprozesse umfasst, an denen das Bewusstsein zu einem gegebenen Zeitpunkt nicht beteiligt ist

(1b) Das subjektive oder Ich-Bewusstsein der Gehirne, das durch Interaktion mit anderen Bewusstseinen einen objektiven Charakter gewinnt und zusam-men mit ihnen und der kulturellen Umgebung die menschliche Gesellschaft ausmacht. Jedes Ich definiert sich sowohl antagonistisch als auch einträchtig im Verhältnis zu den anderen Bewusstseinen, was den beiden Polen von Indi-vidualismus und Kollektivität entspricht. Seine 'Existenz' ist das Resultat der subjektiven Innenperspektive eines aus organischen Molekülen aufgebauten Gehirns. Alle möglichen emotionalen Zustände und Fähigkeiten wie zum Beispiel Empathie, Verliebtsein oder Angst verleihen ihm 'gefühlt' einen an-deren Charakter als der Summe von Strömen und Eiweißmolekülen, aus de-nen es gebildet ist, und dieses Muster des sich subjektiv anders Fühlens setzt sich in der Wahrnehmung der äußeren Welt fort. So bedeuten uns z.B. Musik-stücke meist mehr als die Abfolge von Geräuschen, aus denen sie ja eigentlich nur bestehen.

(2a) Auch wenn sie auf der Ebene von Ich und Inter-Subjektivität ein eigenes Leben führen, gehören das Bewusste und das Unbewusste als Teil des aus organischem Material bestehenden Gehirns zur Gesamtheit der Materie im Kosmos. Die Erscheinungsformen der Materie entsprechen verschiedenen Anregungen (salopp gesagt Schwingungsmoden) der einen Substanz, welche den Kosmos vollständig ausfüllt. Obwohl die Materie in Formen so fest wie Stahl und Diamant vorkommt, ist ihre Festigkeit nur relativ. Letztlich sind alle diese Anregungszustände nur flüchtige, wandelbare Schatten, die sich jederzeit auflösen lassen. Metaphorisch ausgedrückt: wir und alle Materie sind nicht die Bäume eines Waldes, auch nicht die Blätter eines Baumes, ja nicht einmal der Wind, der durch die Blätter rauscht. Sondern wir sind das Rascheln der Blätter.

(2b) die Substanz als das fundamentale Material des Daseins ist elastisch, besitzt aber eine diskrete Substruktur aus inneren Tetraedern, das heißt sie wird von einer sich wiederholenden Sequenz von vier Fundamentalobjekten, den sogenannten Tetronen gebildet. Deren Eigenschaften spiegeln sich in den Eigenschaften der Anregungszustände, aus denen wir zusammengesetzt sind.

Für die Untersuchung des Ich-Bewusstseins und der Gesellschaft ist (2b) allerdings völlig unerheblich. Ohnedies haben die geistigen Inhalte des Gehirns (1a,1b), die in der Form von Eiweißmolekülen vorliegen und nur für uns dies und jenes bedeuten, eine andere Seinsbasis als das reale Sein der Materie, das ein einfaches So-Sein darstellt, in dem das Funktionieren und selbst die Abgrenzung von 'Gegenständen' im engeren Sinne gar nicht vorkommen, weil sie bereits eine Beimischung unseres Wahrnehmungswillens und unserer von Interessen gesteuerten Erkenntnis enthalten. Das Ich-Bewusstsein lässt sich mit den auf einem Rechner laufenden Softwareprogrammen vergleichen, deren reale Grundlage völlig unabhängig von der Bedeutung und Funktion, die die sie für uns haben mögen, als System von Magnetisierungen des Speichermaterials existiert, welches in dieser Analogie die Rolle der Eiweißmoleküle im Gehirn einnimmt.

Daraus folgt, dass wir Menschen zusätzlich zur physikalischen Wirklichkeit eine eigene Bewusstseinsrealität zu imaginieren in der Lage sind. Ohne dass man seine naturalistische Grundhaltung aufgeben müsste, ist in diesen Nebenrealitäten Platz für ideelle, moralische, egozentrische, betriebswirtschaftliche usw Konzeptionen der Welt und etwa auch für die Erfahrung des Bösen als von Menschen zu verantwortendes Handeln.

Jene vertrauten Gefühle der Verlorenheit und Unversöhntheit in und mit der Welt, welche den Ausgangspunkt der meisten kritischen und existentialphilosophischen Theorien bilden, gehören ebenfalls zum Ich-Bewusstsein als Teil dieser imaginierten und letztlich unvollständigen, doch für jeden von uns essentiellen Nebenrealität, in die am Ende der Tod als physisches Finale hineinbricht, von dem es keine Heilung geben kann. Nicht einmal unserer Gattung wird es vergönnt sein, auf immer zu überleben. Wie alle anderen wird auch sie am Ende vom Globus verschwunden sein.

Aus dieser Sicht wird offenbar, dass es kein objektives geschichtliches Telos geben kann und angebliche Gesetzmäßigkeiten wie die des historischen oder dialektischen Materialismus, die derartiges behauptet haben, nur eingebildet sind. Es gibt zwar durchaus Gesetze, denen die gesellschaftliche Entwicklung folgt, weil es auch in Soziologie und Ökonomie Ursachen und Wirkungen gibt, aber diese sind meist nicht so zwingend wie in den Naturwissenschaften. Und sie lassen sich ausheben, durch technische Innovationen beispielsweise oder eine spontan aufkommende neue Geistesströmung. Daher gibt es zwar einen Fortschritt in der Geschichte zu konstatieren, doch ist er ständig vom Entgleisen bedroht, und eigentlich ist niemals ganz klar, wohin er uns führen wird.

Darin liegt allerdings zugleich ein Basiselement der Freiheit, zumindest für die 'Eliten' einer Gesellschaft. In manchen historischen Situationen können diese nicht nur zwischen verschiedenen Fortschrittsoptionen wählen, sondern der Welt auch weitgehend ihren Stempel aufdrücken. Der Druck der Machthaber und der Traditionen ist es auch, der die übrigen Einzelnen meist so handeln lässt, wie die Gesellschaft von ihnen erwartet. In welchem Sinne sie trotzdem noch als Individuen frei ist, wird später im Teil über Existenzphilosophie erörtert.

An dieser Stelle will ich stattdessen zur allgemeinen Seinsproblematik zurückkehren, die auch das Sein der Materie (2a+2b) umfasst. Das Sein ist diejenige Eigenschaft des Seienden, bezüglich der sich alle oben aufgezählten Komponenten der Wirklichkeit gleichen und die es uns erlaubt, sie zu einem Gesamtkosmos der Realität zusammenzufassen, der 'Welt'.

Eine Frage in diesem Zusammenhang, die sich die abendländische Philosophie seit jeher gestellt hat: ist diese Eigenschaft mehr als ein formales, oberflächliches und ziemlich triviales Ordnungsmerkmal oder reicht sie in tiefere Schichten der Psyche und der Materie hinein? Und verweist sie darüber hinaus sogar in eindeutiger Weise auf ein zentrales Grundprinzip als notwendige und hinreichende Bedingung für die Eigenschaft des Seienden, zu sein - also auf eine monistische Struktur im Sinne einer Einen Substanz?

Die letzte dieser Fragen ist zu verneinen, insofern sie impliziert, dass die Seinsebenen (1ab) und (2ab) identisch sind oder einen gleichberechtigten gemeinsamen Ursprung haben. Wie bereits früher diskutiert, liegt stattdessen eine Hierarchie der Seinsebenen vor, d.h. (1ab) ergibt sich aus der Subjektivität des Bewusstseins innerhalb der durch (2ab) gegebenen physikalischen Realität. Zwar wird das Erkennen derselben durch (1ab) modifiziert, nicht aber ihr Wesen bzw ihr Sein.

Sie ist aber zu bejahen, insoweit das Sein die Seinsgleichheit alles materiell Seienden präjudiziert und damit einen Parallelbegriff zur Einen Substanz darstellt. Denn alles Seiende beruht letztlich auf dem Sein der Substanz.

Wie aber können sich auf dem Hintergrund der einen Substanz Materie und Bewusstsein bilden? Der hier vertretene Standpunkt ist, dass es die Eine Substanz in der konkreten Form der Tetronmaterie (2b) durchaus gibt. Während alle normale Materie aus Anregungen der Einen Substanz besteht, schaffen unsere Bewusstseine 'nur' eine imaginierte Seinsebene in Form einer 'Software', die für-uns ist und die es uns allerdings erlaubt, zu denken und z.B. die Grundprinzipien der physikalischen Dynamik der Materie und ihrer Substanz zu erkennen. Ich habe das 'nur' in Anführungsstriche gesetzt, weil dies natürlich eine äußerst wichtige Funktion darstellt, da der gesamte Rest der existierenden Materie, sofern er überhaupt wahrnehmbar ist, nur tot herumliegt oder Energie getrieben durch die Raumzeit wirbelt und sozusagen nichts mit sich anzufangen weiß. Solange nämlich die Wirklichkeit nur existiert, ohne erkannt oder bearbeitet zu werden, gibt es nichts außer dem (fraglos wahren) So-sein der Materie. Dieses So-sein ist zwar Folge einer komplizierten physikalischen Dynamik, doch diese bedeutet wenig, solange niemand sie erkennt und nutzbar macht.

Das Monismus-Pluralismus Problem stellt sich auf der Seinsebene von Bewusstsein und Gesellschaft anders als in der Physik. Während dort durch die Tetronen eine - wenn auch nur bedingt - monistische Struktur vorgegeben ist, kommt hier ein Einheit stiftendes Prinzip dadurch zustande, dass alle menschlichen Gehirne ähnlich strukturiert sind und sich zu einer kommunikativ interagierenden Menge, der Gesellschaft, zusammenschließen können. Allerdings ist diese Einheit durchlässig; es handelt sich um eine dialektische Einheit, in deren Rahmen Gegensätze ausgelebt werden und andauernd Freiräume und Spannungsfelder entstehen, indem sich zum Beispiel Einzelne oder auch Gruppen von den Anderen abgrenzen oder sich Herrschaftsansprüchen verweigern. Dies alles sind höchst subtile und mitunter fruchtbare, aber auch risikobehaftete Prozesse, die im Extremfall zum Zerfall und Auflösung der Gesellschaft führen können.

In vielen Philosophiekonzepten seit Platon hat das Allgemeine, Umfassende und Einheitliche (beispielsweise eine Gattung) einen höheren ontologischen Rang als das Spezielle, Vereinzelte und Komplexe (beispielsweise ein einzelnes sinnlich wahrnehmbares Objekt). Aufgrund der später diskutierten Bedeutung von Randbedingungen und multikausalen Effekten muss diese Sichtweise jedoch als zu einseitig abgelehnt werden. Sie entsteht ohnehin nur aufgrund des landläufigen Missverständnisses, welches Pointer auf Dinge mit den Dingen-an-sich verwechselt. Innerhalb der menschlichen Bewusstseine sind sowohl das Allgemeine als auch das Spezielle nur Denkstrukturen(=Pointer), die - von den Eiweißen abgesehen, als die sie abgespeichert sind - zunächst überhaupt keine ontologisch-materielle Existenz aufweisen.

Es ist auch nicht so, dass das Allgemeine in einem kausalen Sinne oder gar ontologisch das Besondere bewirkt und dass es aus diesem Grunde jenem übergeordnet wäre. Sondern die Wirkungen kommen im Besonderen durch Besonderes zustande. Ein wichtiger Faktor ist natürlich die Replikation, d.h. die praktisch unendliche Wiederholung von Basiselementen, z.B. von Atomen und Molekülen oder den Individuen einer Spezies. Zum anderen müssen bei der Analyse des Besonderen Vielteilcheneffekte in der Form des ungeregelten Zufalls und der Freiheit berücksichtigt werden. Wie die Natur den Kosmos im Speziellen ausgestaltet hat, lässt sich also aus einem allgemeinen Prinzp kausal nicht ableiten. Um das anschaulich zu begreifen, muss man nur in den Himmel der Sterne und auf die Erde der Wölfe schauen: da sieht man, welch ungeordnetes Chaos anstelle einer Wohlordnung des Allgemeinen unsere Welt ist. Über den Himmel zum Beispiel kann man höchstens ganz allgemein sagen, es ist Materie hingeworfen, die sich als erratisch verteilte Galaxienhaufen organisiert hat.

Dieser konkrete und spezielle Kaffeesatz des Daseins ist in einem ethischen oder ästhetischen Sinn vielleicht böse und unvollkommen, doch als Wirklichkeit ist er wahr, hermetisch, unleugbar materiell und vollständiger als unsere Gedanken, die sich irren können und oft in inkonsistenten Weltbildern zuhause sind. Manche haben noch das Glück, als allgemein verbreitete Ideen für Generationen im Bewusstsein der Gesellschaft zu überdauern, und einige sind derart stationär, dass sie für Jahrhunderte Bestand haben, im Idealfall aus dem einfachen Grund, weil sie der Wahrheit über die Dinge-an-sich sehr nahekommen. Zum überwiegenden Teil besteht jedoch der Inhalt unserer Köpfe aus ungereimten Einbildungen, schlampig zusammengefügt anhand unpräziser Begriffsfiguren und damit alles andere als vollkommen.

Das aus Abstraktionen und Universalien zusammengesetzte Allgemeine existiert nur in unseren Bewusstseinen. Allerdings können wir mit seiner Hilfe Regeln und Gesetze und weitere nützliche Einsichten über die Dynamik der materiellen und sozialen Welt herleiten. Denn auch wenn diese Welt der geistigen Wesenheiten nur im Kopf existiert, haben doch die meisten Erkenntnisse, am Anfang und am Ende eine Beziehung zur Wirklichkeit. Als Pointer reflektieren sie Eigenschaften der Wirklichkeit, und wenn wir sie analysieren, liefern sie uns nicht selten nützliche Vorhersagen für das Verhalten der Materie und, sofern sie Gesellschaft oder Individuen betreffen, auch des Geistes.

In der Konsequenz dieses Kapitels lässt sich festhalten, dass die häufig vorausgesetzte Hierarchie zwischen allgemeinen Ideen oben und der speziellen Materie unten gewissermaßen auf den Kopf gestellt werden muss. Aristoteles hat einen Anfang gemacht, indem er die Ideen der platonischen Ideenlehre als Wesensbegriffe der sinnlich erfahrbaren Einzelgegenstände interpretiert. Dabei darf man ihm allerdings nicht allzu weit folgen, da er die Begriffe fälschlicherweise in das Innere der Dinge verlegt. Er will sie universell machen, übersieht jedoch, dass sich die fraglos vorhandene Universalität des Begriffebildens aus dem genetisch bedingten ähnlichen Aufbau der die Welt betrachtenden Gehirne ergibt. Tatsächlich existieren die Begriffe und Ideen zuallererst in unseren Köpfen und pointen nur auf Strukturen-an-sich, die in den Dingen-an-sich enthalten sind. Primär liegen sie im Bewusstsein, betreffen und reflektieren aber natürlich Seinsaspekte der materiellen und psychischen Dinge. Das ist eben genau die Art und Weise, wie wir in der Welt sind und denken und in die Realität eingreifen können.

Zu guter Letzt sei noch einmal darauf hingewiesen, dass alle hier diskutierten Punkte ganz gezielt unter der Leitlinie der beiden Seinsebenen (1ab) und (2ab) - dem physikalischen Sein und dem imaginierten Bewusstsein der menschlichen Köpfe - analysiert wurden. Diese beiden Ebenen finden sich in unterschiedlicher Fassung bei vielen Autoren, etwa bei Descartes und dessen Zwei-Substanzen-Lehre mit einer ausgedehnten und einer denkenden Substanz. Auch die beiden 'Seinsregionen' Sartres lassen sich hier wiedererkennen, wobei er als Existenzialist dem Sein des Bewusstseins (des Ich, des Anderen und der Gesellschaft) eine ungleich wichtigere Rolle zumisst als dem physikalischen Sein. Das physikalische Sein erschöpft sich bei ihm in einer Gesamtheit von vordergründigen Erscheinungen, aus denen die materielle Wirklichkeit besteht, wohingegen das Bewusstsein eine Auslegung von sich und der Welt, ein Seinsverständnis, besitzt. Auf der erkenntniswissenschaftlichen Ebene entspricht dies der obigen Feststellung, dass die Welt ohne Erkenntnis nur da-liegende Substanz wäre.

DIE LETZTBEGRÜNDUNG DER WELT

Ähnlich universell wie der Begriff der Substanz ist der der Welt. Diese stellt die Gesamtheit dessen dar, was ist. Die Welt besteht aus der einen Substanz, genauer gesagt aus der Repetition einer kleinsten Einheit der Substanz, und die je vorhandene Wirklichkeit ist gegeben durch den Zustand oder die Zustandsfunktion der Substanz, die auch als Summe von Zuständen der kleinsten Einheiten verstanden werden kann. Unter einem solchen Zustand kann man sich zum Beispiel eine (Schwingungs-)Anregung der (kleinsten Einheiten der) Substanz vorstellen, oder eine über das ganze Universum verteilte Superposition solcher Anregungen.

Ich lebe in einem komplexen Universum, zu groß, zu langlebig und zu verwirrend, um mir bis ins Letzte begreiflich zu sein. Ich bin Staub, weniger als das; bin nur ein System aus den genannten Schwingungen. Und doch ist diese Welt in vielen Momenten perfekt, wie für mich geschaffen. Sie ist für-mich in meiner Nähe konzentriert; sie bleibt für-mich stehen, wenn sich mein Bewusstsein in den Schlaf verabschiedet oder im Gegenteil für einen Moment auf ein Objekt der Anschauung konzentriert. Ich bin vollkommen versunken in dieses Objekt, gehe auf in seine Wahrnehmung oder Bearbeitung. Der Rest und seine Absurditäten und sonstigen Probleme existieren für meinen Verstand nicht mehr. An diesem Punkt ist die Welt für-mich vollkommen.

Von alters her beschäftigt sich die Philosophie mit dem als Kluft empfundenen Unterschied zwischen Seiendem (kosmos) und Denken (logos) und der Frage, ob das Verhältnis von Denken und Sein ein Gedachtes oder ein Seiendes ist. Die Alternative, ob das Denkende ein materiell Seiendes ist oder das Seiende durch Gedachtes bestimmt wird, hat in der Neuzeit zu den beiden Ausprägungen der Philosophie als Materialismus (Naturalismus) und Idealismus (Positivismus) geführt. Dabei ist zu beachten, dass ein 'Verhältnis' natürlich immer etwas Gedachtes ist, dass jedoch alles Gedachte als Teil unserer Gehirne letztlich zur physikalischen Welt des Seienden gehört.

Denn die Welt, von der ich spreche, ist die reale physikalische Welt. Daneben gibt es in unseren Köpfen Ideen, Gedanken, Imaginationen, durch deren Brille und Inspiration wir die äußere Welt wahrnehmen. Sie sind jedoch eigentlich Teil der physikalischen Welt, insofern sie aus der Gehirnmasse hervorgehen, in welcher Begriffe und Vorstellungen als Moleküle und Ströme realisiert sind. Auch die Gesellschaft gehört in diesen Seinsbereich, insofern sie aus imaginierten, weil ideenmäßigen Verknüpfungen der Gehirne besteht, die von einer Gruppe von Menschen geteilt werden. Die Verknüpfung erfolgt über die Fernwirkung unserer Kommunikation.

In der Konsequenz führen diese Einsichten zu der dem Materialismus zugeneigten Haltung, dass das Denken ein Seiendes und damit Teil der Welt, genauer des materiellen Kosmos ist. Das Denken ist Teil der Welt, wohingegen die Welt nur als Rezipierte Teil des Denkens ist. Allerdings besteht hier eine dialektische Rückkopplung, da die Bewusstseine zwar objektiv nur Wurmfortsätze der Natur, subjektiv aber das Zentrum des von ihnen gemeinschaftlich konstruierten (Kommunikations- und Interpretations-) Weltzusammenhangs sind und auf diesen sowie durch ihr anschließendes Tun auch auf die reale Welt Einfluss nehmen können. Die Frage, inwieweit diese Einflussnahme von unüberschaubaren doch letztlich gesetzmäßigen Läuften der Natur determiniert und die menschliche Freiheit daher eingeschränkt ist, wird später diskutiert.

Weil das Bewusstsein ein großes Gaukelspiel ist, kann man alle Wirklichkeit hinterfragen. Um einen festen Punkt zu gewinnen (der zwar objektiv existiert, den sich der Mensch in seinen Rekonstruktionen des Realen aber künstlich definieren muss), geht man am besten von dem Paradigma aus, dass es eine absolute Totalität der Weltwirklichkeit gibt. Diese ist dadurch definiert, dass sie alles beinhaltet, was ist. Sie stellt eine einzige, große Totalität dar, und insofern mein Körper und Gehirn unentrinnbare Teile dieser Totalität sind, ist sie für mich absolut.

Es sei explizit betont, dass die Wirklichkeit kein System von Begriffen ist, sondern die Begriffe existieren in unseren Köpfen und sind nur Zeiger des Bewusstseins auf willkürlich herausgeschnittene Komponenten dieser Wirklichkeit (oder auf andere Zeiger). Denn die Auswahl einer solchen Komponente setzt bereits eine Grenzziehung durch das Bewusstsein voraus. Erkenntnis besteht nun eben darin, zu sehen, an welchen Stellen diese Grenzziehungen oder Begriffsbildungen zu einem gelungenen Abbild der Wirklichkeit führen.

Dieser Vorgang setzt gewöhnlich voraus, dass der größere Teil der Wirklichkeit gegen die von der Grenze umschlossenen Bereiche in den Hintergrund tritt; siehe die obige Diskussion über Objekte der Anschauung oder auch das Beispiel der Molekülphysik, wo man - neben vielem Anderen - die starke Wechselwirkung der Quarks in den Atomkernen zu Recht vernachlässigen kann.

Die Totalität und Absolutheit der Welt bedeutet nicht, dass sie ein Klumpen Einheitsbrei wäre, sondern die Welt ist ein chaotisches und zugleich strukturiertes Agglomerat von allerlei Anregungsformen, in welchem - besonders im Gefilde des Gesellschaftlichen - Widersprüche durchaus ihren Platz haben.

Obwohl die Existenz das einzige Merkmal der Weltzugehörigkeit ist, ist der Begriff der Welt keineswegs inhaltsleer, so dass man ihn gar, wie Hegelianer behaupten, mit dem Nichts identifizieren könnte. Denn die Welt ist nur samt ihres Inhaltes und ihrer naturgesetzlichen Eigenschaften zu denken.

Nota bene ist hier die Rede von der materiellen Welt, also dem physikalischen Kosmos, d.h. es ist eigentlich das Total der Wirklichkeit gemeint, und nicht jener Weltbegriff, mit dem wir von der Welt der Tiere, der Antike oder der Arbeitswelt sprechen. Falls es mehrere Universen gibt, einschließlich ihrer Inhalte und Entitäten, die wir gar nicht kennen, umschließt mein Weltbegriff auch diese.

Das ganze vorliegende Werk ist eigentlich ausgerichtet auf die Frage nach dem Sinn des menschlichen und allgemeiner des materiellen Daseins in der sozialen und auch der physikalischen Weltwirklichkeit. Diese bis heute unbeantwortete Frage spielt in der Gedankenwelt der meisten Menschen und auch in der Geschichte der Philosophie eine wichtige Rolle. Dabei wird sie von vielen modernen Philosophen für wenig sinnvoll erachtet, oder für unlösbare Metaphysik. Jenes Urteil teilt sie mit der verwandten Frage nach dem letzten Grund, also ob es eine objektive, d.h. nicht vom Menschen selbst fabrizierte Letztbegründung für unsere Existenz gibt oder geben kann.

Dass unser Denken überhaupt nach der Angabe eines Grundes für das Sein des Seienden verlangt, könte ungerechtfertigt sein und sich aus der Entwicklungsgeschichte des Gehirns ergeben, welches immerzu nach kausalen Erklärungen verlangt, sowie aus unseren alltäglichen Erfahrungen in unserer eigenen, so kleinen Welt. Wie es der Kosmos-an-sich mit dem Grund seines Existierens hält, ist schlicht unklar. Er könnte womöglich grundlos existieren, akzidentell wie anscheinend alle seine materiellen Anregungen, und auf jeden Fall so, dass wir mit unserer Art des Verstandes den letzten Grund nie finden werden - indem zum Beispiel jeder letzte Grund auf einen tieferliegenden zurückzuführen wäre und so fort. Also ähnlich wie es das neuzeitliche Denken ohnehin gewohnt ist, wenn es von den Atomen zu den Quarks und zu immer kleineren Wesenheiten übergeht, wo das Kleinere die 'Ursache' für das nächst Größere darstellt, das aus ihm zusammengesetzt ist, bis hin zu der Möglichkeit, komplexe biologische und soziale Systeme zu bilden, ohne dass aber jemals ein finaler Grund des materiellen Seins ersichtlich wäre.

Die Theorie des Urknalls sorgt hier psychologisch für eine gewisse Entspannung, nicht weil sie notwendig korrekt ist, sondern weil sie ein Plateau des Wissens erzeugt, von dem aus der Berg weiterer Fragen allzu steil ansteigt. Man kann sich auf das scheinbar einfache Prinzip zurückziehen, dass am Anfang nichts als auf einen einzigen Punkt konzentrierte Energie gewesen ist, aus dem sich alles andere entwickelt hat, wie sich eben Materie durch Umwandlungsprozesse aus reiner Energie entwickeln kann. Was hinter jenem Punkt liegt, ist so schwer zu ergründen, dass diese Frage kaum je gestellt wird. Dabei wird die Verletzung der uralten Einsicht, dass es in der Physik keine mathematischen Singularitäten geben kann, billigend in Kauf genommen.

Statt an einem einzigen singulären Punkt zu beginnen, wird in dem mikroskopischen 'Tetronmodell' des Autors der Urknall durch einen Kondensationsprozess ersetzt, der zu einem elastischen Kontinuum von inneren Tetraedern führt. Die nachgewiesene Expansion des Universums ist dann eine Folge der ursprünglich freigesetzten Kondensationsenergie. In diesem Modell zerfällt die Welt nicht nur in einen sozialen Kosmos (d.h. die Gesellschaft von in der Realität tätigen Bewusstseinen) und einen physikalischen, sondern der physikalische Kosmos selbst besteht aus zwei Gefilden, die den Grund des naturalen Seins ausmachen: (i) der Sphäre von Quasiteilchen-Anregungen wie Quarks, Leptonen, Eichfelder usw, also der normalen Materie, die lorentzinvariante Wellengleichungen erfüllt und (ii) dem Gefilde des aus Tetronmaterie gebildeten elastischen 'Kristalls', auf dem sich die Quasiteilchen bewegen und der eigentlich die 'wahre' Materie, die oben beschriebene

Substanz des Kosmos ausmacht. Während diese für Aristoteles eher eine Idee oder eine Art ungeformtes Gestrüpp (hyle) war, existiert sie hier in einem real-materialistischen Sinn, ähnlich einem 3+3 dimensionalen 'Teppich' (ein normaler Teppich ist 2+1 dimensional), als elastisches Kontinuum in einem sechs-dimensionalen Raum. Nota bene, dass jener Teppich uns Menschen als Kontinuum erscheint, weil seine Knoten so klein und nahe benachbart sind (Knotenabstand=Plancklänge). Wegen der bekannten Schwachheit der gravitativen Wechselwirkung ist der Teppich ziemlich flach und seine Elastizität durch eine große Steifigkeit gekennzeichnet.

Dass bei der Abkühlung der Tetronen am Kristallisationspunkt ein sehr dünner Teppich und kein ganz 6-dimensionales Gebilde entstand, hängt mit der Form der Wechselwirkung der Tetronen zusammen, die Tetraeder bilden, welche sich in die drei 'inneren' Dimensionen erstrecken und dort nicht übereinander stapeln lassen. Die Notwendigkeit, eine Tetraederform anzunehmen, ergibt sich, weil die bekannten Quarks und Leptonen in eindeutiger Weise als deren Anregungssystem interpretiert werden können. Darüberhinaus entspricht die Teppichkonstruktion der Tatsache, dass die inneren Strukturen eben nicht so groß sein dürfen, dass man hineinzuschreiten in der Lage wäre, sonst würde der Mensch sie ja mit seinen Sinnen direkt wahrnehmen.

Jene Teppichstruktur mag manchem Leser als ein unschöner Aspekt des Modells erscheinen; sie ist aber unvermeidbar, wenn man bei der Beschreibung der Teilchenwechselwirkungen von den allzu großen abstrakten inneren Symmetriegruppen wegkommen will, die allenthalben in der theoretischen Physik angenommen werden, und stattdessen auf einen materialen Ursprung der beobachteten inneren Symmetrien setzt.

Jene alte Art des Denkens begann schon mit Heisenbergs Vorschlag einer inneren SU(2), d.h. dem Isospin von Proton und Neutron, dem im Gegensatz zum normalen Spin kein realer Raum zugrunde gelegt wurde, setzte sich mit dem Vorschlag der Farb-SU(3) für die starke Wechselwirkung fort und endete mit den (supersymmetrischen) Grand Unification Theorien. Das Tetronmodell funktioniert anders, indem Color und Isospin aus einem realen inneren 3-dimensionalen Raum gewonnen werden, in dem eine unabhängige Dynamik stattfindet. Es ist in seiner Schnörkellosigkeit auch den Superstringmodellen überlegen, die in viel größeren 10- oder 11-dimensionalen Räumen definiert sind und zu äußerst barocken Strukturen und Symmetriegruppen Anlass geben.

Ein anderes Phänomen, für das die theoretische Physik bis heute keine materielle Erklärung liefert, ist die spontane Symmetriebrechung (SSB) der schwachen Wechselwirkung. Im Standardmodell der Elementarteilchen ist diese mehr oder weniger ad hoc realisiert, durch Einführung des sogenannten Higgsbosons in eine Theorie, die vorher nur aus Fermionen und Eichfeldern besteht. Die mathematische Konstruktion ähnelt dem Ginzburg-Landau Modell für die Supraleitung, mit dem Proviso, dass man es in der Teilchenphysik mit lokalen statt globalen Symmetrien zu tun hat. Für die Supraleitung aber ist hinlänglich bekannt, dass sie aufgrund tiefer liegender mikroskopischer Vorgänge, nämlich die Bindung von Elektronen zu Cooperpaaren, zustande kommt. Für die Teilchenphysik wünscht man sich eine analoge Erklärung, und tatsächlich wird im Tetronmodell das Higgsfeld als Anregung von gebundenen Tetron-Antitetron Paaren interpretiert. Die SSB der schwachen SU(2) Isospingruppe ergibt sich aus einem Alignment der inneren Spinvektoren.

Von der Frage nach dem Grund des Seins ist allerdings die nach dem Sinn des Seins zu unterscheiden, weil der Sinn, sofern er existiert, auf einen vom Menschen unabhängigen 'höheren' und zudem eventuell hochgradig vermittelten Zweck bezogen ist. Dennoch gehören beide Fragen zusammen und sind von vielen Metaphysikern zusammen behandelt worden, beispielhaft in der Form der von Aristoteles gestellten Frage nach dem ersten Einheitsgrund allen Seins. Hegel hat in seiner Phänomenologie den ersten Seinsgrund mit dem Absoluten überhaupt identifiziert. Er versteigt sich sogar zu der Behauptung, alles Einzelne habe sein Bestehen nur im Absoluten. Dies ist einmal mehr schlecht abstrakt gedacht, indem die Fülle der Wirklichkeit, die ja eben nicht aus Begriffen besteht, auf etwas Unspezifisches, formlos Begriffliches reduziert wird.

Zudem ist das Absolute bei ihm eine idealistische Kategorie. Im Rahmen des naturalistischen Konzepts, das ich vertrete, tritt die oben diskutierte materielle Grundsubstanz der Tetronen an die Stelle des Absoluten. Vorteil: sie hat wohldefinierte spezifische Eigenschaften und verkörpert daher ein echtes Material, aus dem sich ein reales Universum konstruieren lässt. Nachteil: sie erfüllt nicht alle Forderungen, die man an einen letzten Seinsgrund stellen würde, etwa weil sie als physikalische Theorie die metaphysischen Fragen nach Sinn und Seinsgründigkeit nur indirekt adressiert. Sie könnte höchstens in einem schwächeren Sinne der letzte Seinsgrund sein - insofern und falls sie eine tiefste Ebene der Materie repräsentiert.

Leider lässt sich nicht ausschließen, dass unter den bis heute etablierten Seinsebenen noch viele andere verborgen sind, die wir auf der Erde mit allen denkbaren technischen Möglichkeiten niemals decouvrieren können. Zusätzlich reduziert wird das Potenzial der menschlichen Erkenntnisfähigkeit durch die früher besprochene grundlegende Beschränktheit unseres Verstandes und

Absurdität unseres Daseins, die jede absolute Erkenntnis, jede Sicherheit des Wissens und überhaupt jede Absolutheit a la Hegel unmöglich machen.

-

An verschiedenen Stellen in diesem Werk wird argumentiert, dass es Sinn und Zwecke auch jenseits des Menschen und seiner Vernunft geben kann. Nicht alle Philosophen teilen diese Ansicht. Viele machen den menschlichen Verstand und sein Bewusstsein zum absoluten Zentrum ihres Denkens, oder sie nehmen eine gewissermaßen postmoderne Haltung ein, in der man gelernt zu haben meint, dass es keine intellektuellen Sicherheiten gibt, und dass alle Letztbegründungen und scheinbaren Gewissheiten der Erkenntnis nur innerhalb von vorher verabredeten Axiomensystemen gelten.

Der Systemtheoretiker Luhmann zum Beispiel hat Sinn für nichts anderes als eine Kategorie gehalten, mit der psychische Systeme (Menschen) die Komplexität der sie umgebenden Welt reduzieren, um sich in ihr über Kommunikationsprozesse zusammenzuschließen und gemeinschaftlich orientieren und arbeiten zu können. Sinn ist hier nur für ein individuelles oder gesellschaftliches System definiert, und auch letztlich nur im Hinblick auf die Funktion der Aufrechterhaltung dieses Systems. Obwohl eine solche Definition für viele Bereiche unserer Existenz durchaus überzeugend ist, stellt sie doch einen stark eingeschränkten Denkansatz dar. Um das zu erkennen, muss man den Systemtheoretiker nur fragen, worin der Sinn besteht, gemeinschaftlich zu arbeiten und das System aufrecht zu erhalten. Er wird dann vielleicht sagen: damit es den Menschen materiell gut und möglichst immer besser geht, damit sie sich frei entfalten oder fortpflanzen können o.ä. Im Grunde läuft es auf die sich im Kreis bewegende Behauptung hinaus, der Sinn des Menschen sei der Mensch selbst - im Einklang mit allen philosophischen und soziologischen Strömungen, die den Menschen, sei es als Individuum oder als Gattung für das Maß aller Dinge halten und z.B. der Natur kein eigenständiges Existenzrecht einräumen. Viele dieser Philosophen würden sicherlich darin übereinstimmen, dass der Naturschutz ein hohes Gut ist - jedoch im Rahmen ihrer anthropozentrischen Sicht nur insofern er Leben und Lebensgefühl der Menschen verbessert.

Andere, ebenso unbefriedigende Versuche der Letztbegründung knüpfen an die subjektiv erfahrene Lebenswelt des Menschen an, die als primordiale Sphäre unserer Existenz und also auch des Denkens den Nährboden und angeblich auch die Determinante für jede Art der Letztbegründung darstellt. Abgesehen davon, dass sich viele 'wahrgenommene' physikalische Phänomene heutzutage von der Lebenswelt des Menschen ziemlich weit entfernt haben, landen diese Philosophen mit ihrem Ansatz aber entweder wieder nur bei den irdischen Zwecken und Interessen, die unser Denken zugegebenermaßen oftmals leiten, oder sie meinen eigentlich nur Vergewisserung statt (Letzt)-Begründung. Denn als Beispiele werden meist so scheinbar einleuchtende Gewissheiten wie etwa der Satz vom Widerspruch oder die Unbezweifelbarkeit der Existenz meines Ich betrachtet, weil man wohl meint, dass es für derartige Gewissheiten eine Letztbegründung ja geben müsse. In Wirklichkeit lässt sich die Existenz des eigenen Ich durchaus auch anzweifeln. Außerdem existieren verallgemeinerte Logiken und auch alltägliche Erfahrungen, etwa Streitigkeiten in der Familie, wo der Satz vom Widerspruch nur eine sehr begrenzte Gültigkeit aufweist. Da sie leicht täuschen kann, ist unsere Lebenswelt daher kaum als höchste Letztbegründungsinstanz geeignet.

Es ist bisher unmöglich für unseren beschränkten Verstand zu erkennen, ob es eine letzte Begründung allen Seins gibt, d.h. eine Begründung sowohl des physikalischen Kosmos samt seiner großen und kleinen Bestandteile als auch des menschlichen Bewusstseins selbst, das sich anscheinend nach chemischen Grundsätzen aus biomolekularen Stecksystemen entwickelt hat. Im Grunde geht es um die Frage, was 'dahinter' steht, d.h. aus welcher Weltsubstanz sich alles zusammensetzt, welche Dynamik diese Substanz antreibt zu welchem Ende sie generiert wurde. Solange wir die physikalische Antwort nicht kennen, enthält diese Frage von sich aus eine metaphysische Komponente.

Kant hat versucht, seine 'Transzendentalphilosophie', also die Erkenntnistheorie, als eine oberste Instanz zu inaugurieren, die solche letzte Begründungen liefern kann und daher Vorrang vor allen Wissenschaften haben muss. Gegen Kants Vorgehen lässt sich einwenden, dass gerade die von ihm zu recht hervorgehobenen Folgen der Einschränkungen unserer Erkenntnisfähigkeit dem Erkennen von letzten Gründen - zurückhaltend formuliert - nicht eben förderlich sind. Aus dieser Sicht scheint klar, dass die Konzentration auf die Möglichkeitsbedingungen der menschlichen Vernunft und überhaupt der gesamte Bereich der Erkenntnistheorie keinen essentiellen Beitrag zur Letztbegründungsdebatte leisten können.

Anders gesagt ist unser Verstand, welchem wir immerhin die edelsten Erkenntnisse über den Aufbau der Welt und das Verhalten unserer Bewusstseine verdanken, als Letztbegründer wenig tauglich. Die Existenz vernunftbegabter Wesen mag zwar notwendig zum Erkennen letzter Gründe sein, doch hinreichend ist sie allein sicherlich nicht.

Da die Vernunft beschränkt und fehlbar ist, könnte man meinen, Natur und Wirklichkeit gebührten in dieser Causa der Vorrang. Denn diese bleiben in Bezug auf die Prüfung und Verifikation von Erkenntnissen die letzte Instanz, auf die wir uns immer verlassen können. Und damit setzen sie die Skalen der Wahrheit, die für-sich nicht weiter begründet werden müssen.

Dass die Wirklichkeit in dem Sinne unfehlbar ist, weil sie den Ausgang jeden Experimentes diktiert, heißt natürlich nicht, dass sie 'wahr' in einem logischen oder sozialen Sinn wäre. Zudem ist sie oft unmenschlich kalt und wenig empathisch, und sie ordnet sich weder dem menschlichen Sozialkosmos noch seinem analytischen Verstand jemals vollständig unter.

Um hier weiterzukommen, soll zunächst auf den bekannten Unterschied zwischen physikalischer und theoretischer (z.B. mathematisch-logischer) Erkenntnis eingegangen werden. Während die theoretische Erkenntnis nach Belieben Implikationen und Tautologien aus vorgegebenen Axiomensystemen zu generieren vermag, werden die Wege der physikalischen Erkenntnis und Wahrheit zu einem Gutteil von der Natur selbst festgelegt.

Um sie dem menschlichen Verstand zugänglich zu machen, müssen allerdings die Phänomene-an-sich der Natur durch Begriffe erfasst und auf dieser Basis Experimente ersonnen und durchgeführt werden, die den Wissenschaftlern nähere Informationen über jene Erscheinungen geben sollen - ein Vorgang, der immer einen bestimmten Stand der Technik und der Naturerkenntnis voraussetzt. Von Modellvorstellungen gespeiste Begriffe und Pointer sind hier unabdingbar, um die Experimente zu konzipieren und auszuwerten, weil es ja keine bessere Möglichkeit gibt, in und aus unserem Bewusstsein zu gelangen als nach den Regeln und Pfaden des Verstandes. Der Verstand, der sich einst unter den Bedingungen unserer natürlichen Umgebung auf der Erde entwickelt und gefestigt hat, stellt via Experiment Fragen an die Natur, und die Antworten gibt die Natur im Idealfall völlig unabhängig vom Menschen.

Im Kern zielt die Gesamtheit der Experimente darauf, sich der Natur aus verschiedenen Richtungen zu nähern und dadurch eine vollständige und gewissermaßen begriffsunabhängige Wahrheit zu gewinnen, also einen möglichst objektiven Blick auf die Dinge-an-sich. Im Normalfall hängen unsere Schlussfolgerungen allerdings von der Art und Weise ab, wie und mit welchen Hintergrundvorstellungen die Fragen gestellt worden sind.

Zusammen mit bereits vorhandenen Modellen und Hypothesen über den Aufbau der Welt helfen die theoretischen Wissenschaften (Logik, Mathematik und Philosophie) als eine Art formaler Rahmen, die physikalischen Ergebnisse auszuwerten und einzuordnen. Dabei parallelisiert die innere Konsistenz des theoretischen Denkens eine entsprechende Kohärenz und Verlässlichkeit im Verhalten der Natur.

Kraft ihrer Faktizität wird diese in allem immer das letzte Wort behalten, sei es durch die Bestätigung einer bekannten Theorie oder durch überraschende sich aus den experimentellen Ergebnissen ergebende Wendungen. Hierbei ist die Bereitschaft der Forschenden einzufordern, in entscheidenden Situationen auf altbewährtes Modellinventar zu verzichten und neue Sichtweisen zuzulassen.

Ein teilweise berechtigter Einwand gegen die naturalistische Interpretation des wissenschaftlichen Vorgehens kommt daher, dass die Qualität der Naturerkenntnis durch psychosoziale Faktoren beeinflusst werden kann. Dies führt so weit, dass manche Autoren natur- und geisteswissenschaftliche Gesetze für gleichermaßen unpräzise halten. An anderer Stelle in diesem Werk sind allerdings die Unterschiede zwischen physikalischer und geisteswissenschaftlicher Erkenntnis herausgearbeitet worden - als Beispiel seien die Entwicklungsgesetze der menschlichen Gesellschaften, etwa im Bereich der Ökonomie oder der Kultur erwähnt, die einen ganz anderen Charakter haben als die Naturgesetze. Die Beeinflussung der Naturerkenntnis durch psychosoziale Faktoren erfolgt denn auch nicht so, dass unter anderen psychosozialen Bedingungen ganz andere Gesetze herauskommen würden. Sondern es hängt die Aussagekraft eines Experimentes a) von dem historisch erreichten Stand der Begriffsbildung, etwa der Einführung der Quantentherie sowie b) von den technischen Möglichkeiten / dem Stand der Produktivkräfte in der sich ständig höher entwickelnden Gesellschaft ab, und auch c) von dem zur Verfügung stehenden analytisch-mathematischen Handwerkszeug der Wissenschaften und dem sonstigen Weltbild der Forscher.

Neben dem logischen und dem physikalischen gibt es noch einen weiteren Sinn, dem wir dem Begriff der Wahrheit gelegentlich beigeben, nämlich den, in dem wir vom 'wahrhaft' Guten, 'wahrhaft' Schönen o.ä. sprechen. Dies führt in die angewandte Philosophie der Ethik und der ästhetischen Theorien, von denen in diesem Kapitel jedoch nicht weiter die Rede sein soll. Auch muss man Abstand davon nehmen, aus dem Absolutheitsanspruch der Wirklichkeit und der daraus sich ergebenden Konkordanz von Wirklichkeit und Wahrheit im Bereich der wissenschaftlichen Erkenntnis zu schließen, das 'wahrhaft' Gute oder Schöne lasse sich nur in der Natur finden. Denn Ethik und Ästhetik sind menschliche Kategorien, die mit der Natur nur insofern zu tun haben, als der Mensch ein Naturwesen ist. Er empfindet gewisse natürliche Umgebungen als schön, d.h. ordnet ihnen ein ästhetisches Merkmal zu, weil er oder seine Urahnen gelernt haben, dass sie nicht mit Erfahrungen von Gefahr, sondern von Freude oder Entspannung korreliert sind. Analog ist die ethische Wahrheit in allem Anfang mit dem Überleben (in) der Gemeinschaft korreliert, und also mit jenem anthropozentrischen Sinnbegriff, über den die theoretische Philosophie eigentlich hinausgelangen sollte.

In der modernen Erkenntnistheorie wird oft versucht, die Einsichten von Kant um die diesen an sich entgegenstehenden Bedenken des englischen Pragmatismus und Positivismus in der Nachfolge Humes und Poppers zu erweitern. Diese besagen, es sei nicht möglich, für irgendeine Aussage Letztbegründung zu beanspruchen. Und also sei sicheres Wissen unmöglich.

Darauf ist zu erwidern, dass sich der Letztbegründungsgedanke im Bereich der Metaphysik auf die Dinge-an-sich und auf eine objektive Verortung der menschlichen Rolle im Kosmos bezieht, während er im Bereich der Erkenntnistheorie, wo es nur um die Strukturbedingungen unseres Wissens und Begreifens geht, ohnedies eigentlich nichts verloren hat. Denn was soll Letztbegründung im Bereich der Erkenntnis überhaupt heißen? Dass die überwältigenden Einsichten des Kopernikus in ziemlich weitgehender Form ein absolutes Wissen-an-sich darstellen, ohne aber einen metaphysischen Charakter aufzuweisen, ist spätestens seit den Tagen klar, als die ersten Astronauten die Erde über dem Mond aufgehen sahen. Es handelt sich hier, wie auch bei vielen weniger bedeutenden physikalischen Einsichten, durchaus um sicheres Wissen (sic!), ohne dass aber Letztbegründungsansprüche erhoben werden könnten.

Natürlich lässt sich Hume folgend mit einem gewissen Recht argumentieren, dass gar nichts sicher sei, so wie wir unseres Selbst und der Existenz unseres Bewusstseins auch nie hundertprozentig sicher sein können. Doch geht es bei Wissen und Erkenntnis gar nicht vorrangig um die Frage der äußersten Sicherheit oder Begründung, sondern darum, wie richtig, das heißt, wie genau sie sind.

Letzte Sicherheit in Bezug auf das Wissen wäre allenfalls in gewissen Bereichen der Metaphysik von Bedeutung; die Wissenschaft hat sich darauf zu konzentrieren, Eigenschaften und Verhalten von theoretischen oder materiellen Untersuchungsgegenständen möglichst gut zu verstehen. Wie oben dargelegt, kann man zwar die Dinge-an-sich niemals vollständig begreifen; doch kommen die Bilder, die etwa Kopernikus entworfen hat, indem er die Bewegung von Sonne und Planeten in eine richtige Relation zueinander setzte, dem hier favorisierten absoluten Verstehensideal ziemlich nahe. Der nächste Schritt ist dann die Mathematisierung, um zu einer quantitativen Beschreibung zu gelangen. Hier ist Newton zu nennen, dem es gelang, aus seinem Gravitationsgesetz $ma = Kraft = GMm/r^2$ die Ellipsenbahnen der Planeten abzuleiten.

Man sollte sich jedoch hüten, in dem Prozess der Mathematisierung, genau wie in anderen analytischen Methoden etwa der Logik, mehr als eine wenngleich hocheffiziente und bei komplexen Problemen mitunter ungemein hilfreiche Plausibilisierung und Strukturvereinfachung zu sehen. Die beiden entscheidenden Newtonschen Annahmen,

-die Gravitationskraft linear mit Masse und Raum und

-Kräfte überhaupt linear mit Masse und Beschleunigung

zu korrelieren, sind von bestechender mathematischer Simplizität und physikalischer Plausibilität. Auch andere und sogar fast alle grundlegenden physikalischen Erscheinungen wie etwa der Elektromagnetismus, dessen Lagrangewechselwirkung für ein geladenes Elektron E und ein Photon A sich durch einen Term e*Ebar*Aslash*E beschreiben lässt, wobei e die Stärke der Kopplung angibt, folgen linearen Gesetzmäßigkeiten, und man kann daraus mit Recht auf eine entsprechend simple Eigenschaft und Qualität der Materie schließen.

Dabei ist durchaus denkbar, dass wir die einfache Form dieser Gesetze zum Teil der Tatsache zu verdanken haben, dass eine die Linearität störende Eigenschaft der Einen Substanz, die unserer Welt zugrunde liegt, bei den in unserem Teil des Kosmos wahrnehmbaren Temperaturen/Energien/Abständen praktisch nicht auszumachen ist, i.e. weil diese sehr klein gegen die Planckskala sind.

In den übrigen Wissenschaften ist die Situation etwas anders als in denen von der Natur. Während man in den Geisteswissenschaften meist nicht umhinkommt, ihren historischen Entwicklungsinhalt möglichst vollständig nachzuzeichnen und die dort geltenden Gesetze im Gegenzug einen weniger zwingenden Charakter haben, kann man es sich in Logik und Mathematik formal einfach machen und von festen, wie vom Himmel gefallenen axiomatischen Systemen ausgehen, die nicht hinterfragbare Dogmen repräsentieren, auf die sich eine Theorie widerspruchsfrei, also logisch wahr, aufbauen lässt. Allerdings fehlen dabei die Gründe und die Motivation, warum man gerade dieses und nicht ein anderes Axiomensystem in das Zentrum des Interesses stellt. Auch in der theoretischen Physik gibt es axiomatische Ansätze, doch in ihrer scheinbaren Rigorosität sind sie nicht in der Lage, mehr als nur einfache Sonderfälle zu behandeln, und weichen darüberhinaus der zentralen anscheinend metaphysischen Frage aus, welche Substanz und besonders welcher Sinngrund die Phänomene der Natur letztlich zusammenhält. Außerdem lehnen sich solche Axiomensystem notgedrungen an den aktuellen, mitunter unzureichenden statt an einen absoluten Stand des Wissens an.

So ist denn seit Jahrhunderten das effektivste Vorgehen der Naturwissenschaften erwiesenermaßen ein anderes: die Suche nach immer neuen Effekten und neuen Ebenen von Kleinheit (und Größe) in der Materie. Zuerst die Atome, dann die Elementarteilchen, und schließlich angesichts der Vielzahl von Quark- und Lepton-Arten möglicherweise noch eine weitere Schicht der Realität, das Tetronkontinuum.

Die Geschichte der Physik ist also die eines ENDlichen Regresses, dessen Endpunkt allerdings trotz seiner Endlichkeit wahrscheinlich nie benannt werden kann, einfach weil uns Menschen auf der Erde die experimentellen Ressourcen fehlen, um die tieferen Schichten der Materie genau genug zu analysieren. Unter anderem in dieser Unsicherheit scheint die METAPHYSISCHE KOMPONENTE ALLER ERKENNTNIS auf. Die von Kritizismus und kritischem Rationalismus gemachte Anmerkung, dass die Fruchtbarkeit einer Theorie im Mittelpunkt stehen sollte statt ihre metaphysische Bedeutung, bleibt unbezweifelt; sie liegt aber auf einer anderen Ebene.

Das gilt auch für Theorien der Psyche und der Gesellschaft, die ohnehin keine immanente Letztbegründung besitzen können, weil menschliches Verhalten von Gehirnvorgängen, von Trieben und Befindlichkeiten, von unseren Genen, unserer Kultur und den immerzu changierenden Interessen und Weltbildern angetrieben wird, denen wir folgen zu müssen meinen, und daher eigentlich kein fester Grund des Ich-Bewusstseins auszumachen ist. In der Soziologie wird versucht, allgemeine Sätze und Theorien für die Dynamik des sozialen Verhaltens aufzustellen (z.B. den Sozialdarwinismus als Triebfeder des o.g. Interessenegoismus). Doch haben diese vielfach den Charakter von qualitativen Näherungen, die nur TENDENZEN statt Prinzipien beschreiben! Eine Tatsache, die u.a. darauf zurückzuführen ist, dass in der biologischen und sozio-kulturellen Entwicklung von Individuen, Gesellschaften und Arten der Zufall eine allzu große Rolle spielt.

Der schon mehrfach erwähnte angelsächsische Pragmatismus hat an dieser Stelle die geringsten Probleme, weil er im engeren Sinne keine theoretische Philosophie von Natur oder Gesellschaft darstellt. Andererseits beharrt er auf der Spitzfindigkeit, dass man sich der Wirklichkeit und Kausalität nie ganz sicher sein könne. Darin liegt eigentlich eine wenngleich ungewollte Anerkennung der Metaphysik, nur dass behauptet wird, man müsse hierbei stehenbleiben und solle eben keine weitergehende Metaphysik treiben. In Wirklichkeit ist es aber so, dass die Wissenschaft selbst nie stehenbleibt und metaphysische Spekulationen immer eine gewisse Rolle spielen. So wird mancher Grundlagenforscher von metaphysikalischen Anwandlungen motiviert und angespornt, auch wenn er am Ende nach erfolgreicher Arbeit meist feststellt, dass seine Resultate im Effekt von ziemlich prosaischer Natur sind.

Jene Art des Pragmatismus will auch nicht einsehen, dass der wissenschaftliche Fortschritt keineswegs immer vernünftig oder geradlinig verläuft. Sondern sie fordert, alle möglichen Behauptungen und Modelle insofern gleich zu behandeln, als alle überprüft und einzig nach ihrer Fruchtbarkeit bzw Erklärungskraft beurteilt werden müssten. Schon richtig, man soll ein offenes Auge für unkonventionelle Ideen haben, doch alle Modelle gleich zu behandeln oder abwegige Hypothesen sogar zu bevorzugen ist ein ziemlich umständliches Prinzip, das an der Wirklichkeit der Forschung außerdem vollständig vorbeigeht. Die meisten Forscher lassen sich von Vorurteilen leiten, oft in Gestalt von allgemein anerkannten, auf dem Marktplatz des Denkens quasi totalitär herrschenden Modellen, eben jenen, die sich eines guten Rufes erfreuen und von einflussreichen Marktteilnehmern gepusht werden. Erst wenn es gar nicht mehr anders geht, wendet man sich von ihnen ab.

Der cleverste Schachzug, um zu einer wahren Koryphäe aufzusteigen, besteht darin, Modelle auf den Markt zu bringen, die sich kaum oder gar nicht verifizieren/falsifizieren lassen. Das ist in der Geschichte der Wissenschaften öfter vorgekommen, und heutzutage wieder weit verbreitet. Nicht unähnlich einem Hollywoodfilm verkaufen sich solche Modelle um so besser, je exotischere Ideen und Träume sie bedienen. Wenn ihnen die Mehrheit der Mitläufer in der Wissenschaftscommunity folgen, kann dies den Fortschritt der Wissenschaft über Jahrzehnte lähmen.

Die Situation ist ziemlich analog zu den Geisteswissenschaften, die ebenfalls von ein paar Klassikern und im Übrigen von jeweils mächtigen Modeströmungen dominiert werden.

-

Insgesamt kann man die Frage, ob eine Letztbegründung der menschlichen Existenz durch den Menschen selbst vorgenommen werden kann, zu diesem Zeitpunkt nicht beantworten. Es ist ein Charakteristikum menschlicher Denkvorgänge, die aus Fragen und Antworten bestehen, dass implizit immer mindestens eine Frage offenbleibt: Warum ist A? Weil B? Warum ist B? Weil C usw. Zum Beispiel kann man A == alle Phänomene der Physik auf B == die Wechselwirkungen zwischen Quarks und Leptonen zurückführen. Woher aber kommt B? Von C? Wie oben angedeutet, ist auch C == die Tetron-Theorie eventuell nur ein solcher Schritt auf diesem endlichen doch anscheinend nie endenden Weg der Erkenntnis. Das nie Endende ist dabei geradezu ein Prinzip der Wissenschaft, die, um sich weiter entwickeln zu können, von Zeit zu Zeit auf eine neue grundlegende Seinsebene vorstoßen muss.

An so einem Wendepunkt gibt es dann im Wesentlichen zwei Möglichkeiten:

-C erscheint vorübergehend als der letzte Grund, doch wird man nach einigen Jahrzehnten oder Jahrhunderten auf D geführt.

-C ist wirklich der letzte Grund; dies bleibt aber für immer unentscheidbar, entweder aus praktisch-technischen Gründen, weil ein experimentum crucis zu aufwändig wäre, um von der Menschheit ausgeführt zu werden, oder aus natur-ontologischen, weil etwa die Genauigkeit der Messgeräte über die durch die Quantenmechanik bedingte Unschärfe hinausgehen müsste, um C endgültig zu verifizieren, oder weil der Urgrund des Seienden jenseits des von uns wahrgenommenen Ereignishorizontes liegt und indirekte Schlüsse keine eindeutige Antwort liefern, o.ä.

In jedem Fall lohnt es sich, die Frage nach der Letztbegründung unserer Existenz einmal vom Standpunkt der theoretischen Philosophie aus zu betrachten. Zunächst muss man sich darüber klarwerden, dass die speziellen Dinge-an-sich, auf die unser Untersuchungsinteresse jeweils gerichtet ist, vom unqualifizierten 'Etwas' zu unterscheiden sind, einem Begriff, der lediglich als das Gegenteil des Nichts fungiert und dessen Verwendung oft auf die Inadäquatheit einer Fragestellung hindeutet.

Betrachten wir etwa die Frage, ob es 'natürlicher' sei, dass Nichts oder dass Etwas ist. Der Natürlichkeitsbegriff ist hier offenbar nicht ganz passend. Sondern es geht eigentlich um 2 Fragen:

(i) Warum ist nicht Nichts?

(ii) Warum sind diese speziellen Dinge-an-sich da? Oder, anders gefragt, warum und wozu gibt es genau diesen Kosmos, der uns unser Leben ermöglicht?

Beide Fragen (i) und (ii) werden von vielen Wissenschaftlern und Philosophen als metaphysisch verworfen. Stattdessen sucht man nach Antworten auf die Frage

(ii') Wie kann das spezielle Etwas, was ist (also die vorhandenen Dinge-an-sich), funktional beschrieben werden, d.h. nach welchen Gesetzen verhält es sich unter den und den Bedingungen?

Auf diese Weise kommt man zu den Standardmodellen der Physik. Und die nicht-metaphysikalische Philosophie ergänzt dies bestenfalls um Antworten auf die Frage:

(i') Was sind die Bedingungen der Möglichkeit dieser Art von erkennender Beschreibung?

Hauptproblem dabei: selbst wenn man etwas präzise beschreiben und sogar vorhersagen kann, in diesem Fall die Phänomene, die von den speziellen Dingen-an-sich ausgehen, heißt das noch lange nicht, dass man alle ihre Aspekte und insbesondere die tieferliegenden, nicht in die Wahrnehmung springenden, versteht. Sondern es kann sein, dass die gesamte heutige Naturwissenschaft und die Prozesse, die sie untersucht, nur die Oberfläche eines Systems darstellt, deren Tiefenstruktur etwa durch die genannten Tetronen gegeben ist.

Wie bereits erwähnt, sind solche Verhältnisse aus Teilbereichen der Physik wohlbekannt. So kann zum Beispiel das Sieden von Wasser sehr gut durch Landaus Potentialtheorie für Phasenübergänge beschrieben werden, und auch andere Eigenschaften des Wassers lassen sich rein auf makroskopischer Ebene begreifen, ohne dass man wissen müsste, dass es aus Wasserstoff- und Sauerstoffatomen besteht. Andererseits ist aber doch die molekulare Struktur des Wassers eine Eigenschaft, die man gern kennen möchte, weil sie in verfeinerten Experimenten von erheblicher Bedeutung ist.

Man steht hier dem Problem gegenüber, dass nicht nur eine objektiv falsche, sondern auch eine makroskopisch scheinbar perfekte Beschreibung von Phänomenen, die vielleicht noch durch einen faszinierend abstrahierenden Zugang abgerundet, vervollständigt und abgeschlossen wird, den wahren Fortschritt der Erkenntnis verlangsamen würde, falls man bei ihr stehen bliebe - aus dem einfachen Grund, weil ihre Verfechter die Existenz tiefer liegender, molekularer Strukturen a priori leugnen. Und genau dies ist die derzeitige Situation in Bezug auf das Standardmodell der Teilchenphysik.

Selbst der Physiker, wenn er zu solchen tiefer liegenden Strukturen gelangen will, wird also (ii') am Ende ergänzen um die Frage:

(iii) Was ist?

soll heißen, er muss versuchen, die speziellen Dinge-an-sich zu verstehen bis in die untersten Winkel ihrer Existenz. Und es ist dabei durchaus möglich (oder auch nicht, wir wissen es nicht), dass er aus der 'tiefsten', letzten Antwort auf (ii') und (iii) wird ablesen können, was der Urgrund des Daseins ist, dass er also auf eine Antwort auf die Fragen (i) und (ii) geführt wird.

METAPHYSIK UND TRANSZENDENZ

Die Welt ist da; aber wir verstehen sie nicht. Sie liegt vor unseren Füßen; doch wissen wir nicht, wer sie dort hingestellt hat. Wir gestalten sie weit möglichst nach unseren Wünschen, können aber nicht ausschließen, dass es sich bei ihr um eine kollektive Illusion handelt, ein Gaukelspiel, nur dazu gestrickt, unsere Sinne und Gedanken zu verwirren. Im Gegensatz zu Descartes denke ich, dass nichts sicher ist, weil wir nicht sicher sind! Das ist jedoch nicht oder nicht in erster Linie ein Problem der materiellen Wirklichkeit, sondern der Beschränktheit unserer Wahrnehmungs- und Verstandesressourcen.

Die enorme zeitliche und räumliche Ausdehnung des Kosmos, die komplizierten Mechanismen, die auf jeder Ebene der physikalischen Existenz - bei den Himmelskörpern, den Werkstoffen, den Atomen und subatomaren Teilchen - ineinandergreifen müssen, um die gegenwärtige uns so facettenreich erscheinende Wirklichkeit auszubilden: dies alles trägt nicht unbedingt dazu bei, das Vertrauen in eine in sich konsistente und hermetische Welt zu stärken, und begünstigt die häufigen metaphysischen und teilweise irrationalen Anwandlungen des menschlichen Geistes, der von all der ihn umgebenden Komplexität eigentlich überfordert ist und aber gern doch Licht in das Dunkel seiner Existenz bringen würde. Zuweilen wird sogar argumentiert, das Vorhandensein des metaphysischen Denkens stelle lediglich eine Volte der Evolution dar, weil es zu schnelleren Entscheidungsfindungen führe als das sorgfältige Abwägen kausaler Sinnzusammenhänge, und daher in manchen Situationen, wo es auf Schnelligkeit ankomme, einen biologischen Überlebensvorteil.

Ontologie, Wissenschaft und Erkenntnistheorie häufen beträchtliche Mengen von Einsichten, Wissen und Erfahrung auf, aber sie sagen immer nur, das und das funktioniert so und so oder bestenfalls, es lässt sich auf das und das zurückführen oder für diesen oder jenen Zweck verwenden, ohne aber bisher letzte Urgründe des Weltgeschehens aufgefunden zu haben. Die Welt verbirgt sich vor uns, nicht nur, indem sie uns die Einsicht in ihre Grundessenz und ihren Sinn und tieferen Zweck verweigert, sondern auch indem sie in überraschenden Kapriolen immer neue komplizierte Erscheinungen gebiert. Ich denke hier etwa an die Entdeckung der Neutrinos oder des Top-Quarks.

Dieses Verstecktsein der Welt, das auch mit unserer eingeschränkten Sinneswahrnehmung und der instrumentellen Art unseres Denkens zu tun hat, ist der Geburtshelfer der Metaphysik. In einer Art Rückkopplung setzt diese eine spezielle Modalität des Bewusstseins voraus, welches bereit sein muss, logische Widersprüche hinzunehmen und aus zufälligen Erfahrungen übernatürliche Gesetze 'abzuleiten'.

Obwohl uns jede Frage nach dem Sinn des Lebens, jeder Versuch einer Letztbegründung unserer Existenz sofort in die Sphäre des Metaphysischen katapultiert, sind Metaphysik und Transzendenz daher hoch umstrittene Konzepte. Viele neuere Philosophen haben sich, überspitzt formuliert, auf den Standpunkt gestellt, die genannte Sinnfrage sei sinnlos. Von höheren Mitteln und Zwecken, d.h. solchen, die vom Menschen unabhängig sind und gar die physikalische Welt oder auch die Welt des menschlichen Egozentrismus transzendieren, solle man einfach schweigen. Diese Denker werden insofern immer im Recht bleiben, als sich Transzendentes wohl niemals vollständig analytisch erkennen bzw verifizieren lässt - da der Begriff der Transzendenz geradezu durch diese Eigenschaft definiert ist. Von der profanen, festgefügten und aber auch wenig schöpferischen Perspektive des Rationalismus aus gesehen erscheint er zum größten Teil als irrationale, d.h. kausal nicht begründbare und daher gewissermaßen magische Konstruktion.

Worum es mir geht, sind allerdings nicht diejenigen unbegründeten Rituale des Denkens und Handelns, die gern auch zur Konservierung einer bestehenden Herrschaftsform benutzt werden, sondern dasjenige, was oben Letztbegründung des Seins genannt wurde und von den Positivisten jederlei Coleur als nicht sinnhaft abgelehnt wird. In einer von anthropozentrischem Pragmatismus und der instrumentellen Vernunft inzwischen fast völlig beherrschten Welt werden letzte Begründungen zwar anscheinend nicht benötigt. Im Maschinenraum des Denkens spielen sie keine Rolle; was man dort lediglich braucht, sind Verfahrensanleitungen, verkapselte Funktionen, von denen man nur wissen muss, wie sie aufzurufen sind. Die Suche nach Letztbegründungen spielt sich auf einer anderen Ebene ab, und man müsste dazu in das Innere der Funktionen selbst hineinsehen und eingreifen, und befürchtet wohl nicht zu Unrecht, dass dabei allzu viel Unzulängliches, Unergründliches und Widersprüchliches zutage tritt.

Davon darf sich aber gerade die Philosophie nicht entmutigen lassen.

Das System der Natur ist seit dem Abkühlen des Universums unter die MeV Schwelle verlässlich genug, über Äonen stabile Entitäten zu gewährleisten. Zugleich ist es aufgrund seiner Gesetze und seiner Vielteilchenstruktur physikalisch so kompliziert und reichgestaltig, dass es in der Lage war, weitere fließende Substrukturen auszubilden, zum Beispiel die biologische Welt, und in dieser wiederum uns Menschen, die diese Kompliziertheit beobachten, verstehen und zu ihrem Vorteil nutzen und teilweise regelrecht lenken können. Wobei dieses Verstehen, wie gesagt, in erster Linie instrumentell ist, in Einklang mit den Notwendigkeiten einer Intelligenz, die sich täglich in Natur und Gesellschaft behaupten muss. Damit weist sie das Defizit auf, Letztbegründungen, die über die reine Funktionsweise des Systems (der Natur oder einer Gesellschaft) hinausgehen, nur schwer oder gar nicht begreifen zu können.

Man ist sehr erfinderisch darin, sich mit künstlichen Eingriffen das Alltagsleben leichter zu machen. Weder vom ontologischen, immanenten, empiristischen noch vom utilitaristischen oder biologistisch-genetischen Standpunkt wird eine andere Art von Intellekt benötigt. Letzte Fragen geschweige ihre Antworten sind in dieser Art des Denkens nicht vorgesehen, und alle im weitesten Sinne positivistische Philosophen fassen dies nicht einmal als Nachteil auf, sondern wenden es positiv, indem sie solche Fragen als Irrläufer interpretieren, die vom normalen Denken ausgeklammert werden dürfen. Dabei maßt über Sinn und Unsinn zu entscheiden ein Denken sich an, das nicht einmal instrumentell ist. Denn die hoch spezialisierte, instrumentelle Vernunft des Ingenieurs weiß um ihre Beschränktheit auf die Mittel und Zwecke innerhalb ihres eigenen Sprengels.

Im Gegenteil soll hier klargemacht werden, dass es gerade die letzten Fragen sind, die uns zumindest unbewusst inspirieren, die Grenzen der Erkenntnis immer weiter hinaus zu schieben. Weil das so ist und unsere Vorfahren mit dem über die instrumentelle Vernunft hinausgehenden, dabei zugegebenermaßen teilweise inkonsistenten Gedankenbesteck recht erfolgreich operiert haben, hat die zugleich archaische wie transzendierende Metaphysik ihren Platz in unseren Köpfen bis dato noch immer verteidigt.

In gewisser Weise enthalten alle Abstraktionen, die wir bilden können, eine metaphysische Komponente, indem sie nämlich den konkreten Fall zumindest geistig transzendieren. Die wahre Transzendenz kann aber nicht wie bei Hegel oder Heidegger darin bestehen, zu immer abstrakteren Kategorien überzugehen, weil ein solches Vorgehen einer Kritik Kierkegaards folgend zu einer schlecht abstrakten Immanenzphilosophie führen muss, in der das Transzendente unter das Allgemeine subsummiert und letzten Endes ausgelöscht wird. In gewissem Sinne ist dies das intellektuelle Analogon zu einer konformistischen Staatsideologie etwa des preußischen Kaiserreiches oder jener gleichgeschalteten 'Volksrepubliken', zu denen in Osteuropa und Asien der Kommunismus geführt hat.

Hier darf man allerdings undogmatisch-linke Positionen wie die von Sartre, Adorno oder Marcuse ausnehmen, die Hegels Dialektik um den Blick auf das gesellschaftlich Negative und Transzendente erweitert und damit indirekt auch den Begriff des Nichts von seinen abstrakten Fesselungen befreit haben. Während Kierkegaards Kritik die von der Wissenschaftlichkeit radikal unterschiedene Ebene des Religiösen und generell des Spirituellen im Blick hat, welche durch den Glauben zugänglich ist und hauptsächlich das einzelne Ich betrifft, haben sich die genannten Neomarxisten dem Einebnen der Widersprüche in einer 'aufgehobenen', scheinbar vollständig versöhnten Welt verweigert.

Anhand dieser Autoren lässt sich auch der Unterschied zu dem hier vertretenden Begriff von Metaphysik herausarbeiten. Für einen marxistischen Theoretiker besteht die zentrale Frage nur darin, wie sich die gesellschaftlichen Strukturen und Abläufe dahingehend optimieren lassen, dass die Bedürfnisse möglichst vieler Menschen umfassend befriedigt werden. Der sich aus dem technischen Fortschritt ergebende Wohlstand soll so verteilt werden, dass jeder sein Leben nach eigenem Gusto gestalten kann. Darüberhinaus gebe es keinerlei metaphysisches, die menschliche Geschichte antreibendes Momentum.

Auch wenn man den Gesellschaftsentwurf der Neomarxisten ablehnt, wird man der allgemeinen Zielbestimmung wohl nicht widersprechen können. Allerdings muss hinzugefügt werden, dass Menschen allein durch Bedürfnisbefriedigung letztlich nicht zufrieden gemacht werden können. Noch wichtiger ist der Einwand, dass wenn noch weitere 10 oder 100 Milliarden Menschen auf der Erde in dieser Weise wohlversorgt leben könnten, der Rest der Schöpfung komplett beiseite gedrängt würde. Immer mehr Tier- und Pflanzenarten wären zum Aussterben verurteilt, weil die natürliche Umwelt zugunsten der menschlichen Bedürfnisbefriedigung bis aufs letzte ausgepresst werden müsste. Daher meine ich, dass die menschliche Zufriedenheit nicht das Maß aller Dinge sein kann, sondern dass wenigstens der Umweltschutz in die kritische Theorie mit einbezogen werden muss.

Dabei ist klar: dieser kann für sich allein kaum ein höchstes Prinzip darstellen, sondern ist Teil eines allgemeinen Gesetzes, welches außerhalb der menschlichen Sphäre entspringt. Die Suche nach dem MASS ALLER DINGE enthält offenbar eine über die menschliche Geschichte hinausgehende metaphysische Komponente. Für die kritische Theorie existiert Transzendenz nur in der Form einer rationalen Transformation der Gesellschaft in einen besseren Zustand, vulgo vom Kapitalismus zum Sozialismus. Doch solange dieser eine Utopie bleibt, und erst recht, wenn er über die reine Sicherstellung der Güterversorgung hinausgehen will, enthält er ein mindestens ebenso starkes metaphysisches Element, das auf die Frage nach dem tieferen Sinn unseres Daseins verweist.

Bei Sartre ist das Transzendente, selbst wo es sich auf die Ebene des Ich-Seins bezieht, weder eine spirituelle noch eine soziale Kategorie, sondern der eigentliche Ausdruck der menschlichen Freiheit. Der Mensch muss die Vormacht der Anderen überwinden, um zu sich selbst zu finden. Problem dabei: diese Art der Selbstfindung ist im Grunde ebenfalls eine unerreichbare Utopie. Das gesellschaftliche Sein des Menschen ist äußerst immanent, und der Mensch nutzt nur selten seine Möglichkeiten zur Überschreitung. In der übergroßen Mehrzahl der Fälle erfolgt Anpassung ohne nennenswerte Auflehnung, und selbst wer sich auflehnt, resigniert am Ende meist doch in den gesellschaftlichen Konventionen. Diese sind auf die Aufrechterhaltung des Status quo gerichtet und bestrafen diejenigen, die sich Freiheiten herauszunehmen wagen.

Ein Problem mit dem Begriff der Transzendenz besteht offenkundig darin, dass er von verschiedenen Autoren in verschiedenen Zeitaltern verschieden definiert und verstanden worden ist:

-Im Mittelalter etwa wurde unter Transzendenz oftmals ein Überschreiten der Ichheit in Richtung auf Gott verstanden. Für Sartre ist Transzendenz ebenfalls ein Überschreiten der Ichheit, jedoch liegt sie in der Fähigkeit des Menschen, unter Verwendung seiner Freiheit eine Situation zu überschreiten, den Lauf der Natur zu verändern "durch das, was ihm aus dem zu machen gelingt, wozu man ihn gemacht hat". Hier lässt sich eine Verwandtschaft des Existentialismus und seines Freiheitsbegriffes mit der Idee des freien Unternehmertums konstatieren, für das übrigens ein in der Öffentlichkeit so erfolgreicher Intellektueller wie Sartre das beste Beispiel darstellt, und Transzendenz besteht im Ergreifen der Chancen, die sich dem unternehmerischen Menschen bieten. Diese Art der Freiheit ist jedoch nicht durchweg positiv zu bewerten, denn die mit ihr einhergehenden Privilegien benachteiligen diejenigen, die nicht clever genug sind, solche Gelegenheiten auszunutzen.

-Manche Philosophen der Neuzeit definieren die Differenz zwischen den Begriffen (dem Denken) und den Dingen-an-sich (dem Sein) als 'transzendent', also zwischen den Pointern und dem, auf was sie pointen.

-Wieder andere Autoren legen das Utopische als transzendent fest, und als metaphysisch den Glauben an dessen Realisierbarkeit. Dieser Begriff des Transzendenten beschreibt dann teilweise nur Illusionen, die allein in unseren Köpfen existieren. Hierzu zwei Hinweise: (i) Wenn sie sich genügend verbreiten, können solche Illusionen ganz unabhängig von ihrem Inhalt zu einer Macht werden, die die Realität der Menschen verändert. (ii) Unter gewissen Umständen sind einzelne Komponenten unerreichbarer Utopien transzendent in dem von mir benutzten Sinn, nämlich wenn sich aus ihnen eine Brücke zur Realität konstruieren lässt. In diesem Fall können Utopien, wie auch jede andere Form von vagen Ideen und Hypothesen, dazu beitragen, dass Grenzen erkannt, überschritten und nach hinten verschoben werden, sowohl im materiellen als auch im intellektuellen Sinn. Denn es ist klar, dass es für die menschliche Existenz immer Grenzen geben wird, und genau durch dieses Faktum gewinnt der Begriff der Transzendenz Funktion und Bedeutung.

-Kantianer nennen diejenige Erkenntnis 'transzendental', die sich nicht nur mit Gegenständen, sondern mit der Art unserer Erkenntnis beschäftigt. Diese Bezeichnung ist unglücklich gewählt, weil sie semiotisch bis auf zwei Buchstaben mit dem älteren Begriff des Transzendenten identisch ist, aber etwas sehr Anderes bedeutet. Beide leiten sich von transcendere ab, einem lateinischen Verb, welches mit 'überschreiten' übersetzt werden kann, zum Beispiel von Physik und Realität in Richtung auf die Metaphysik.

Zu beachten ist, dass es sich bei der Kantischen Konstruktion auch um den letztlich erfolglosen Versuch handelt, Letztbegründungen mit Hilfe der Erkenntnistheorie zu gewinnen. Dabei wird ignoriert, dass die Dinge-an-sich mehr sind als unsere Erkenntnis von ihnen. Kant und auch die meisten Positivisten weigern sich allerdings, über dieses Mehr zu sprechen - und auf den ersten Blick tun sie recht daran. Was man sagt, kann man nur in einer Sprache sagen. Sprache aber besteht aus kondensierten, fest gewordenen Gedanken, während die Dinge-an-sich aus Materie bestehen. Diese Differenz scheint unüberwindbar, warum also sollte man sich mit ihr aufhalten?

Was diese Leute übersehen, ist zweierlei: zum einen die Vielfalt und Multidimensionalität der Sprache, mit deren Begriffen, Beschreibungen und Erklärungen wir uns an die Dinge-an-sich herantasten und ihnen immer näher kommen, auch wenn wir sie nie vollständig erreichen können. Zum anderen die Vielfalt unseres Denkens und der von ihm ersonnenen Werkzeuge, mit denen wir in die materielle Welt der Dinge-an-sich eingreifen können.

Es besteht kein Zweifel daran, dass jeder Versuch, in den Subjekten und einer Theorie ihrer Erkenntnis letzte Sicherheiten zu finden, scheitern muss. Entscheidend für das menschliche Wissen ist nicht, dass es mit präzisen Vokabeln und absoluter Gewissheit irgendwo niedergelegt wird, sondern dass wir uns über den Grad der Unsicherheit klar sind, mit dem es notwendigerweise behaftet ist.

Diese Unsicherheit lässt sich auf verschiedene Weise definieren. Man kann die oben genannte notwendige Differenz zwischen Denken und Materie in die Definition mit aufnehmen, oder sie heraushalten, das ist egal. Denn der Grad der Unsicherheit einer Erkenntnis lässt sich ohnedies nicht in einem absoluten Sinn bestimmen, weil wir vom Absoluten der Dinge-an-sich niemals vollständig wissen können, wohl aber in einem relativen, das heißt relativ zu den Unsicherheiten anderer Erkenntnisse - und auf den kommt es an.

Manche Gegenstände verstecken sich zu ihrem größeren Teil vor uns, siehe das Beispiel der Dunkelmaterie. Andere liegen scheinbar offen zutage, geben aber bei genauerem Hinsehen viele tiefe Geheimnisse zu erkennen. Immer wenn der menschliche Geist Vermutungen über neue Phänomene der Materie anstellt, überschreitet er Grenzen, und bereits dies muss als eine Form des Transzendierens angesehen werden.

Allgemein bezeichne ich als transzendent dasjenige Denken, welches den Bereich des beschränkten menschlichen Erkennens aktuell oder generell überschreitet. Der zum Transzendenten komplementäre Begriff ist das Immanente, welches alles in einem Objekt Vorhandene, es nicht Überschreitende und daher ohne Rückgriff auf Transzendentes Erklärbare bezeichnet. Metaphysik nenne ich die Wissenschaft vom Transzendenten.

Dabei ist zu beachten, dass dort, wo von Gegenständen und Objekten die Rede ist, im Gegensatz zur Materie-an-sich, bereits eine im wesentlichen immanente Konstruktion des Denkens vorliegt. Insbesondere darf man unter Transzendenz auch nicht solche gedachten Prinzipien wie das Gute, das Wahre, das Schöne und dergleichen verstehen, weil diese offensichtlich aus menschlichen Zusammenhängen geboren und vom menschlichen Geist bestimmt sind. Sie sind diesem immanent, weil er sie destilliert hat und betrachten kann und über sie nachdenkt - und existieren nicht außer ihm. Allerdings können sie durchaus transzendente Komponenten enthalten, insofern sie auf Unerreichtes oder Unerreichbares verweisen.

Gegen den hier verwendeten Begriff von Transzendenz ist geltend gemacht worden, dass dabei das Immanente und das Transzendente als zwei abgegrenzte Bereiche angenommen werden, die gewissermaßen von außen betrachtet und erkannt werden können. Dies setze voraus, dass der Betrachter prinzipiell Zugang zu beiden Bereichen habe, oder wenigstens theoretisch ein Stück weit über die Grenze in das Gebiet des Transzendenten eindringen könne.

Dieses Argument ist allerdings nicht schlüssig, weil auch dann, wenn man ein unbekanntes Gebiet nur vage wahrnehmen und die Grenze gar nicht genau ziehen kann, weil sie noch im Nebel der Vorerkenntnis liegt, die Existenz eines solchen Gebietes angenommen werden darf.

Es wird dann weiter argumentiert, das Grundproblem jedes Transzendenzkonzeptes bestehe in der Frage, wie die Annahme einer fundamentalen Verschiedenheit der beiden Bereiche mit der Annahme vereinbar sei, dass von einem der Bereiche aus die Existenz des anderen erkannt oder sogar die Grenze überschritten werden könne. Dieses lasse sich eigentlich nur verstehen, wenn abgesehen von der radikalen Verschiedenheit in bestimmter Hinsicht auch eine Einheit der beiden Bereiche supponiert werde - wenn also letztlich keine echte Transzendenz vorliege.

Ganz abgesehen davon, dass hier nicht festgelegt wird, was 'fundamentale Verschiedenheit' einer 'echten Transzendenz' bedeuten soll, ist ein solches Argument kaum stichhaltig, weil es um das Gesamt aus Immanentem und dem die Grenze Überschreitenden einen umfassenden Rahmen der Erkenntnis ziehen will. In dieser Voraussetzung ist der später abgeleitete Widerspruch ersichtlich bereits enthalten. In Wahrheit ist das Transzendente ein in jeder Richtung offenes Gebiet. Weder ist die Grenze zum Immanenten starr oder schmal oder immer endlich, noch wird das Transzendente vom Immanenten oder irgendeiner anderen Art von Rahmen vollständig umschlossen.

Die argumentative Situation ist ähnlich wie beim später zu diskutierenden Begriff des Nichts, dessen Sinnhaftigkeit gelegentlich mit ähnlichen Argumenten beiseite geschoben wird. Wie es verschiedene Ausprägungen des Nichts gibt (den absolut leeren Raum, einen Grundzustand vor oder nach einer Symmetriebrechung, ein Nichts ohne Raum, den Tod oder die soziale Nichtung eines menschlichen Individuums usw), gibt es auch verschiedene Formen der Transzendenz:

(i) eine naturwissenschaftliche Transzendenz, zu der das jeweils noch nicht Erkannte wie auch das prinzipiell Unerkennbare gehört. Noch nicht erkannt sind beispielsweise Phänomene, deren Aufscheinen in Messungen bisher mangelnde Messgenauigkeit verhindert hat; prinzipiell unerkennbar sind solche Phänomene, die unterhalb der von Menschen jemals erreichbaren Messgenauigkeit liegen.

(ii) eine gesellschaftliche oder soziale Transzendenz aufgrund der menschlichen Freiheit, welche die kulturell oder sogar genetisch festgelegten Grenzen des Menschen und seiner sozialen Verhältnisse und Strukturen überschreitet. Soziale Transzendenz ist Voraussetzung, um auch in erstarrten gesellschaftlichen Systemen Mauern einzureißen.

(iii) und schließlich eine ontologische Transzendenz, die das Ich-Sein des Individuums betrifft oder darüber hinausweist, und zu der etwa die Frage nach dem Sinn des Lebens gehört, des individuellen wie auch des Lebens als Ganzem. Auch ein Teil des unter (i) genannten prinzipiell Unerkennbaren muss als ontologisch klassifiziert werden.

Metaphysik und Transzendenz, wie ich sie definiere, haben also wenig mit dem zu tun, was sich aus menschlichen Einbildungen, Widersprüchen oder unpassenden Abstraktionen ergibt, sondern sind jene objektiven ELEMENTE DES DASEINS, DIE DER ERFAHRUNG (NOCH) NICHT ZUGÄNGLICH SIND. Ein charakteristisches Beispiel für ein 'noch nicht' ist die Dunkelmaterie; Beispiele für 'nicht' sind etwa der Aspekt der niemals vollständig erfassbaren Dinge-an-sich, sowie alles, was unsere Denk- und Wahrnehmungsfähigkeiten überschreitet, auch alles, was existiert, aber jenseits des erfahrbaren Kosmos liegt, so dass wir nichts von ihm wissen können. Dazu gehören zum Beispiel auch populäre Annahmen und Extrapolationen über das Universum hinter dem Ereignishorizont, da wir sie nie durch Wahrnehmung verifizieren werden, und in gewissem Sinne auch die Welt der Tetronen, weil wir nur als deren Anregungen existieren und sie selbst nur indirekt als gravitative Effekte der geometrischen Raumzeitstruktur wahrnehmen, und auch nur deshalb, weil die Metrik und ihre elastische Struktur auf jede erdenkliche Art von Energie reagiert.

In vielen der genannten Beispiele darf es Ziel und Zweck der sich größtenteils aus dem Affekt der Neugier ergebenden menschlichen Erkenntnis genannt werden, eine zumeist unscharfe und auch zeitabhängige Grenze zwischen Immanentem und Transzendentem zu verschieben. "The physics of today is the background of tomorrow." Hier bezeichnet 'the physics' das auf der Grenze liegende und 'the background' das Immanente. Man kann das billigerweise so auffassen, dass es bei jeder neuen Erkenntnis, auch und gerade der wissenschaftlichen, vorrangig ums Transzendieren geht. Denn indem man die Grenze analysiert, will man sie eigentlich verschieben und in das je Transzendente vorstoßen, das in diesem Sinne das Unbekannte ist, zu dem man hinüberschreiten will. Man beachte aber, gemäß der obigen Auflistung, dass die wissenschaftlich-physikalische Transzendenz nicht alle Bereiche des Transzendenten abdeckt.

An diesen Darlegungen sieht man deutlich, dass Transzendenz nichts Statisches, scharf Eingegrenztes ist, sondern im Hinblick auf den Entwicklungsstand der Menschheit definiert werden muss. Die Grenzen der Immanenz sind durch die jeweiligen menschlichen Fähigkeiten und die zur Verfügung stehenden technischen Mittel gegeben, sie zu überschreiten. Es ist der menschliche Geist selbst und sein Erkenntniswille, der nach Transzendenz strebt. Allerdings streben nicht alle Menschen in gleichem Maße danach, sondern das richtet sich nach der Natur ihrer Persönlichkeit.

Nicht selten ist das transzendente Denken von einem Willen zur Macht begleitet, ein Relikt aus seinen magischen oder ideologischen Ursprüngen, wo man das eigene metaphysische Dogma allen Anderen aufoktroyieren will, derart dass bei denen, über die Macht ausgeübt werden soll, identische innere Impulse von Einsicht beziehungsweise Erleuchtung ausgelöst werden, zusammen mit einem instinktiven Reflex der Unterwerfung und Anpassung an den überlegenen Geist.

Dieses heiße ich jedoch eine Transzendenz für schlichte Gemüter, Es ist kein Aufsteigen darin enthalten, sondern eine Abstiegskategorie. Auch heute noch anzutreffen, selbst in Bereichen der Hochkultur, wo es einem oder mehreren durchsetzungsstarken Intellektuellen gelingen kann, ein voluntaristisches Modell oder Ideengebäude in einer Wissenschafts- oder Kulturcommunity zumindest für die begrenzte Zeit ihres Lebens zum allgemein anerkannten Dogma zu erheben. Hierbei geht es, wie auch bei vielen Weltbildern, die höhere oder metaphysische Zwecke supponieren, hauptsächlich um das Ziel, Macht über die Ich-Bewusstseine der Anderen zu gewinnen, eine Macht, die letztlich durch das 'Transzendieren' des Anführer-Ichs in die Köpfe der Masse entsteht, mit dem kaum verbrämten Ziel, daraus soziale und materielle Privilegien zu generieren.

Noch der aufgeklärteste Geist unterwirft sich den kanonischen Erkenntnissen der Wissenschaft, indem er sich etwa die Einsichten eines Kopernikus oder Newton willig zu eigen macht. Dabei ist zu bemerken, dass die klassische Physik einschließlich Quantenmechanik und Relativitätstheorie ein gigantisches Wissenssystem darstellt, das jungen Forschern immer aufs Neue Affirmation und Konformismus abverlangt.

Zur Aufrechterhaltung der Herrschaft bildet sich meist eine Kaste von 'Priestern', die dafür sorgen, dass ihr Weltbild möglichst für immer den Mainstream beherrscht, und die wie nebenbei eine privilegierte Rolle in der Gesellschaft beanspruchen. Alle Ideensysteme der Menschheit erscheinen aus dieser Perspektive als gesellschaftlich-subjektive Konstruktionen mit nur insoweit objektiver Bedeutung, als eine Mehrheit an sie glaubt, an ihnen festhält und eine Minderheit von dieser gemeinschaftlichen Überzeugung profitiert.

In den westlichen Gesellschaften hat sich seit der Französischen Revolution ein anderes Modell etabliert. Hier werden in denjenigen Bereichen, wo es keine Erkenntnis a priori gibt, Lösungen und Entscheidungen aufgrund politischer Auseinandersetzungen gefunden, sozusagen nach den Prinzipien einer praktizierten Dialektik. Ein gutes Beispiel, das heute bereits ziemlich weit in die Geschichte zurückgeht, ist die sogenannte soziale Frage, die von verschiedenen Interessengruppen höchst unterschiedlich beantwortet wird, und die außerdem eine transzendente Komponente beinhaltet, wenn und sofern sie die Utopie vollständiger Gleichheit einschließt, oder den Wunsch nach einer politischen Freiheit, die sich nicht in der Teilnahme an Wahlen für ein Repräsentantenhaus erschöpft, sondern jedem Bürger real das gleiche Mitspracherecht einräumen will.

Metaphysik liegt also nicht allein darin, irgendein allerhöchstes Prinzip aufzuspüren, das hinter der einen physikalischen Substanz des Kosmos bzw hinter den Gesetzen wirkt, nach denen diese die Phänomene der Natur bestimmen - als Voraussetzung für die komplizierten Strukturen des Lebens und letztlich auch für die Freiheit unserer Gedanken und die Verantwortlichkeit unseres Tuns. Metaphysik liegt auch nicht nur in dem Bestreben, den Sinn unserer Existenz und die Grundlagen unseres Denkens zu verstehen, um die damit scheinbar verbundenen Antinomien aufzulösen. Sondern auch gesellschafts-politische Ziele und Hoffnungen können eine metaphysische Komponente besitzen, im guten wie im schlechten Sinne, sofern sie über die Grenzen der bestehenden Gesellschaftsverträge hinausgehen.

Der Idealismus tendiert dazu, die Metaphysik allein in der Welt der Ideen anzusiedeln. Er stellt die Ideen in den Vordergrund und lässt die Materie als hinzunehmende Nebensächlichkeit erscheinen. In Wahrheit existieren jedoch die Ideen nur in unseren Köpfen als vermittelte Reflexion von Eigenschaften und Sinneserfahrungen, die in Dingen-an-sich enthalten oder aus bereits Vermitteltem als Abstraktionen kondensiert wurden. Daher partizipieren nicht, wie im Idealismus angenommen, die Erfahrungsdinge an den Ideen oder ahmen sie nach, sondern es sind umgekehrt die Ideen als eine Art von umgearbeiteten Erfahrungen aufzufassen.

Da metaphysische Aspekte sowohl im Bereich der Ideen als auch der Materie auftreten und Ideen und Materie, woimmer menschliche Gesellschaften existieren, praktisch ununterbrochen in Wechselwirkung stehen, bezieht sich die Metaphysik notwendig auf beides. Sie kann für Ideen stehen, die keine Entsprechung in der Wirklichkeit gefunden haben, aber auch für das Hinterfragen einer Wirklichkeit, der man Sinn und Bedeutung nicht anzusehen vermag.

Das eingangs zitierte darwinistische Erklärungsmodell für die Entstehung des metaphysischen Denkens darf nicht davon ablenken, dass es große faktische Bereiche des Daseins gibt, die der instrumentellen Vernunft nicht oder nicht ohne weiteres zugänglich sind. Dazu gehört vor allem die Frage nach dem Sinn des natürlichen aber auch unseres individuellen und gesellschaftlichen Seins. Natürliches Sein umfasst nicht nur das Sein des Menschen in der Natur, sondern auch das Existieren der Natur-an-sich, i.e. ohne den Menschen. Ein verbreiteter Standpunkt geht von der Annahme aus, der offensichtliche Daseinssinn des auf der Erde lebenden sozialen Wesens Mensch sei es, für sich selbst aus Gesellschaft und Natur das Optimum herauszuholen; und viele von denen, die kein Interesse an metaphysischen Fragen haben, werden sich mit dieser Ansicht wohl zufriedengeben.

Als analytische Philosophen oder Sprachlogiker oder auch als Existenzphilosophen werden sie darüber hinaus solche Diskussionen für überflüssig deklarieren; wohl auch behaupten, Begriffe wie Sinn oder Ziel oder Zweck seien nur für das menschliche Wirken auf der Erde gültig, da sie nur dazu dienten, dass Menschen sich in einer komplexen Welt gemeinschaftlich orientieren und behaupten können. All unser Denken sei ohnehin subjektiv und von Interessen gesteuert, und ohne das notwendig egoistische Individuum sei offenbar gar keine Erkenntnis möglich. Man solle dieses egoistische Individuum samt seinen Sorgen und Existenzängsten ruhig in das Zentrum der Philosophie stellen und die Möglichkeit objektiver Erkenntnis oder gar einer objektiven Art von Metaphysik grundsätzlich bestreiten.

Wie bereits dargelegt, teile ich diese Ansichten nicht, zum einen, weil der menschliche Geist noch lange nicht am Ende der physikalischen Erkenntnisse über den Kosmos angekommen ist und daher noch kein endgültiges Urteil über die Sinnfrage gefällt werden kann. So tiefsinnig Quantenmechanik und Relativitätstheorie vielen Zeitgenossen heute erscheinen mögen, als so rudimentär offenbaren sie sich doch bei näherer Betrachtung. Beide werten im Kern nur elementare Eigenschaften der Wellengleichung aus. Darüber hinaus weiß der Mensch wenig. Er kann das Verhalten der Materie vorhersagen, doch liegt zum Beispiel die ursprüngliche Natur der vielen beobachteten Elementarteilchen (vom Neutrino bis zum Higgsboson) bis heute im Dunkeln. Da wir zu wenig darüber wissen, bleibt die wenn auch ungewisse Hoffnung, dass wir eines Tages mehr über einen die menschlichen Zwecke transzendierenden Sinn der Materie im Kosmos erkennen werden.

Es ist zwar richtig, dass sich die Frage nach einem solchen absoluten Sinn des Lebens - und des materiellen Kosmos überhaupt - schon seit Jahrtausenden nicht beantworten lässt. Daher scheint die Haltung, den Begriff des Sinnes ausschließlich für menschliche Gemeinschaften und im Hinblick auf menschliche Konstruktionen und Zwecke zu reservieren, eigentlich vernünftig, zumal sie die Philosophie von den Fesseln der mittelalterlichen Metaphysik befreit hat.

Dennoch stellt sie im Fortgang der Geistesgeschichte eine allzu eingeschränkte Sicht auf den Sinnbegriff dar. Ein Beispiel: seit Darwin wissen wir, dass sich der Bereich der biologischen Natur, der kein von Menschen eingerichtetes System darstellt, seine eigene Sinnhaftigkeit definiert, die auf den Zweck der Arterhaltung gerichtet ist. Diesem 'Sinn des (biologischen) Lebens' ist es ganz gleichgültig, ob er von einem menschlichen Verstand als solcher erkannt wird oder nicht.

Damit kein Missverständnis entsteht: eine vernunftbasierte, d.h. bewusste Teleologie oder Zwecksetzung liegt hier nicht vor, wohl aber ein komplexes System, das sich seine Zwecke und seinen 'Sinn' selber definiert und in dem zielgerichtet Prozesse ablaufen.

Es ist doch so: betrachtet man ein an sich zielloses System, in dem aber viele komplexe Prozesse stattfinden und fragt man sich, welche dieser Prozesse besonders häufig vorkommen, so wird eine Teilantwort darin bestehen zu sagen: DIEJENIGEN, DIE SICH SELBST IMMER WIEDER NEU HERVORBRINGEN. Denn ein Vorgang, dessen Ende zugleich sein Anfang ist, wird im Gegensatz zu anderen Vorgängen immer wieder geschehen.

Das ist eigentlich das ganze Geheimnis hinter dem biophilosophischen Begriff der 'Teleonomie'. Dieser kennzeichnet einen biologischen Tatbestand rein deskriptiv als zweckdienlich oder zielgerichtet, ohne eine andere, 'höhere' oder metaphysische Begründung für die Herkunft der Zweckdienlichkeit zu benötigen als das darwinistische Überlebensprinzip der Arten, oder allgemeiner in einem beliebigen System ein Wiederholungsprinzip zur Aufrechterhaltung eines bestimmten Teilsystems.

Bei Menschen und Tieren, die ihre Jungen versorgen, mischen sich bewusste und teleonomisch induzierte Verhaltensweisen, während bei Pflanzen, denen kein neuronales System zur Verfügung steht, das alleinige Wirken einer rein biologischen Teleonomie besonders augenfällig ist. Durch die Betrachtung dieser beiden Fälle könnte man versucht sein, verschiedene Formen der Teleonomie zu definieren, u.a. eine, die auf jene Lebewesen beschränkt ist, welche aus voller Absicht Zwecke zu verfolgen in der Lage sind. Im Hinblick auf das Darwinsche Prinzip scheint mir diese Trennung jedoch künstlich, da biologisch gesehen auch jedes bewusste und anerzogene Verhalten im Mittel hinter das Prinzip der Arterhaltung zurücktritt bzw in diesem aufgeht.

Wenn man von einem etwas verallgemeinerten, 'schwachen' Telosbegriff ausgeht, kann man durchaus eine Teleologie in der Teleonomie erkennen und sogar die Behauptung aufstellen, dass in selbstorganisierten Systemen jede Teleologie von dieser verallgemeinerten, nicht auf ein steuerndes Vernunft-Bewusstsein zurückgehenden Art sein muss, während die von Menschen eingeführten vernunftmäßigen Zwecke und Ziele mit Telos und Teleologie eigentlich gar nichts zu tun haben.

In ähnlicher Weise lässt sich nicht ausschließen, dass auch das Universum und seine Entwicklung auch ohne eine steuernde Vernunft einen Sinn-an-sich haben, indem sie einem systemerhaltenden Zweck dienen, der sich uns bisher nur noch nicht erschlossen hat. Es ist durchaus denkbar, dass mit dem Fortschritt der Wissenschaft die Sinnhaftigkeit des Universums eines Tages offenbar wird, so wie Darwin die Sinnhaftigkeit der biologischen Natur bewusst geworden ist. Dass dahinter immerzu weitere Fragen offenbleiben, ist genauso gut möglich und verweist gleichermaßen auf die Tiefe der Naturprozesse wie auf die (Un-)Fähigkeiten unseres Verstandes und auf die innere Dialektik des Problems.

DAS NICHTS

Bei Hegel spielt das Nichts eine große und durchaus positiv besetzte Rolle. In seiner Philosophie sind Sein und Nichts Antipoden jener obersten dialektischen Einheit, welche zum Begriff des Werdens führt. Das Problem von Hegels Ansatz besteht darin, dass er schlecht abstrakt ist. Während ich darlegen werde, dass ein gegebenes Nichts durchaus etwas Spezifisches sein kann, ist bei ihm das Nichts durch völlige Leerheit und Bestimmungslosigkeit gekennzeichnet, Eigenschaften, welche durch dialektische Vermittlung auch auf das reine Sein überspringen. Am Ende folgert er, dass Sein und Nichts nicht nur auf einer Stufe stehen, sondern sogar völlig identisch sind. Auch Hegels Sein ist unbestimmt, es ist ein unqualifizierter Zustand, der nur als Gegenteil des Nichts existiert und vom jeweiligen konkreten Ding-an-sich zu unterscheiden ist.

Man sollte sich hüten, Hegel allzu viel Glauben zu schenken, der durch schlaue Reden alle Widersprüche der Welt gleichzeitig lösen und aufrecht erhalten will. Sein und Nichts mögen auf einer Stufe stehen, und als Begriffe sind sie trivialerweise Abstraktionen. Doch als solche beziehen sie sich auf Gesamtheiten von realen physikalischen oder gesellschaftlichen Zuständen, deren Beschreibung in Hegels Philosophie letztlich zugunsten einer völligen Vagheit und Distanzlosigkeit aufgegeben wird.

Tatsächlich handelt es sich hier um blühenden idealistischen Unsinn, wo auf gedanklicher Ebene Begriffe vermischt und immer weiter reduziert werden, bis sie jegliche Bedeutung verlieren. In Wahrheit ist es doch so, dass das reine Sein nicht gedacht werden ohne die Fülle, die ihm zugehört, ohne das ganze Panoptikum und die Vielfalt der Phänomene, die in der Welt sind. Hegel hingegen geht hier noch einen Schritt weiter als manche Rationalisten, mit ihrer Tendenz, Begriffe und Objekte (Dinge an sich) zu verwechseln. Nb, die Absolutierung der Ontologie, wie sie vom Heideggerschen Existentialismus vertreten wird, geht in dieselbe schlecht abstrakte Richtung.

So wenig wie um Hegels Nichts soll es hier um das Nichts als sprachliche Verneinung oder logische Negation oder als psychische Empfindung gehen - also um Formen des Nichts, die ausschließlich im Gedachten oder bloß Vorgestellten als Definiertes vorhanden sind - und wo zuerst die Stoiker und nach ihnen einige idealistische Sprachphilosophien das Nichts angesiedelt haben. Auch das Potenzielle im Gegensatz zum Aktuellen ist nur ein Nichtsein, aber kein Nichts. Es enthält in seiner Rinde das Aroma des Nichts, ohne doch selbst ein Nichts vorzustellen. Es ist das Nur-Mögliche, das sich unser Gehirn ausdenken und worüber es reflektieren kann, das man mit dem Nichts jedoch nicht vermischen sollte. Und übrigens ist das Potenzielle in manchen Fällen eher das Gegenteil des Nichts, weil in der Hoffnung auf ein Noch-nicht-sein für uns eine viel größere Fülle als in der schnöden Realität liegen kann.

Ebensowenig darf man die Charakterisierung des Nichts auf eine bloße Absenz von Sein beschränken. Sondern mir geht es um diejenigen Formen von Nichts, denen wir in der physikalischen und gesellschaftlichen Wirklichkeit objektiv ausgesetzt sind.

Davon gibt es mehrere Arten. Die abstrakteste Form des Nichts ist das absolute Nichts. Dieses 'existiert' (ist hier eigentlich das falsche Wort) noch vor dem Sein. Das Nichts ist, wenn gar nichts da ist, auch kein Satz, der verneint werden könnte, ja nicht einmal ein Raum, in dem die Leere herrscht. Das absolute Nichts ist zuerst da, und wird zuletzt da sein, ganz gleich in welchem Sinne man dies 'zuerst' verstehen will und wie schwierig es ist, das Nichts sprachlich oder begrifflich genauer festzulegen.

Auf anderen Ebenen der Existenz begegnen uns Nichtse, die sich begrifflich besser fassen lassen und daher noch viel weniger eine simple Negation von Etwas darstellen. Es ist Nichts(=Vakuum) im Raum zwischen den Teilchen/Anregungen, die die Welt durchwandern. Selbst wenn man hier einen umfassenden Raum voraussetzen muss, in den diese Art des Nichts eingebettet ist, bleibt es doch Nichts - allerdings in einem abgeschwächten, weil nicht absoluten Sinn. Und es ist intellektuelles bzw geistiges Nichts in einem Universum ohne Gehirne und deren Kommunikationsgemeinschaften. Wobei diese speziellen Nichtse auf etwas Seiendem aufsetzen (ohne dieses zu negieren). Sie existieren in diesem Seienden, bilden gewissermaßen dessen Ruheform und zugleich den Hintergrund für eine höhere (Anregungs)Stufe des Seienden. Als dieser ruhende Hintergrund sind sie Nichts.

Ein typisches Beispiel für ein qualifiziertes Nichts, das übrigens den Fall des leeren Raumes mit umfasst, sind (spontan gebrochene) Grundzustände. Den seienden Hintergrund bilden in diesem Fall gewisse Mikrostrukturen, welche für den makroskopischen Betrachter allerdings unsichtbar verborgen sind. Der Betrachter nimmt den Grundzustand daher als Nichts wahr, und Anregungen des Grundzustandes als Etwas, um so mehr, wenn er selbst zum System dieser Anregungen gehört.

Ein solches SSB-Vakuum hat eine objektive, materiale Existenz als Nichts. Nullpunktsvibrationen des Grundzustandes, wie sie in der Quantenmechanik existieren, sind ein Artefakt des Messprozesses auf den Mikrostrukturen, und beeinträchtigen die Interpretation des SSB Grundzustandes als Nichts nicht.

Unser Kosmos ist die erste und oberste Anwendung für diese Überlegungen. Ohne Anregungen, d.h. ohne Materie, wäre er für uns leer, ein SSB-Vakuum-Nichts. Dabei ist er angefüllt mit einem Gerüst aus Tetronen, die sich von uns allerdings nur indirekt wahrnehmen lassen. Und wie erst die große Leere zwischen den Tetronen! Sie ähnelt dem Nichts, das die ersten Atomisten sich vorstellten, die über den Raum zwischen den Atomen nachdachten, und die damit Parmenides widerlegten, der - wie später auch Carnap - behauptet hat, das Nichts sei nicht, da man es weder erkennen noch aufzeigen und auch nicht sinnvoll darüber sprechen könne. Zu behaupten, das Nichts werde in diesem Fall dadurch definiert, dass keine Atome anwesend sind, also durch Verneinung des Seins, geht am Thema vorbei. Das Nichts verhält sich in Bezug auf seine begriffliche (Un)Fassbarkeit nicht anders als die Dinge an sich, die ja auch durch Definitionen und Begriffe nur näherungsweise und niemals vollständig erschlossen werden können.

Man kann den Unterschied zwischen absolutem und relativem Nichts nicht nur anhand der Physik, sondern auch der Mathematik begreifbar machen. Bevor wir das tun, gilt es zu klären, dass es sich bei der Null, die ja ein naheliegender Kandidat für das Nichts in der Mathematik ist, nicht um das Nichts sondern um eine Zahl handelt, z.B. die Zahl der Elemente einer leeren Menge oder das neutrale Element der Addition, und daher zunächst keineswegs um das Nichts. Allerdings ist die Null vielen Eigenschaften des Nichts zugeordnet, etwa wenn man nach der Zahl der Objekte im Nichts fragt.

Das absolute mathematische Nichts lässt sich mit dem Inhalt der(einer) leeren Menge identifizieren. In der Zahlentheorie wird oft argumentiert, dass es nur eine einzige leere Menge gibt, da Mengen über ihre Elemente charakterisiert werden und zwei Mengen genau dann gleich sind, wenn sie dieselben Elemente enthalten (Extensionalitätsaxiom der Mengenlehre). Wenn man dies voraussetzt, entspricht der Inhalt der leeren Menge dem absoluten sprachlichen Nichts im früher definierten Sinn, also einem Pointer, der nirgendwo hinzeigt.

Wenn man hingegen Mengen auch über ihren Kontext definiert (Mengen von etwas), kommt man zu beliebig vielen verschiedenen leeren Mengen. Bei einer leeren Menge von Äpfeln etwa, die sich aus dem Schnitt zweier disjunkter Apfelmengen ergibt, handelt es sich um eine mathematische Entität mit einer Zusatzinformation, nämlich der, dass es um Äpfel geht. Eine solche leere Menge ähnelt dem physikalischen Nichts eines Grundzustandes, weil in einem solchen Vakuum die Qualitäten des ansonsten 'stillen' Hintergrundes potenziell vorhanden bleiben.

Ebenso wie im Fall physikalischer Grundzustände hat man es hier mit qualifizierten Formen des Nichts zu tun, die ein Environment voraussetzen, auf welchem das Nichts existiert. Weitere typische Beispiele für Nichtse in diesem Sinne sind der Stillstand in einer sonst bewegten Welt oder der Tod in eine Welt der Lebenden.

Wenn sich Philosophie oder Sozialwissenschaften mit dem Nichts beschäftigen, geht es meist um ein soziales Nichts, etwa in Fällen, wo gesellschaftliche Strukturen zerstört sind und nur noch vereinzelte Individuen existieren, oder es geht um das Individuum, das dem Tod als persönliche Nichtung ins Auge sieht, oder es ist von Sartres Nichts die Rede, in dem das Andere (der Mainstream) der Gesellschaft von einem Ich-Bewusstsein genichtet werden muss, damit dieses als Selbst entstehen kann. Nota bene, dass es auch bei denjenigen, die sprichwörtlich vor dem 'Nichts' stehen, nicht allein um die Abwesenheit von Ressourcen geht.

So kann ein Nichts des menschlichen Seins ebenfalls auf mehreren Ebenen unserer Existenz sichtbar werden, (i) als biologischer Tod, Übergang zu toter Materie, (ii) noch weiter gehender als Nichtvorhandensein von Intellekt auf einem Planeten, (iii) als Ausgeschlossensein/Isolation eines Individuums in einer es umgebenden schweigend-abweisenden, feindlichen oder einer gar nicht (mehr) existierenden Gemeinschaft oder (iv) als ein aktives sich Ausschließen, ein Distanzieren von der Gesellschaft, in die man hineingeboren ist. Jede fundamentale Kritik an der Gesellschaft kann in diesem Sinne als Nichts bzw Nichtung aufgefasst werden.

Im Gegensatz zum absoluten Nichts haben die genannten sozialpsychologischen Arten des Nichts ihren Platz wiederum auf einem Hintergrund, nämlich der Sozialheit des Individuums, das sich ihnen ausgesetzt sieht. Darum kann sich das Nichts auch im Schweigen offenbaren (dem eigenen oder dem der Anderen), oder im unverständlichen Gebrüll. Wenn es um das Schweigen der Anderen geht, handelt es sich um das o.g. gesellschaftliche Nichts, das sich zum Beispiel durch die Abwesenheit anderer Gehirne realisieren lässt. Auch jede Form von Dogmatismus oder intellektueller Beschränktheit definiert in gewisser Weise ein Nichts, ebenso wie umgekehrt große künstlerische, wissenschaftliche oder soziale Erneuerungen radikale Nichtungen voraussetzen.

Viele Arten des sozialen Nichts korrespondieren den einer Gruppe gemeinsamen, wenn auch nicht völlig identischen Bewusstseinsgrundzuständen. Denn wie bereits festgestellt lebt jedes Individuum in einer eigenen Welt seiner Anschauungen, die aber, wenn sie denen der Anderen in Bezug auf einzelne Merkmale ähnlich genug sind, zu kollektiven Bewusstseinszuständen und Meinungen sich vereinheitlichen können. Im Einzelnen sind die Denkvorgänge und Motive der Individuen durchaus verschieden, in Teilsummen machen sie gesellschaftliche Grundzustände aus, die gewissen Trends des Zeitgeistes entsprechen, über denen sich abweichende Meinungen als 'Anregungen' erheben.

Es wurde bereits erwähnt, dass der Begriff des Nichts sowohl von antiken wie auch von modernen Philosophen ausgiebig kritisiert worden ist. Eine beliebte, letztlich polemische Frage der Kritiker: Ist das Nichts etwas Existierendes, Seiendes - oder ist es n-i-c-h-t, weil es ja Nichts ist? Carnap hat den Begriff des Nichts überhaupt als nicht sinnvoll verworfen, da es keine Entität sei. Wir haben aber gesehen und werden noch weiter sehen, dass es - besonders im Falle eines qualifizierten Nichts - auf jeden Fall etwas Existierendes, eine wenn auch vermittelte, zuweilen nur geistig seiende Entität darstellt. Das Nichts entspricht dabei einem homogenen, nicht wahrnehmbaren Hintergrund des Seins, der gewissermaßen aus sich selbst herausgetreten ist, und die solcherart tabula rasa ist dann die vermittelte Leere, auf dem ein Sein gedeihen kann.

Dieser Zusammenhang beschreibt auch die Art und Weise, wie das Sein und das Nichts zusammengehören. Es ist das Nichts kein einfaches Nicht-Sein; und auch kein Nicht-Etwas derart, dass es eine simple logische Negation darstellen und allein in der Welt der Sprache existieren würde. Sondern die Nichtse, von denen in diesem Werk die Rede ist, existieren - entweder in der physikalischen Welt oder in der hirnbiologischen oder sozialen Umgebung des Individuums.

Wenn man sich über das Nichts in der Sprache Gedanken macht, so ist seine absolute Form diejenige, wo gar keine Worte sind, keine Gesten, keine Verständigung, also das ewige Schweigen. Dieses ist eindeutiger Ausdruck eines absoluten gesellschaftlichen Nichts. Außerdem gibt es relative sprachliche Nichtse, etwa die offizielle reduzierte Sprache in einer Diktatur oder die Form mancher Experimentalromane, in denen sprachliches Nichts bewusst als Stilmittel eingesetzt wird.

In Opposition zum existentialistischen Nichts, das mit dem An-sich-sein des menschlichen Individuums unmittelbar zusammenhängt, weil es dessen Grenzen und Ende als biologisches und soziales Individuum charakterisiert, gibt es das Seins-unabhängige Nichts, welches im Besonderen VOR allem biologischen Sein IST, und daher noch nichter als der Tod, der das existentielle und absolute Nichts des Individuums charakterisiert. Es ist das nichteste Nichts überhaupt, weil es auch vor dem einfachen So-Sein der Substanz existiert, also das absolute Nichts.

Beschäftigen wir uns zunächst aber mit dem absoluten Nichts des Individuums. Die Angst vor dem Tod (wie auch ihr Gegenteil, die überoptimistische Konstruktion der eigenen Zukunft) ist von den Existentialisten immer wieder thematisiert und ebenfalls als eine Form des Nichts interpretiert worden, weil sie in gewisser Weise den Tod vorwegnimmt, indem sie durch ihre Absolutheit das Individuum in seiner Panik dazu bringt, die äußere Realität samt ihrer Chancen fast vollständig auszublenden, ein Effekt, der mit dem Tod dann später endgültig wird. Wobei diese Angst sich auch auf das gesellschaftliche und physikalische Nichts beziehen kann, wenn einer etwa nachts auf den kalten und wie toten Weltraum blickt und erkennen muss, wie sinnlos und absurd die Existenz seines Bewusstseins ist. Diese Angst kann sich verselbständigen zu einer namenlosen Angst im Angesicht des dunklen, weitgehend leeren Kosmos, die man die Angst vor dem absoluten Nichts nennen könnte. Jene beiden Ängste - vor dem eigenen Tod und vor der Bedeutungslosigkeit des Daseins - stehen vielfach hinter dem schöpferischen Tun des Menschen, und vermischen sich mit der Einsicht in die Vergeblichkeit des eigenen Schaffens und der Furcht, nach dem Tod einfach vergessen zu werden. Nur ganz wenigen Genien gelingt es, einen bleibenden Beitrag zu Fortschritt und Kultur der Menschheit zu leisten und damit eine Art halbe Unsterblichkeit zu erlangen.

Im Sinne einer negativen Dialektik ist die gesellschaftliche Wirklichkeit das Nichts, weil sie schlecht ist, weil sie repressiv ist, weil sie Massenmord zulässt und keine Versöhnung, und dies bereits von allem Anfang an, weil auch hoch entwickelte Tiere einander töten und damit für einen ununterbrochenen Strom der (Ver)Nichtung sorgen.

Diese Wirklichkeit, die nach so komplizierten Gesetzen funktioniert, den Tod der fragilen Individuen aber zu dem einfachsten Prozess von der Welt macht, ist nicht besser als ein absurder, unmenschlicher Alptraum, der unserem Denken und Sein eigentlich keine Alternative lässt.

In einem solchen Sinnzusammenhang kann das Nichts zu einem moralischen Begriff erweitert werden, nämlich als das Böse bzw die böse Seite der Realität. Wobei dieses Böse gar nichts Ursächliches oder Absolutes sein muss, sondern ebenso oft als Folge von gar nicht einmal böse gemeinten Taten aufzutreten pflegt. Der Mensch erlebt Mängel, oder meint sie zu verspüren, und strebt danach, diese durch Eingriffe in Natur und Gesellschaft aufzuheben. Viele wollen in ihrer Gier alles haben, und drängen in diesem Bestreben die natürlichen Quellen des Daseins immer weiter zurück. Einige dieser Eingriffe erweisen sich als segensreich, andere stärken die Kräfte der Finsternis, weil sie Kaskaden von unerwünschter Folgen auslösen, etwa einen Atomunfall in einem Kraftwerk, das der Energiegewinnung dient, oder wenn sich autoritäre oder korrupte Elemente an die Spitze einer eigentlich sozialen Bewegung setzen.

Auch manche Aktionen, zu denen sich ein Jugendlicher in der Pubertät berufen fühlt, um in der Distanz zur Restgesellschaft zu sich selbst zu finden, weil er sich im Sartreschen Sinne nur gegen das Nichts der Anderen entwerfen kann, sind hier als Beispiele zu nennen. Junge Menschen besitzen die Fähigkeit zu Ablehnung und Kritik in besonderem Maße, und manchmal müssen sie sich mit Regelübertretungen ihre Freiheit ertrotzen. Nicht selten hat jedoch die Kritik, mit der sie sich in der Welt zu beweisen versuchen, haben die damit zusammenhängenden Hoffnungen etwas Maßloses, das notwendig enttäuscht werden muss. Da Befreiung, ja nicht einmal Versöhnung, in einem realen Sinn kaum je erreicht werden kann, orientieren sich die meisten dieser Menschen an einem bestimmten Punkt ihrer Laufbahn um, entweder indem sie die alten Ideale verraten oder indem sie sie kreativ an ihre jeweiligen Lebensumstände anpassen.

In diesen Bezug muss auch der von Nietzsche ins Spiel gebrachte Wille zum Nichts eingeordnet werden, der vermehrt in einer Gesellschaft mit Geburtenüberschuss und zu vielen jungen Männern auftritt. Es handelt sich um eine hormonell und biologisch gesteuerte Selbstmordattitüde, wie sie etwa im modernen Terrorismus zum Ausdruck kommt, um eine letztlich Hilflosigkeit signalisierende Reaktion, wenn man mit dem Willen zur Macht nicht weiterkommt und meint, mit zerstörerischen Gewaltmethoden einer Truppe von ideologisch Gleichgesinnten etwas hinterlassen zu können.

In weniger extremen Fällen kann sich die Negation des Bestehenden als durchaus fruchtbar erweisen, indem sie schöpferischen Individuen den Freiraum verschafft, den sie zu ihrer Entfaltung benötigen. Voraussetzung dafür ist eine geistige Unabhängigkeit, die sie sowohl von den Einflüssen des Mainstream wie von der Hysterie des Terrorismus fernhält. Allerdings stellt diese 'Kritik zur Befreiung' nur teilweise eine universelle ontologische Konstante dar, weil sie je nach Charakter den Individuen in unterschiedlichem Maße gegeben ist und im Falle des konformistischen oder opportunistischen Charakters, der sich von Anfang an bereitwillig in jedes bestehende Machtgefüge einsortiert, auch komplett ausbleiben kann.

Eine weitere Form des Nichts begegnet uns in einem Bereich, in dem wir eigentlich nie damit rechnen würden: dem der Logik. Es ist hier interessant zu bemerken, dass gerade diejenigen unter den Logikern, die die Existenz des Nichts, oder allgemeiner von Nichtsen, am lautesten bestreiten und die die Logik und analytische Denkverfahren überhaupt von jeder Form der Metaphysik freihalten wollen, ihre Wissenschaft dem Nichts ausliefern, einfach, weil sie das logische Vorgehen am Ende nur dazu verwenden, Systeme von Tautologien zu generieren.

Der Neopositivismus und der frühe Wittgenstein lehnen sogar die Annahme von kausalen Naturnotwendigkeiten ab, da sie dem von ihnen aufgestellten Sinnkriterium ("die Bedeutung eines Satzes liegt im Verfahren seiner Verifikation") nicht standhalten. Ihnen zufolge besteht die Welt nur aus logisch notwendigen Aussagen - wobei offenbleibt, ob diese Aussagen nur potenziell-virtuell vorhanden sein oder immer alle zugleich ausgesprochen werden müssen, damit die Welt zu jedem Zeitpunkt vollständig zur Verfügung steht. Neben den Tautologien lassen sie nur noch die analytischen Sätze gelten, deren Wahrheit nicht auf Tatsachenwissen beruht, sondern auf dem Wissen sprachlicher Konventionen oder Regeln. Dabei werden begriffsanalytische Aussagen, bei denen die Bedeutung eines Wortes in Sätzen wie 'Hupen ist ein Geräusch' die Bedeutung des anderen Wortes enthält, d.h. lediglich einen Teil einer Definition ausdrückt, von grammatischen Aussagen, mit denen ein sprachliches Regelwissen ausgedrückt wird, unterschieden.

Man kann diesen Ansatz ohne weiteres als Versuch interpretieren, die Welt auf das Nichts (der Sprache) zu reduzieren, einer toten Version der Sprache zumal, in der nur Tautologien gelten und Regeln befolgt werden und der jede Widerspenstigkeit und Kreativität genommen ist. Anzumerken ist auch, dass viele der Irrtümer des Neopositivismus auf der (stillschweigend gewollten?) Verwechselung von Sprache und Wirklichkeit beruhen.

Insoweit stimme ich Heidegger zu, der es für dogmatisch hält, Logik und Sprachanalyse als einzige philosophische Methoden gelten zu lassen. Jene sind im Grunde - weil auf die Gesamtheit der Gehirne bezogen - 'massenpsychologische' Ansätze, für das Begreifen des Seins und des Nichts eher untauglich und zudem praxisfern, weil sie an die Dynamik der äußeren Wirklichkeit nur indirekt herankommen.

Allerdings gibt Heidegger dem Drängen des logischen Dogmatismus doch teilweise nach, indem er zugesteht, dass bestimmte Teile der Erkenntnistheorie sich auf den analytisch zugänglichen Erkenntnisbereich des Seienden beschränken dürfen. Und er geht noch weiter und gibt zu, dass die methodische Welterschließung der Wissenschaften das Nichts nur als Negation eines Seienden, als Mangel, vorstellen kann.

Tatsächlich handelt es sich hier um eine falsche Verengung, die wohl dem fehlenden Einblick von Logikern und Philosophen in die experimentellen Wissenschaften geschuldet ist. Wie oben diskutiert, lässt die Physik Nichtse in verschiedenen Formen durchaus zu. Für ein vollständiges Verständnis der Naturphänomene werden sie sogar maßgeblich benötigt. Diese Nichtse sind alle durchweg mehr als eine bloße Negation von Seiendem, d.h. mehr als die Abwesenheit von etwas. Ein spontan gebrochener Grundzustand aus Tetronsubstanz und ohne Mignonanregungen repräsentiert das vollkommen leere Universum, bzw im normalen Sprachgebrauch das Vakuum des leeren Raumes. Er beschreibt einen Zustand, den Jedermann ohne weiteres als Nichts identifiziert und der doch gleichzeitig IST, und sogar voll der Einen Substanz. Physikalisches Sein bedeutet unter diesen Bedingungen das Vorliegen von Anregungen, also von Materie im Universum. Diese stellen das uns bekannte Sein dar und sind doch nicht mehr als flüchtige, wenn auch Energie behaftete Schatten, während das zugrunde liegende Nichts, auf dessen Hintergrund sich das Sein erhebt, viel dauerhafter und stabiler ist.

Das absolute physikalische Nichts ist hingegen bisher nie und nirgendwo erzeugt worden, außer in den sehr kleinen Räumen zwischen den Tetronen. Im gesellschaftlichen Bereich tritt das absolute Nichts häufiger auf, zum Beispiel nach einer Naturkatastrophe oder einem Krieg kann der Einzelne vor dem Nichts stehen, oder wenn er nach dem Verlust von Angehörigen ganz allein ist. In so einem Fall trägt der Überlebende die Regeln der Gesellschaft als eine Art Keime mit sich herum, denn er kann mit ihrer Hilfe soziale Strukturen zusammen mit neuen Partnern prinzipiell wieder einrichten.

In gewisser Weise lässt sich das Sein, welches auf dem Hintergrund des Nichts existiert, als das Gegenteil des Nichts interpretieren. In physikalischen Termini sind das die bereits mehrfach erwähnten Anregungszustände, philosophisch die Objekte bzw die Dinge-an-sich mit ihrem Sein-an-sich. Ein Ding-an-sich ist also keineswegs, wie von Neukantianern manchmal behauptet, ein reines Gedankending, denn es existiert in der Realität, die außer uns ist, die uns fremd ist, und die an sich selbst das oberste Ding-an-sich repräsentiert, in der wir uns nichtsdestoweniger einzurichten haben, indem wir uns ihr mit unseren Sinnen und unserem Verstand nähern, ohne sie aber jemals ganz begreifen zu können. Das Ding-an-sich ist also das eigentlich Außen-Weltliche, an das wir mit Verstand und Begriffen nie herankommen. Alle Dinge-an-sich aber sind zusammengesetzt aus kleinsten Einheiten, den Mignonen, die selber nur Anregungen des unterliegenden Grundzustandes sind, der ebenfalls aus kleinsten Einheiten besteht, den Tetronen, die die eigentliche Substanz des Universums ausmachen.

Der Mainstream der analytischen Philosophie erkennt heutzutage immerhin die Existenz von physikalischen Naturnotwendigkeiten an. Damit nicht alle Dämme brechen, versucht er allerdings, diese schrecklich wilde Form des Denkens in ein aseptisches sprachliches Korsett zu zwingen, d.h. in Systeme von wahren Aussagen über die Natur. Wie wir aus der Wissenschaftsgeschichte wissen, bedürfen jedoch gerade die Naturwissenschaften der Intuition, weil sie aufgrund immer neuer experimenteller Erfahrungen einem ständigem Wandel ausgesetzt sind. Die analytische Philosophie kann sich damit trösten, dass in nicht allzu ferner Zukunft, wenn die Kurve des Fortschritts verflacht, jene Bibliothekare des Wissens die Macht zurückerobern, die sich seit den Zeiten des Kopernikus mit einer Rolle in der zweiten Reihe zufrieden geben mussten.

Zusammengefasst lässt sich feststellen, dass die meisten Nichtse, die oben vorgestellt wurden, keine sprachlichen oder logischen Konstruktionen darstellen, sondern reale statische Hintergründe der dynamischen Welt. Von daher gibt es eine gewisse Berechtigung für die Aussage, dass ein Sein oft in ein Nichts 'eingebettet' ist. Im Einzelnen wurden als Nichtse beschrieben:

-Grundzustände jeglicher Art. Hier handelt es sich um begriffliche Pointer auf reale Objekte, z.B. auf ein Molekül im Ruhezustand, auf den leeren Kosmos, d.h. ohne jede Teilchenanregung, usw.

-es spricht auch nichts dagegen, den leeren Raum zwischen den kleinsten existierenden Entitäten als Nichts zu bezeichnen. Dies setzt natürlich eine atomistische Vorstellung von kleinsten Einheiten voraus, aus deren Replikation sich der Kosmos ergibt.

-das absolute Nichts im physikalischen Sinn. Obwohl dieses in einem Experiment nicht erzeugt werden kann, sondern nur Formen des Vakuums, die einen Grundzustand darstellen und in denen die Gesetze des Seins an jedem

Punkt stillschweigend hinterlegt sind, weil sie aus reiner Substanz bestehen, muss der Begriff des absoluten Nichts unbedingt zugelassen werden. Physikalisch repräsentiert er den absolut leeren, mindestens 6-dimensionalen Raum ohne elastisches Raumzeitkontinuum, d.h. ohne ein einziges Tetron.

-bio-soziale Nichtse wie der Tod (=das absolute Nichts des Individuums) oder Epidemien und Kriege, in deren Folge kulturelle Bindungen verlorengehen und die im Extremfall zum Untergang eines sozialen Gefüges oder der menschlichen Rasse führen.

-die Nichtse, welche die Existentialisten meinen und die zur sozialen Lebenswelt der Menschen gehören; also das Nichts der Unfreiheit und der Benachteiligung sowie auch die Nichtung, die in jeder Kritik an gesellschaftlichen Zuständen enthalten ist, besonders da, wo sie ein vorgegebenes autoritäres Herrschaftsgefüge anzweifelt und bekämpft.

-ebenfalls diskutiert wurden das sprachliche und das ethische Nichts.

ZUR ERKENNTNISTHEORIE

Synopsis

Die Probleme der Philosophie erscheinen erst mit dem Denken. Solange die Wirklichkeit nur existiert, ohne erkannt zu werden, besitzen die Dinge diese oder jene Eigenschaft, und es gibt nichts außer diesem fraglos 'wahren' So-Sein der Materie. Das wird uns am eindringlichsten auf gewissen Fotografien der NASA vorgeführt, mit einsamen Marslandschaften, die sich bis in die Unendlichkeit erstrecken.

Sobald die Wirklichkeit aber von einem Bewusstsein wahrgenommen wird, gehört diese Erscheinung nicht mehr allein zum reinen So-Sein der Materie (außer in dem Sinne, in dem das Bewusstsein zur Materie gehört). Noch die krudeste Wahrnehmung und selbst eine triviale Sinnestäuschung können zu tiefsinnigen Reflexionen Anlass geben, mehr noch: da die Materie ihre eigentliche Substanz und Wesenseigenschaften für uns hinter einer Fassade aus Erscheinungen verbirgt, ist der Zweifel an der Qualität unserer je aktuellen Wahrnehmung eine Voraussetzung für jedes philosophische und wissenschaftliche Fortkommen. Dies Fortkommen ist die Bewegung zur Wahrheit.

Ein emphatischer Wahrheitsbegriff ist eigentlich die wichtigste Grundlage fast aller Kategorien, vor allem natürlich der Erkenntnis, in der Wahrheit zuweilen (aber nicht immer) aufscheint und die sie erst wesentlich macht. Nach Wahrheit trachte man mehr als nach Wissen und Verstehen.

Oft scheint sie schwer zu finden, ja möglicherweise ist sie eine metaphysische Schimäre, fernes Versprechen und Fata Morgana des Verstandes, die uns einen imaginären Idealzustand des Geistes vorgaukelt. - Und doch: selbst in ihrer virtuellen Existenz bleibt sie eine unerlässliche Richtschnur unseres Denkens, wenn sich die Erkenntnis nicht in Beliebigkeit verlieren soll.

Die Wahrheit ist eine äußerst vielschichtige Qualität. Sie verbindet die Einsicht in sich selbst mit dem Guten und möglicherweise mit einem dritten, kosmischen Element. Auch das Wissen, d.h. die geronnene Erkenntnis, hat sein Gutes, aber hauptsächlich nur, insofern es zweckgenutzt werden kann, sonst ist es altbackenes Spiel. Die Lücke zwischen Zweck-Interesse-Egoismus und dem ethischen Antrieb wird eben von der (Suche nach der) Wahrheit geschlossen.

Übrigens ist sie ein ewiger Vorgang, da hinter der ersten Erkenntnis, so genau sie auch verifiziert worden ist, das zweite Warum steht, und hinter der zweiten Antwort das dritte Warum usw.

Wenn ein Ingenieur die Ursache eines Schadens gefunden hat, ihn behebt und seine Maschine wieder zum Laufen bringt, weiß er zuweilen nur ungefähr, woran es gelegen hat. Die tieferen Gründe werden ihm in vielen Fällen verborgen bleiben und ihn auch nicht interessieren, solange das System wieder funktioniert. Dazu müsste er über die Mechanik hinausgehen und weitergehende Untersuchungen über die innere Struktur der Materie anstellen. Er würde über die Chemie zur Elementarteilchenphysik und zu immer feineren Erkenntnissen gelangen, immer mehr Wissen anhäufen, und immer neue Fragen würden sich auftun. Die Gesamtheit dieses Vorganges ist die anscheinend unendliche Suche nach der Wahrheit.

So arbeiten Wissenschaft und Philosophie, und so ist es auch mit dem theoretischen Wissen der Mathematik. Die weit verbreitete Ansicht, diese nehme in vielen Teilbereichen keinen Bezug auf die reale Welt, ist allerdings falsch. Denn jede Mathematik rekurriert zuletzt auf Zahlen und Geometrie. Gewiss, diese sind Erfindungen des Geistes und in der realen Welt SO nicht zu finden, sind Idealkonstruktionen, die in den Köpfen der Mathematiker ein eigenes Leben führen. Doch ein Wesenszug der Realität und der menschlichen Intelligenz besteht darin, dass sich solche inneren Entitäten miteinander und mit äußeren Gegenständen verknüpfen lassen und dabei praktikable Handlungsschemata herauskommen können (welche zuletzt und zuerst der Arterhaltung dienen).

Begriffe, Ideen und Theorien sowie auch die zugehörigen daraus konstruierten Möglichkeitswelten existieren primär nur in unseren Hirnen. Dasselbe gilt für die Gesellschaft, die abgesehen von ihren materiellen Kulturgütern als ein allgegenwärtiger kollektiver Bewusstseinszustand betrachtet werden kann, der den Einzelnen und die Natur mit verschiedensten Mitteln zu lenken und zu beherrschen vermag. Wie Logiken, Meinungen, sozialen Empfindungen und Gefühlen kommt jener damit eine Wirklichkeit-für-uns jenseits der physikalischen Realität zu.

Man darf deshalb nicht so weit gehen, zu behaupten, nichts sei im Verstand, was nicht vorher in den Sinnen war. Der Verstand fügt, so notgedrungen wie ersprießlich, etwas Eigenes hinzu, das durch die Rede von seiner Abstraktionsfähigkeit nur unzureichend beschrieben wird. Gewiss ist das 'Existieren' eines gedanklichen Musters von anderer Art als das eines realen Objektes, da es nicht in der äußeren Wirklichkeit, sondern im Kopf entworfen wird. Und doch darf in beiden Fällen von Existenz die Rede sein - nicht nur weil unsere Gedanken auf denselben kleinsten Einheiten (Atome, Moleküle, Ströme) wie die realen Objekte fußen, sondern weil die Wahrheit der Materie für uns auch nur in Erscheinungen kodiert ist. - Dass Ideen und Aussagen wahr oder falsch (oder in einer mehrwertigen Logik auch ein drittes oder viertes) sein können, ist eine Eigenschaft, die ihnen anhaftet und zu ihnen gehört ... wie die Farbe der Rose.

Auch wenn die Welt der Universalien, der geistigen Wesenheiten, nur in unseren Köpfen existiert, haben doch die meisten Erkenntnisse, am Anfang und am Ende eine Beziehung zur Wirklichkeit. Wenn ich sage 'Hamburg liegt nördlich von München', ist der Begriff des Nordens eine Denkfigur des Kopfes, jedoch eine, die einem bestimmten Zusammenhang in der äußeren Wirklichkeit entspricht. Die Städte Hamburg und München mögen als Zusammenfassungen von Häusern und Siedlungen nur Interpretationen und geistige Gegenstände sein, doch sie entsprechen realen Zusammenhängen, zwischen denen die Eigenschaft 'nördlich von' eine wiederum reale Beziehung stiftet. So können wir indirekt, indem wir Begriffe und Entitäten unseres Bewusstseins benutzen, wahre oder falsche Relationen zwischen realen Dingen behaupten und damit unser Verständnis der Welt befördern.

Übrigens bildet das Denken beständig solche Muster - darin besteht geradezu sein Wesen - ... und es wendet sie auch auf sich selber an, indem es Metabegriffe formt, deren Sinngehalt sich nicht in der Anwendung auf äußere Objekte, sondern auf solche des Geistes erschließt.

Wahrnehmung

Die menschliche Wahrnehmung hat eine physikalisch-biologische und eine tiefen-psychologische Seite. Erstere besteht in der Aufnahme der Sinneseindrücke und der Weiterleitung der Signale in das menschliche Gehirn, während letztere als eine Kategorisierung, Beimischung von (Unter-) Bewusstseinsinhalten oder gar Imprägnierung der Wahrnehmung mit unbewussten Vorurteilen beschrieben werden kann.

Betrachten wir einmal die Situation, wo wir auf eine Wahrnehmung nicht reflexhaft reagieren, sondern sie bewusst verarbeiten. Selbst in diesem Fall wohnt unseren Erwägungen und einer anschließenden Entscheidungsfindung und Reaktion ein intuitives Moment inne, welches die Arbeit einer scheidenden, urteilenden und Bedeutung gebenden Vernunft ergänzt bzw ersetzen kann, so dass unser Zugang zur Welt seltener über Begriffe und verstandesmäßige Erkenntnis und viel häufiger über jene intuitiven 'Vorurteile' erfolgt, auf die - nach einem kurzen Moment des Zögerns - Verstand oder Instinkt zu jeder Zeit aufbauen können.

Zu bemerken bleibt, dass sich auch die von mir 'psychologisch' genannten Aspekte hirn-physikalisch verstehen lassen - indem die Wahrnehmungsimpulse auf ihrem Weg von den Sinnesorganen in jene Regionen, in denen vornehmlich das Bewusstsein sitzt, auch andere, größtenteils vorbewusste Hirnbereiche passieren, wo ihnen jene Vor-Strukturiertheit unterlegt bzw beigemischt wird, die sich teilweise einfach aus abgespeicherten früheren Wahrnehmungserlebnissen und gealterten Erfahrungen ergibt, derart, dass im Moment des Eintreffens im Bewusstsein dem Ich dieses ganze Arsenal sofort zur Verfügung steht, damit es die Vor- und Nachteile seiner möglichen Reaktionen erwägen kann. Vulgo: der Mensch ist als Kopf-Maschine BERECHNEND von Anfang an.

Der Vorgang, in dem unserem Hirn von den Sinnen das sinnlich Wahrgenommene der Dinge übermittelt und diesem noch eigene intuitive Interpretationen beigemischt werden, lässt sich mit einem Bildgebungsprozess vergleichen, bei dem sich an das eigentliche Fotografieren eine automatische Bildbearbeitung anschließt, inklusive Selektion, Hervorhebungen und Einordnen des Fotos in ein Ordnersystem. Es gibt genügend Computerprogramme, die Daten bereits beim Einlaufen selektieren und verändern können. Ähnliches leistet das Gehirn, das im Interesse unseres Überlebens darauf getrimmt ist, aus mangelhaften einlaufenden Wahrnehmungen möglichst rasch Schlussfolgerungen zu ziehen.

Sofern die auf dieser Grundlage vom Ich beschlossenen Reaktionen sprachlicher Natur sind, kontinuieren sie die Doppelbödigkeit des Bildes, da die Sprache nicht nur ein vernunftmäßiges Übertragungsmittel für Informationen darstellt, sondern eine meist unpräzise soziale Kunstfertigkeit ist, die instinktiv auf Nebeneffekte wie vorgegebene Hierarchien, individuelle Empfindlichkeiten usw Rücksicht nimmt, die für das Überleben in großen Gruppen von enormer Bedeutung sind.

Mit der Sinneswahrnehmung zusammen hängt der später zu besprechende Unterschied zwischen Wesen und Erscheinung. Unsere Wahrnehmungsorgane sind per se nur auf die Oberfläche der Dinge gerichtet; erst bei weitergehendem Interesse dringen wir - dann oft mit Hilfe von Werkzeugen - in ihre Tiefenstruktur vor, besser gesagt in dasjenige, was sich uns von der Tiefe offenbart, also in 'Oberflächen der Tiefe'. Diese werden mittels einer geschärften Wahrnehmung sichtbar, etwa mit Hilfe wissenschaftlicher Instrumente wie dem Mikroskop oder im Extremfall, wenn die Struktur für jedes Mikroskop zu klein ist, allein aufgrund der analytischen Schlussfertigkeiten unseres Geistes, der sich auf diese Weise als das auflösungsstärkste aller Mikroskope erweist - oder eben gar nicht. Um an der richtigen Stelle ansetzen zu können, ist im Bewusstsein oft bereits ein Modell gebildet worden, ein grobes oder auch feinkörniges Bild, das mit dem Instrument verifiziert werden soll. Hierbei ist zu unterscheiden zwischen der Struktur selbst, also der Struktur-an-sich, die im Ding-an-sich ruht, und dem Modell, d.h. der begrifflichen Idee dieser Struktur. Ferner ist zu beachten, dass innerhalb des realen Kontinuums, also der Dinge an sich, die Wahrnehmungsoberfläche und die nicht direkt wahrnehmbare Tiefenstruktur untrennbar zusammengehören, und dass sich die Differenzierung erst aus dem Vorgehen und den beschränkten Möglichkeiten des erkennenden Bewusstseins ergibt.

Im Zuge dieser Überlegungen sind wir mitten in der erkenntnistheoretischen Debatte darüber gelandet, was denn den Stellenwert der Ideen im Verhältnis zur Materie ausmacht. Zunächst sollte man sich darüber klarwerden, dass die Dinge kein Wesen haben, welches nur gedacht und aber grundsätzlich nicht wahrgenommen werden könnte, sondern das menschliche Hirn kann gar nicht anders vorgehen, als mit den Informationen zu beginnen, die ihm aktuell zur Verfügung stehen und auf dieser Basis neue Begriffe zu erfinden, wenn es zu Schlüssen und Aussagen über die Dinge an sich kommen will.

Zum Beispiel nimmt das Auge keine Röntgenstrahlung wahr, und es hat abgesehen von der Farbe sichtbaren Lichtes auch wenig natürliche Fähigkeiten, die verschiedenen Strahlungsarten nach ihrer Natur zu sortieren. Dazu bedarf es physikalischer Messapparate und die Einführung theoretisch physikalischer Begrifflichkeiten und Zusammenhänge. Diese Begriffe und Modelle existieren nur in den Köpfen der Wissenschaftler, während die Strahlungen und das, was man abstrakt ihre Frequenzverteilung nennt, zu einem Kontinuum der materiellen Wirklichkeit gehören, an die wir mit diesen Konzepten beschreibend herankommen.

Nota bene, dass hier keiner naiven Abbildtheorie der Weg bereitet werden soll, und auch nicht dem empiristischen Vorurteil, wir seien durch die Abhängigkeit von der Wahrnehmung von jeder absoluten Wahrheit über das Ding-an-sich notwendigerweise abgeschnitten. Im Gegenteil kommen wir um so näher an die Wahrheit heran, je präziser wir die Dinge aus verschiedenen, u.U. rein theoretischen 'Blickwinkeln' analysieren.

Außerdem ist dem Verstand von dieser Seite offenkundig ein wesentlicher, eigenständiger Beitrag zur Erkenntnis zuzusprechen, weil er bildliche und - in seiner vorragenden Eigenschaft als Begriffsgenerator - vor allem auch begriffliche Zusammenhänge formt, die sich nicht direkt aus der Wahrnehmung oder aus den fundamentalen Eigenschaften der Dinge ergeben, sondern für welche eine über die Wahrnehmung hinausgehende Synthesisleistung zu vollbringen ist. Diese Folgerungen oder Vermutungen des Denkens müssen sich umgekehrt dann aber im weiteren Verlauf der Erkenntnis an erweiterten 'Wahrnehmungen' der Dinge messen lassen, also an nachweisbaren Eigenschaften, wenn etwa neue experimentelle Hinweise über sinnlich nicht direkt erfassbare Phänomene wie etwa die Dunkelmaterie bekannt werden. Unser Ich kann hierbei auf ein Jahrtausende lang an den Erscheinungen der Wirklichkeit geschultes Gehirn zurückgreifen, das ihm für jede neu auftretende Problemstellung gewöhnlich verschiedene Interpretationsmöglichkeiten zur Verfügung stellt, siehe die Diskussion weiter unten.

Über Pointer

Wirklichkeit und Ideen stehen nicht in einem Gleichgewicht, sondern Ideen sind an sich etwas Sekundäres, für-uns jedoch außerordentlich Bedeutsames, das erst durch die Menschen in die Welt kommt. Allerdings können sich Ideen auf etwas den Vorstellungen Äußerliches BEZIEHEN, das heißt auf die Realität des vom Denken und Bewusstsein Unabhängigen, und dadurch in einem gewissen Sinn auch unabhängig vom menschlichen Sein und Bewusstsein Bedeutung erlangen. Wenn sie nicht ohnedies durch die Wirklichkeit induziert sind, so werden die Ideen zumindest von ihr geleitet, und können indirekt (durch menschliches Handeln) auf sie zurückwirken.

Wolkige Behauptungen des Idealismus wie die von Kant, wirklich sei, was mit den materialen Bedingungen der Erfahrung bzw unseren Wahrnehmungsempfindungen 'zusammenhänge', müssen allerdings zurückgewiesen werden, da sie der Mannigfaltigkeit des Wirklichen bei weitem nicht gerecht werden. Die Wirklichkeit ist mehr als das uns in Anschauung und Wahrnehmung Präsente, weil dieses nur einen geringen Teil von ihr ausmacht. Wirklichkeit ist zu einem großen Teil sozusagen andauernd unbeleuchtet, und für uns daher nie vollständig wahrnehmbar.

Begriffe und Ideen sowie auch Aussagen, die wir formulieren, fungieren als POINTER auf entsprechende Eigenschaften-an-sich oder Komponenten der Wirklichkeit. Pointer sind also Platzhalter bzw Referenzen im Kopf für diese Eigenschaften.

Um 'bepointet' zu werden, muss sich ein Etwas normalerweise in irgendeiner Form von seiner Umgebung abheben, zum Beispiel durch die vom Pointer referenzierten Eigenschaften. Dabei gehört das Abgrenzen der Eigenschaften zum Bewusstseinsprozess des Pointens dazu; die Sinnhaftigkeit des Abgrenzens aber, also von Materiesegmenten, -merkmalen und -eigenschaften, liegt außer in unserer Abstraktionsfähigkeit zum großen Teil in der Materie selbst und spiegelt sich in den Pointern insofern, als auch diese voneinander abgegrenzt sind.

Indem sich mehrere Pointer zu Feststellungen kombinieren lassen (die selbst wiederum Pointer sind), können sehr komplexe in der materiellen Welt bestehende Zusammenhänge sichtbar gemacht werden. Hierbei ist einerseits immer zu prüfen, ob sich diese Feststellungen experimentell verifizieren lassen. Andererseits geht man zum Beispiel in der theoretischen Physik so weit, dass mathematische Entitäten als Pointer fungieren und die Feststellungen durch algebraische Operationen zwischen den mathematischen Entitäten generiert werden.

Generell darf man nicht den Fehler begehen, eine zwingende Kausalbeziehung zwischen dem Wahrnehmungsgegenstand und einem inneren (Teil-) Zustand des Wahrnehmenden, also dem Pointer, zu unterstellen. Sondern das Verhältnis zwischen Pointer und Realitätsgegenstand ist zunächst ähnlich der Definition, die einen Bezeichner mit dem Bezeichneten (das Zeichen für einen Begriff mit dem Begriff) verbindet. Erst im Verlaufe des Erkenntnisfortschrittes, wenn sich viele Erkenntnisse zu einem geistigen Gewebe, einer Gesamtvorstellung über ein Ding zusammenfinden, können die tieferen Wirklichkeitsschichten wie auch die Wirklichkeitsumgebung des Dinges durch unseren Verstand begriffen und die Dinge-an-sich auf diese Weise quasi umzingelt werden.

Aber wie kann das sein? Wie können Ideen und Wirklichkeit, die doch auf ganz verschiedenen Ebenen existieren, zusammenfinden? Zunächst sei festgestellt, dass der Kausalitätsbegriff hier in jedem Fall völlig ungeeignet ist, da Kausalbeziehungen eine zeitliche Abfolge voraussetzen, während es hier um die Verbindung zwischen der Wirklichkeit und aus Pointern gebildeten Aussagen bzw 'Geweben' von Aussagen über dieselbe geht. Eine solche Verbindung ist möglich, insofern Vernunft und Bewusstsein aufgrund ihrer in die materielle Welt eingebetteten menschheitsgeschichtlichen Entwicklung gelernt haben, Pointer - d.h. Begriffe und Ideen - so zu formen, dass die Operationen, die sie im Gehirn mit ihnen vornehmen, reale Vorgänge in den Dingen-an-sich reflektieren, abbilden, parallelisieren können - oder wie immer man diese Entsprechung nennen will.

Dieses Verfahren kann naturgemäß auch schiefgehen und gibt dann Anlass für die häufigen Irrtümer des Denkens. Das betrifft insbesondere auch die theoretische Physik, die dem Publikum gern einen Anschein von Exaktheit vermittelt und darüber vergisst, dass in der Naturwissenschaft exaktes mathematisches Vorgehen auch nur als ein Analog anzusehen ist, welches Eigenschaften der Wirklichkeit lediglich reflektiert - und daher niemals exakter sein kann als die bildhaften Vorstellungen, die ihren Modellen gewöhnlich zugrundeliegen.

Darüberhinaus treten in den theoretischen Wissenschaften, je allgemeiner ihr Ansatz, in zunehmendem Maße schlecht abstrakte oder nicht verifizierbare Theorien an die Stelle gewöhnlicher Irrtümer. Man denke etwa an Superstringtheorien oder axiomatische Feldtheorien, die getrost als noch nicht einmal falsch eingestuft werden dürfen.

Ziel aller Fundamentalwissenschaften und ihrer Erkenntnisse sind die Dinge an sich. Ursprünglich war solche Erkenntnis kein Selbstzweck. Als eine Voraussetzung für die Erfindung neuer Werkzeuge diente sie vielmehr der Verbesserung der menschlichen Lebensumstände, letztlich um die Vermehrungs- und Verbreitungschancen der ganzen Gruppe zu vergrößern. Doch hat sich unser Erkenntnisinteresse schon seit vielen Generationen teilweise von praktischen Anforderungen gelöst und ist rein theoretisch geworden, sei es,

-weil sich gezeigt hat, dass wir durch gelungenes Abstrahieren oftmals wertvolle Schlussfolgerungen praktischer Natur gewinnen, oder einfach,

-weil Intelligenz gefällt. Wenn er es geschickt anstellt, kann jemand, der abstrakte Zusammenhänge beeindruckend darzulegen versteht, daraus Vorteile und Privilegien generieren.

Hervorzuheben, das Zielobjekt aller Fundamentalerkenntnis sei das Ding-an-sich, bedeutet, dass sich ein Fachwissenschaftler nicht mit dieser und jener Einzelerkenntnis über ein Forschungsobjekt zufriedengeben darf, sondern dass sein Erkenntnisinteresse, ja sein ganzes Denken beständig darum kreisen sollte, es immer genauer zu begreifen.

Das Ding steht hier also im Zentrum, und nicht am Rande als etwas (nicht) Vermitteltes. Man kommt ihm näher durch Begriffe und ihre Relationen, genauer: durch die Relationen zwischen den durch Begriffe erfassten, 'bepointeten' Merkmalen des Dinges. Denn Begriffe sind vom menschlichen Bewusstsein aus Eiweißen geformte Zeiger auf Dinge oder auf Merkmale von Dingen. Und ein Merkmal ist im Bewusstsein ebenfalls durch einen Pointer gegeben, der auf eine Eigenschaft-an-sich des Dinges-an-sich verweist.

In ihrer Eigenschaft als Pointer sind alle Begriffe per se abstrakt. Zusätzlich gibt es aber

(i) Pointer auf Pointer - das sind die Begriffe, die im engeren Sinne 'abstrakt' genannt werden sollten,

(ii) Pointer, die zugleich konkret und allgemein sind, wie etwa das Glück oder die Farbe Rot, welch letztere einem Frequenzbereich von Photonen entspricht, zugleich aber ein Merkmal aller roten Dinge darstellt, und

(iii) Pointer, die sich auf zweckorientierte Merkmale beziehen, d.h. auf solche, die der Mensch zuvörderst für-sich definiert. Man betrachte hierzu etwa den (abstrakten) Begriff des Tisches, mit dem ich auf einen konkreten Tisch T pointe, indem ich sage: 'T ist ein Tisch'. Weil ein Tisch weniger ein an-sich als ein für-uns ist, bedeutet dies nur am Rande, dass ich mich auf ein Etwas aus Holz beziehe, einen Festkörper mit gewissen Abgrenzungen gegenüber seiner gasförmigen Umgebung, sondern es deutet hauptsächlich auf ein Etwas, an dem ich sitzen und essen oder arbeiten will, das also eine Funktion für-mich erfüllt, die ein nicht-physikalisches Merkmal darstellt.

Darüberhinaus hat der Begriff des Pointers noch viele andere Aspekte, die aber hier nicht alle im Detail analysiert werden sollen. Etwa den, dass der abstrakte Begriff des Tisches P1 und die Erkenntnis/das Wissen P2, dass das konkrete T ein Tisch ist, natürlich an 2 verschiedenen Stellen/Adressen des Gehirns gespeichert sein müssen. Man kann mit einigem Recht auch P2 als Pointer bezeichnen. P2 ist eben der Pointer, der zu der Aussage 'T ist ein Tisch' äquivalent ist und sich darauf bezieht, dass das betrachtete Objekt die Eigenschaft hat, ein Tisch zu sein, und P1 ist der Pointer 'Tisch', den ich einsetze, um den Zusammenhang P2 in meinem Bewusstsein zu formulieren oder überhaupt erst formulieren zu können.

Aus dieser Sicht erscheint es trivial, dass die Verarbeitung der Speicherinhalte allein im Gehirn stattfindet und zunächst einmal mit der Außenwelt nichts zu tun hat. Die Inhalte der Speicher sind das, was wir uns vorstellen, wenn wir die Wortfolge 'ist ein Tisch' hören.

Auf Basis der Gesamtheit aller gespeicherten Ideen und Begriffe P1, P2, ... kann das Gehirn seine Arbeit aufnehmen und etwa überlegen, ob die Aussage 'T ist ein Tisch' zutrifft und welche praktischen Konsequenzen es daraus ziehen will.

Ideen und Eigenschaften

Wir haben oben festgestellt, dass der Verstand in der Lage ist, auf Basis der sinnlichen Wahrnehmung und vermittels seiner Kategorisierungsfähigkeit Eigenschaften von Dingen zu erkennen-definieren, zu registrieren und zu verarbeiten. Aristoteles versteht unter der Substanz eines Dinges die Dominierende jener Eigenschaften und behauptet, in dieser liege zugleich sein Wesen. Hierzu ist anzumerken, dass die beiden Begriffe Substanz und Wesen in meiner Philosophie eine wesentlich andere, differenziertere Bedeutung besitzen, siehe die ersten Kapitel dieses Werkes.

Aristoteles geht ferner davon aus, dass die Eigenschaften eines Dinges nicht in einem Reich der Ideen ihren ontologischen Ort haben wie bei Platon, sondern im Seienden selbst. Dieser Ansicht ist bedingt zuzustimmen. Dabei muss jedoch beachtet werden, dass sich die Eigenschaften nicht allein als reine Wahrnehmungen von So-Seiendem ergeben, sondern dass sogar bereits die Wahrnehmungen unbewusste Kategorisierungen erfahren, bevor sie in unser Bewusstsein eintreten, welches sie mit seinen eigenen Vorerfahrungen noch weiter strukturiert und bewertet. Es ist offensichtlich, dass hier der menschliche Geist unwillkürlich SCHABLONEN über die wahrgenommenen Eigenschaften eines Dinges legt und in diesem Sinne ein Eigenes - wenn nicht zur Festlegung, so doch immerhin zur Notierung dieser Eigenschaften - hinzufügt. Die Fähigkeit, solche Schablonen zu bilden und sie probeweise anzuwenden (d.h. die Fähigkeit, Möglichkeiten zu denken) hat das Gehirn stammesgeschichtlich erworben, weil sie sich in der Praxis sehr oft als hilfreich erwiesen hat. Ohnehin setzt ja schon die Idee eines Gegenstandes, also dessen Abgrenzung gegenüber der restlichen Welt einen Vorgang voraus, der im Geist stattfindet.

Diese Überlegungen sind umgekehrt dadurch zu ergänzen, dass den kategorisierten und begrifflich erfassten Erkenntnissen etwas in den Dingen selbst entspricht, das unsere Sprache wiederum als deren Eigenschaft kennzeichnet. Beispielsweise hat die Abgrenzung eines festen Körpers von der ihn umgebenden Luft eine reale Bedeutung unabhängig von Sprache oder Bewusstsein.

Leider wird oft nicht genau genug unterschieden zwischen dem, was im Geist ankommt, was aus dem Geist dazukommt auf der einen und den Dingen-an-sich auf der anderen Seite, also zwischen den Eigenschaften und sozusagen den Eigenschaften-an-sich eines Dinges. Als Beispiel sei die Kategorie der Lage betrachtet, d.h. erstens die objektive Möglichkeit und zweitens unsere Fähigkeit, allen materiellen Dingen einen Ort zuzuordnen plus das Bewusstsein darüber, dass der Begriff der Lage etwas Allgemeines ist, eine Universalie und sogar eine Kategorie. Die Lage eines Dinges relativ zu anderen Objekten ist eine Eigenschaft, die das Bewusstsein dem Ding momentan zuordnen kann. Zugleich existiert die zugehörige Eigenschaft-an-sich auch unabhängig von unserem Bewusstsein.

Ideen und Kategorien bilden etwas Relevantes der Wirklichkeit ab, und das Gehirn kommt mit ihrer Hilfe zu Schlussfolgerungen und Bewertungen, die es danach in einer Tat bzw praktischen Anwendung auf der Wirklichkeit erfolgreich umsetzen kann. Das ist tendenziell auch schon bei Tieren so, zum Beispiel bei einem Löwen, in dessen Kopf ständig Abschätzungen vorgenommen werden, wo eine vor ihm her rennende Gazelle 3 oder 4 Sekunden später sein könnte.

Man darf also dann nicht sagen, nur die Einzeldinge seien wirklich, wenn man vorhat, deren auf Abstraktionen beruhende konkrete Eigenschaften vom ansich-Sein auszuschließen. So gibt es zum Beispiel Wechselwirkungen der Dinge, die wir als deren Eigenschaften klassifizieren und die aber von Wechselwirkungsteilchen ausgelöst werden, die genauso real sind wie die Dinge selbst.

Was ist der ontologische Status des Denkens?

Als Eiweiße im Gehirn haben Ideen und Abstraktionen - neben dem, worauf sie durch ihre Bedeutung pointen - eine materielle Hintergrundwirklichkeit, so ähnlich wie diese Textdatei, die ich im Moment bearbeite, und der in ihr enthaltene Sinn ihre 'Hintergrundwirklichkeit' auf einer magnetisierbaren Festplatte haben. Andererseits ist rein 'geistig' gesehen der ontologische Status meines Denkens der eines imaginären Für-mich statt eines objektiven Ansich.

Im Ergebnis ist das Allgemeine zunächst nicht außerhalb des menschlichen Geistes in den Dingen-an-sich, sondern ist 'nur' begrifflicher Natur und als solches Teil des Geistes. Jedoch gibt es Korrelationen zwischen dem Allgemeinen auf der einen Seite und dem materiellen Seinsverhalten der äußeren realen Objekte, auf welches das Allgemeine pointet. Das Allgemeine als Teil des Geistes 'reflektiert' nur auf der ihm nächst zugänglichen, d.h. der geistigen Ebene, Eigenschaften-an-sich der Dinge-an-sich. Eigenschaften wie die, eine Lage einzunehmen, sind allgemein, insofern sie allen Dingen inhärent sind, und sie liegen vor, ohne dass ein geistiger Begriff von ihnen gebildet werden muss. Auch die Gemeinsamkeit der Dinge-an-sich, die in ihrer Fähigkeit besteht, eine Lage einzunehmen, existiert als Gemeinsamkeit-an-sich unabhängig von irgendwelchen geistigen Konzepten, d.h. ohne dass der Begriff der Gemeinsamkeit gedacht werden muss. Physikalisch beruht die Gemeinsamkeit darauf, dass alle Dinge in einem 3-dimensionalen Weltenraum existieren, der aus Repetitionen einer immer gleichen mikroskopischen Grundstruktur aufgebaut ist, den aus Tetronen bestehenden inneren Tetraedern, die unseren Kosmos ausmachen.

Im Gegensatz zu dem, was der Begriff des 'BeGRIFFes' nahelegt, darf man nicht meinen, dass Dinge als Hyle, als reales Material jemals vollständig begrifflich, d.h. geistig fassbar sein könnten. Die (Hirn)-Inhalte unserer Wahrnehmung, welche von ihrer Natur her immer endlich ist, lassen sich zwar durchaus vollständig erfassen, aber nicht die Dinge-an-sich. Dies nicht oder nicht nur, weil man niemals alle Wechselwirkungen und Eigenschaften eines Dinges vollständig wird sammeln und erfassen können, sondern vor allem wegen der unüberbrückbaren DIFFÉRENCE zwischen dem Begriff als etwas Geistigem und dem Ding als etwas Materiellem. Diese Tatsache allein erzwingt das Konzept des Dinges-an-sich, an das wir mental immer nur näherungsweise herankommen, sowie auch den des Pointers, der die Schnittstelle für dieses Herankommen beschreibt.

In jedem Begriff, welchen ich ausspreche, ganz egal ob es sich um eine allgemeine Idee handelt, welche erst durch die Vermittlung anderer Begriffe gedacht werden kann, oder ob ich einen konkreten Gegenstand bezeichnen will aus einem konkreten Material, ist die Instanz einer Unendlichkeit mitgemeint, eben der beteiligten Objekte oder Dinge-an-sich. Speziell wäre die reine Abstraktion die, welche auf gar nichts pointet außer auf jene Unendlichkeit.

Jedoch ist die Unendlichkeit niemals in einem realen Sinn fassbar oder in meinem Denken enthalten, sondern es wird durch den Begriff nur implizit auf sie gepointet. Außerdem wird die Unendlichkeit vom Bewusstsein ohnehin meistens verdrängt, besonders in jenen Alltagsaugenblicken, in denen wir völlig in unser Existieren verstrickt sind und das jeweilige Ding ein reiner Zweck, nur ein Für-uns ist.

Ich kann mich einem Ding-an-sich unter Verwendung weiterer Begriffe 'begreifend' immer weiter annähern, und damit die Différence bzw den Abstand zu der jeweiligen Unendlichkeitsinstanz ein Stück weit verringern. Indem der Wissenschaftler immer mehr Merkmale eines Objektes erkennt, kommt er der Wahrheit über das Objekt immer näher. Er umzingelt das Ding-an-sich gewissermaßen mit Erkenntnissen und kann es so mittels des Denkens erfassen - allerdings mit der Einschränkung

-dass die genannte grundsätzliche Differenz zwischen unserem Denken und dem Sein der Materie immer bestehen bleibt

-dass es Aspekte und Eigenschaften der Dinge geben kann, die (i) prinzipiell auf unserer kleinen Erde nicht messbar sind oder (ii) von unserem beschränkten Verstand nicht begriffen werden können.

Das Vorhandensein der Différence spielt in weiten Bereichen der Philosophie eine wichtige Rolle; nicht nur in dem vor allem auf 'Texte' zentrierten sogenannten Dekonstruktivismus, sondern auch in älteren Ansätzen, nicht selten verdeckt und ohne dass ein expliziter Begriff dafür eingeführt wird. Vom Kritischen Rationalismus ist sie zum Beispiel so gedeutet worden, dass es in den Wissenschaften keine absolute Wahrheit, sondern nur eine Wahrscheinlichkeit gibt. Dabei muss man sich allerdings klar sein, dass in idealen Fällen die Différence relativ klein bzw die Wahrscheinlichkeit für die Wahrheit einer Theorie ziemlich groß sein kann. Diese Einsicht können Astronauten, die sich weit genug von der Erde entfernen und dabei an die Ideen des Kopernikus denken, sinnlich bestätigen.

Klar ist aber auch, dass Modelle immer nur Teilaspekte der Dinge-an-sich und ihrer absoluten Existenzwirklichkeit beleuchten. Die 'wahre' oder 'unendliche' Wirklichkeit-an-sich vollzieht sich völlig unabhängig und außerhalb des menschlichen Geistes.

Allerdings kann sie von uns betrachtet, analysiert und auf Basis dieser Analysen auch verändert werden, indem wir vermittels unserer Gliedmaßen und zweckmäßig ersonnener Werkzeuge in sie eingreifen. Das dazu erforderliche Analysewerkzeug der Intelligenz ist uns angeboren, zusammen mit Fähigkeiten wie der, neue Kategorien zu bilden und mit deren Hilfe Sinneserfahrungen einzuordnen. Man kann sagen, die Möglichkeit der Ideenbildung - und überhaupt die Fähigkeit, Möglichkeiten in Betracht zu ziehen - ist aufgrund unseres physikalischen und sozialen in-der-Welt-Seins zu unserem biologischen Erbe geworden. Wie die Ideen konkret aussehen, denen wir anhängen, das hängt außer von unseren inneren Befindlichkeiten natürlich von der äußeren Umgebung ab, welcher wir jeweils ausgesetzt sind und der wir uns anzupassen versuchen.

Viele scheinbar grundlegende Phänomene des menschlichen Denkens und Verhaltens und damit auch viele Themen der Philosophie ergeben sich aus dieser Ausprägung unseres Geistes, zum Beispiel

-die Ökonomie des Geldes. Das Geld als abstraktes Synonym für unbegrenzte Möglichkeiten.

-Lüge, Schauspielerei, Theater, Literatur. In Teilen auch die bildende Kunst.

-wissenschaftliche Theoriebildung, die vor der Verifikation die Spekulation erfordert.

-Hoffnungen jeder Art, z.B. auf eine besseren Zukunft.

-Utopien, Religion ...

und vieles andere mehr.

Es gibt sehr einfache, zunächst wenig abstrakt erscheinende Ideen wie die, dass ich ein vor mir liegendes Werkzeug für diesen und jenen Zweck verwenden könnte. Auch diese beruhen auf der in die Zukunft extrapolierenden Möglichkeitskategorie. Und selbst die abstraktesten Universalien funktionieren nach diesem Prinzip, das der Mensch seit Jahrtausenden äußerst nutzbringend in der Welt einzusetzen versteht. Dass sein Denken zu diesem Behuf mit (i) Möglichkeiten und (ii) Verallgemeinerungen umgehen muss, ist eigentlich klar. Anders könnte ein Verstand, der in die Wirklichkeit eingreifen und aus Erfahrungen lernen will, gar nicht funktionieren.

Abstraktionen können sehr weitgehend sein. Sie umfassen 'schlecht abstrakte', sinnentleerte Ideenlandschaften genauso wie äußerst nützliche Denkkategorien. Zum Beispiel ist die Lage eines Dinges eine nützliche und bewährte Kategorie - im Gegensatz etwa zur Elfendichte in einem Volumenelement oder zu den Ausschlägen einer Wünschelrute. Ein Aberglaube kann sich immerhin nutzbringend auf unsere Befindlichkeit auswirken und in manchen Fällen zu kollektiven Suggestionen führen, die das Volk leichter lenkbar machen.

Irgendwo dazwischen stehen zum Beispiel idealistische Vorstellungen wie die eines absoluten Subjekts, das als beharrliche Seelensubstanz allen Akten des Denkens zugrunde liegen soll. Auf der biologischen Ebene korrespondiert dies - eher prosaisch - der massenhaften genetischen Vervielfältigung des homo sapiens Hirnes, die wiederum eine Voraussetzung für die Formung moderner Gesellschaften ist.

System der Vernunft, absolutes Subjekt, Dialektik: von Platon bis zum deutschen Idealismus bezeichnen solche Ideen, wie auch Ideen überhaupt, die angeblich höchste Wirklichkeit. Wenn hier das Wort 'Wirklichkeit' durch 'Wichtigkeit' ersetzt würde, ließe sich in diesen Ansätzen vielleicht ein Sinn erkennen. Ansonsten waltet darin ein seltsamer Wirklichkeitsbegriff von was eigentlich Visionen sind, also Vorstellungen unserer Köpfe. Jener ergibt sich vermutlich daraus, dass geisteswissenschaftlich orientierte Philosophen sich vor allem mit psychologischen, gesellschaftlichen oder theologischen Ideen auskennen, auch an Stellen, wo den naturwissenschaftlichen eigentlich der erste Rang bei der Rekonstruktion der Wirklichkeit gebührt. Nota bene, dass der Begriff der Idee in meinem Denken etwas Spezielleres, der der Substanz etwas Allgemeineres als in der deutschen Durchschnittsphilosophie ist.

Generell tendiert das idealistische Denken von Platon bis Wittgenstein dazu, die Welt in den Geist verlegen zu wollen und kommt dadurch zu scheinbar tiefsinnigen und zugleich paradox klingenden Aussagen. In Wahrheit verwechselt man meist nur die Welt mit unserer Erkenntnis der Welt oder Sicht auf die Welt. Führe die Ersetzung 'Welt'→'Sicht auf die Welt' durch, und du erhältst aus solchen Aussagen Trivialitäten. Betrachte beispielsweise den Satz 'Die Welt ist abhängig von unserem Bewusstsein', dem kein naturalistischer oder materialistischer Philosoph ohne weiteres zustimmen würde. Die Aussage 'Unsere Erkenntnis der Welt bzw unsere Sicht auf die Welt ist abhängig von unserem Bewusstsein' ist hingegen eine wahre, wenn auch mehr oder weniger triviale Feststellung.

Einen dem Idealismus entgegengesetzten Standpunkt nehmen Nominalisten ein, welche die Existenz von Begriffen, Klassen, Eigenschaften und Abstraktionen schlichtweg leugnen, ohne allerdings zu hinterfragen, was unter dem 'Existieren' geistiger Entitäten zu verstehen ist. Es kann offenbar nicht eine Existenz wie von realen Gegenständen gemeint sein, und natürlich muss man unterscheiden zwischen den Begriffsbildungen des Geistes, die eigentlich, d.h. vom streng naturalistischen Standpunkt nur als Eiweiße in unseren Köpfen existieren, und demjenigen, auf was sie pointen. Auf der Ebene des Geistigen sind Ideen und Universalien eben keine Dinge, sondern nur Worte bzw Pointer innerhalb unseres Denksystems, wenngleich mit mannigfachen Verwendungsmöglichkeiten, da sie über Hirn und Hand auf die Gegenstände zurückwirken können.

Hier muss man dem Konzeptualismus zustimmen, der die Auffassung vertritt, dass allgemeine Begriffe durch Abstraktionsprozesse des Bewusstseins gebildet werden und daher keine realen Gegenstände sein können. Indem sie auf reale Gegenstände pointen - bzw auf deren Eigenschaften - können Abstraktionen aber durchaus etwas Realem 'entsprechen' bzw dieses 'reflektieren'.

In gewisser Weise kann man sagen, dass in unseren Gedanken die Eigenschaften eines gegebenen Untersuchungsobjekts 'nachgebildet' werden, besonders auch, wenn wir Feststellungen über Korrelationen zwischen dessen Pointern treffen. Dabei kann es wie beschrieben leicht zu Irrtümern des Denkens kommen, während die eigentlich anvisierten außerweltlichen Korrelationen, denen wir etwa mit Experimenten zuleibe rücken, immer die 'Wahrheit' repräsentieren, in dem Sinne, dass die Wirklichkeit immer recht hat und der Ausgang eines Experimentes über das weitere Vorgehen der Wissenschaft entscheidet.

Es ist durchaus richtig, wie Aristoteles zu sagen, das Wesen der Dinge liege in den Dingen selbst, wenn man gleichzeitig zugibt, dass wir im Kopf eine imaginierte, idealisierte, subjektive und zuweilen auch falsche Doppelung/Projektion/Spiegelung/Bepointung/Verarbeitung der realen Welt vornehmen, gespeichert in Eiweißen. Fast immer beinhaltet diese Verarbeitung extreme Reduktionen, die dem Verstand aber wiederum helfen, sich in einer komplizierten Welt zurecht zu finden. Außerdem enthält die Verarbeitung als Teil des Bewusstseins naturgemäß implizite Beimischungen des Geistes, die schon allein darum notwendig sind, weil wir die Dinge(=Ausschnitte der Realität) oftmals berechnend einem Zweck zuführen wollen.

Um das (in den Dingen selbst liegende) Wesen der Dinge zu verstehen, benötigt der menschliche Geist die Ideen und Begriffe als Pointer, weil das Verstehen eben einen zweiten oder dritten Akt der Verarbeitung des Wirklichen durch unser Hirn beinhaltet, der die durch Wahrnehmung erfolgte Erstübertragung voraussetzt und sich normalerweise auf diese verlässt.

Erscheinung und Wesen

Der Begriff der ERSCHEINUNG ist relativ einfach und unzweideutig festzulegen. Denn alles Wahrgenommene beruht auf Erscheinungen. Wobei die Wahrnehmung einer Erscheinung durch die oben beschriebenen unbewussten Synthesisleistungen des Kopfes bereits verändert ist, wenn sie im Bewusstsein ankommt.

Hingegen bestehen hinsichtlich des WESENS einer Sache bei verschiedenen Philosophen und auch im allgemeinen Sprachgebrauch erhebliche Differenzen:

-Man kann es als Gegensatz zu ihrer Erscheinung verstehen, in dem Sinne, dass es dasjenige besonders Bedeutungsvolle umfasst, was von der Sache aber nicht direkt in Erscheinung tritt. Dieser Begriff des Wesens ist allerdings zu unspezifisch für die wissenschaftliche Philosophie.

-Dasselbe gilt auch, wenn mit Wesen das im Wechsel der Zustände bzw Erscheinungen Gleichbleibende einer Sache oder Person gemeint ist.

-Man kann das Wesen einer Sache in dessen hauptsächlichem Zweck für die menschliche Nutzung sehen. Wenn etwa über das Wesen eines Tisches gesprochen wird - statt über das des Holzes, aus welchem er besteht - so ist damit seine Zweckmäßigkeit als Unterlage oder Arbeitsplatz gemeint.

-Die Vertreter der Existenzphilosophie, die sich terminologisch auf die scholastische Unterscheidung zwischen essentia (Sosein) und existenzia (Dasein) beziehen, denken das Wesen des Menschen als der Existenz nachgängig, in dem Sinne, dass der Mensch als Bildner seines Wesens verstanden werden kann. Dieser Begriff des Wesens bezieht sich auf den Menschen allein, und auf dessen innere und äußere Umgebung-für-ihn.

-Wenn man auf das Wesen der Dinge, unabhängig von menschlichen Einflüssen abzielt, kann man es als eine dominierende natürliche Eigenschaft eines Dinges definieren. Dies ist der Aristotelische Ansatz. Leider lässt er offen, ob und wie man die dominierende Eigenschaft des Dinges eindeutig bestimmen kann.

-Manchmal wird Wesen auch im Sinne von Bestimmung verwendet; also das Wesen des Samens besteht darin, dass aus ihm eine Pflanze wird. Wenn dann das Wesen(tliche) der Pflanze ihr Samen ist, sieht man, hierin liegt wenig Erkenntnisgewinn.

-In meinem Werk meint Wesen eine meist schwer zugängliche, oft unveränderliche, zuweilen aber auch dynamische innere Strukturiertheit einer Sache bzw eines Dinges-an-sich, aus welcher sich (fast) alle seine Erscheinungen ergeben bzw ableiten lassen. So ist zum Beispiel das Wesen des Universums durch seinen tetronischen Strukturaufbau gegeben, und seine Expansion sowie alle in ihm vorkommenden Teilchen sind als Anregungen Folgen dieser grundlegenden Struktur. Das Wesen der Materie, um ein zweites Beispiel zu nennen, ist ihr Aufbau aus Protonen, Neutronen und Elektronen. Das Wesen des Wassers ist seine molekulare Gestalt als H_2O.

Anzumerken bleibt, dass die menschliche Erkenntnis immer weiter fortschreitet, und dasjenige, was sich uns heute als das Wesen einer Erscheinung darstellt, morgen vielleicht durch etwas Genaueres, Feinkörnigeres ersetzt wird, welches das vorherige Wesen im Idealfall mit umfasst. In dieser Wendung ist Wesen dann doch eine Art 'Tendenzbegriff', welcher mit Hilfe von theoretischen Modellen wichtige Wirklichkeitstendenzen durchaus zu erfassen vermag, doch niemals die unendliche Mannigfaltigkeit der Welt und ihrer Dinge-an-sich.

Allerdings ist der Begriff des Wesens durchaus so gemeint, dass das zu einem bestimmten Zeitpunkt festgestellte Wesen möglichst alle bis zu diesem Zeitpunkt bekannten Erscheinungen determiniert, d.h. die Summe aller Erscheinungen des gegebenen Untersuchungsobjektes. Man kann also das Wesen als ein oberstes Prinzip verstehen, aus dem die Substanz und die Substanzen sich konstituieren. Wobei wie gesagt das Verständnis des Wesens sich im Laufe des Erkenntnisfortschritts ändern kann, und in meiner naturalistisch orientierten Philosophie die Eine Substanz samt ihren Eigenschaften zuerst kommt und die sich daraus ergebenden Aufbauprinzipien der Welt (zum Beispiel die Hundsche Regel) nachrangig sind.

Wenn man nun glaubt, über das Wesen direkten Zugriff auf das Ding-an-sich zu erlangen, weil man etwa davon ausgeht, ein Ding lasse sich durch die Summe seiner letztlich durch das Wesen bestimmten Erscheinungen vollständig beschreiben, so stimmt das und stimmt auch wieder nicht. Es stimmt nur dann, wenn man jenen unendlichen Limes von Erscheinungen des Gegenstandes mitdenkt, die sich mit immer genaueren Instrumenten aufdecken lassen und sogar auch jene, die aufzudecken wir nie in der Lage sein werden, weil uns auf der Erde keine Beschleunigeranlagen mit genügend hohen Energien zur Verfügung stehen, oder weil wir - aus demselben Wellenmaterial geformt wie unsere Untersuchungsobjekte - einfach nicht tief genug in sie hineinsehen können (Unschärferelation). Diese Einschränkungen zusammengenommen sind aber mehr oder weniger hinreichend für die Auffassung, das Ding-an-sich sei doch mehr als die Summe seiner menschlich wahrnehmbaren und begreifbaren Erscheinungen.

Offenbar besteht hier ein Gegensatz zwischen dem optimistischen Wissenschaftscredo jener experimentellen Naturforscher einerseits, die meinen, grundsätzlich könnten alle Eigenschaften eines Dinges durch Erscheinungen irgendwie zutage gebracht und so das Ding-an-sich immer weiter dekuvriert werden, und die insoweit recht haben, als alles, was neu entdeckt und unzweideutig nachgewiesen sein will, notwendigerweise durch sie und ihre Instrumente wahrgenommen sein muss, und andererseits der 'Erfahrung' der Theoretiker, dass sich oft aus als wahr behaupteten fundamentalen Eigenschaften der Substanz einige unbedingt zu verifizierende Aussagen ableiten lassen, die aber auf der Erde niemals experimentell überprüfbar sein werden.

Die früher erwähnte Différence, also letztlich die Tatsache, dass wir auf Basis von Pointern, d.h. den geistigen Wesenheiten unseres Kopfes niemals mit dem materiellen Ding-an-sich eins werden können, hat mit diesen Überlegungen eine gewisse, wenn auch keine vollständige Überschneidung. In dem oben genannten Limes könnte das menschliche Wissen über ein Objekt zwar vollständig werden, sofern unsere Experimentierkünste und Verständnisfähigkeiten am Ende dazu ausreichen. Doch selbst wenn zum Beispiel eine allerletzte Strukturierung der Materie existiert, die wir eines Tages erkennen und aus der sich alle Dinge und Erscheinungen ableiten lassen, und selbst wenn darüberhinaus sogar die Frage nach der 'Quelle' bzw dem Ursinn dieser 'Endstruktur' beantwortet werden kann, wird dennoch die Différence zwischen Verstehen und Verschmelzen bestehen und der Mensch in Leid und Sterblichkeit weiter unversöhnt bleiben.

Nicht-Universalität der Prinzipien

Zu unterscheiden ist das in einer präparierten Umgebung zahlenmäßig Erfassbare, eben das für uns Essentielle, von der Essenz-an-sich, welch letzterer wir mit unseren Modellen und Vorstellungen nahe zu kommen versuchen. - Die Différence zwischen Signifikat(=Natur) und Signifikant(=Modell) weilt fort, wir sind nicht die Herren des Universums - selbst wenn wir das Genom eines Bakteriums bis ins Letzte entschlüsseln und damit zu manipulieren lernen.

Eine Folge dieser Überlegungen ist die NICHT-UNIVERSALITÄT DES PRINZIPS: die vom menschlichen Geist vorgenommene Zuordnung höherer Prinzipien zu beobachteten Strukturen der Substanz ist keineswegs immer eindeutig. Es gibt manchmal mehrere Modelle, mit denen wir ein Phänomen verstehen können, und wenn die experimentellen Informationen nicht ausreichen, lässt sich nicht endgültig klären, welches von ihnen der wahren Natur des So-seins entspricht. Dies gilt sowohl für gesellschaftliche, natürliche als auch für theoretische Strukturen und hat Konsequenzen für den logischen und ideologischen Aufbau dieser Welten, der sich nicht ohne Brüche und Dekonstruktionen vollziehen kann. Unser Denken und ganzes Sein sind keine lineare Bewegung, sondern voller unvermittelter, nicht selten absurd erscheinender Paradigmenwechsel.

Abstraktes Denken bewegt sich zum Nichts; die Nicht-Universalität des Prinzips ist die Grenze dieser Bewegung. Je nachdem, welches der möglichen Prinzipien man hypostasiert, ist der Weg zum Nichts ein anderer, und zuweilen ist er ganz versperrt. Auch das oberste Prinzip ist mehrdeutig, durchdrungen von seinen Alternativen, und daher ein aufgeklärtes Nichts.

Von der Beschränktheit des Verstandes

Unsere Gehirne sind alle von ähnlicher Struktur (so dass wir auf scheinbar hohem geistigen Niveau miteinander kommunizieren können) und durch Millionen Jahre Ausrichtung auf die äußere Naturwelt geprägt. Darüber hinaus hat sich besonders seit der neolithischen Revolution und den Selektionsphasen des Mittelalters, in denen weit mehr Adels- als Bauernsprosse schlechte Zeiten überlebten, die soziale Interaktion der Menschen erheblich verändert.

Aufgrund dieser spezifischen Anpassungen sind durchaus Faktizitäten denkbar, die der menschlichen Intelligenz per se verschlossen bleiben. In diesem Sinne gleicht unsere Ratio einem fruchtbaren Garten voll schöner Blumen und Nutzpflanzen, der aber von Mauern durchzogen und umgeben ist, die wir nicht immer wahrnehmen. So viele Gewächse wir auch züchten, über manche der Hürden werden wir niemals hinauskommen.

Was jedoch einmal in unser Denken Eingang gefunden hat, weil es der Evolution und den Gesetzen der Umwelt nicht zuwiderläuft, mit dem kommen wir besser zurecht als mit allen komplexen unmittelbaren Zwängen der Außenwelt; denn es ist geglättet und idealisiert und direkt in unseren Köpfen verfügbar, es kann beliebig zerlegt und gewendet werden und gehört dem Intellekt fast allein. Die theoretische Physik zum Beispiel macht ausgiebig Gebrauch von 'Gedankenexperimenten', um sich ihrer Erkenntnisse zu vergewissern.

Jenes Wissen, welches sie über die Natur ansammeln, erfahren die Wissenschaftler innerhalb idealisierter Vorstellungen ('Modelle') von ihr, und die Sätze, die im Rahmen solcher Modelle formuliert werden, haben einen entsprechend reduzierten Wahrheitswert; in minderen Fällen sind sie bloße Faustregeln oder halbe Wahrheiten, bedenkenswert nur als Stufen auf dem Weg zum Erkennen des Wesens einer Erscheinung.

Dieses Manko betrifft auch Modelle, die mit einem aufwendigen formalen Apparat und hohen mathematischen Exaktheitsanspruch daherkommen. Wenn die Basisannahmen nicht mit den entsprechenden Vorgängen in der Natur übereinstimmen, kann auch brillante Mathematik ein Modell nicht retten. So ist die mathematische Gewissheit vielleicht methodisch im Hinblick auf ihre Exaktheit die Elle, an der sich die anderen Wissenschaften messen lassen, doch sicher nicht in dem Sinne, dass Rechenkunst naturwissenschaftliche Erkenntnis ersetzen könnte.

Ein wichtiges Prinzip der Mathematik ist das Induktionsgesetz, wo man aufgrund der Wohlordnung der natürlichen Zahlen aus zwei Schlüssen - erstens, dass eine Aussage für n=1 und zweitens, dass, wenn sie für ein n gilt, sie auch für n+1 gilt - folgert, dass die Aussage für jedes n richtig ist. Solche apriorischen Denkgesetze gibt es in Mathematik und Logik zuhauf, und sie gelten dort wie auch generell in der Modellbildung der abstrakten Wissenschaften in einem sehr strengen Sinn (wenngleich selbst dort, um die Erkenntnis voranzutreiben, mitunter Sprünge des Denkens in Kauf zu nehmen sind). Man kann geradezu sagen, dass es strenge apriorische Erkenntnisse nur zwischen Pointern, also den geistigen Wesenheiten geben kann.

Mit immer subtileren Methoden versucht die Wissenschaft, die Gleichgewichtszustände der Welt und ihre Störungen zu verstehen, doch obwohl man sich alle möglichen und unmöglichen Denkfiguren dafür zurechtlegt, erreicht die Beweiskraft im Hinblick auf die physikalische Wahrheit niemals die Gewissheit jener mathematischen Schlüsse.

Der Mensch ist häufig versucht, Denkgesetze wie das Induktionsprinzip in der physikalischen Wirklichkeit anzuwenden. Er geht z.B. davon aus, dass bestimmte Naturerscheinungen, wie das tägliche Aufgehen der Sonne oder das Krähen des Hahnes am Morgen, sich andauernd wiederholen, oder allgemeiner gesagt, wenn er mehrere Erscheinungen oft genug im Zusammenhang hat auftreten sehen, kommt er zu dem Schluss, dass sie wohl immer im Zusammenhang auftreten werden, und beginnt nach Gründen dafür zu suchen.

Dieses Vorgehen wird als 'schwache' oder unvollständige Induktion bezeichnet und hat seine Berechtigung u.a. in der relativen Stabilität und Homogenität der Welt, in der die meisten Dinge und Phänomene, zumindest innerhalb unseres beschränkten Erfahrungshorizontes, gleichbleiben oder sich wiederholen und nebenbei so etwas wie den stabilen Verstand einer Spezies überhaupt erst ermöglichen. Jede Feststellung von Gesetzmäßigkeiten setzt eine konstant-verlässliche Welt voraus. In einem völlig chaotischen Universum würden intelligente Wesen die wirkenden physikalischen Gesetze nur mit Mühe erkennen und das schwache Induktionsprinzip womöglich nicht für wahr halten oder zumindest nicht anwenden können, schon allein, weil sich dieses Prinzip nicht entdecken ließe.

Zwar ist nicht jede Erscheinung möglich; doch rein hypothetisch denkbar wäre in jedem Moment prinzipiell alles, bis hin zum plötzlichen Weltuntergang, aufgrund eines Naturgesetzes, das uns bisher entgangen ist und dessen Wirkung eben erst mit voller Wucht einsetzt. Keine Induktionslogik kann das ausschließen, und die physikalischen Modelle und Gesetze, aufgrund derer wir diese Behauptung zurückweisen, könnten falsch sein. Könnten; denn jenes Geheimnis der Natur aber, dass in Wahrheit nicht alles prinzipiell möglich ist - und nicht nur aufgrund subjektiver Erfahrungen und Sichtweisen - gehört zu der sogenannten Objektivität, mit der ihre Erscheinungen uns gegenübertreten, ist FOLGE EINER SEIT ÄONEN KALTEN UND FLACHEN WELT.

Denn gewiss, wenn ein Punkt genügend Energie akkumuliert und daraufhin explodiert, fliegt alles weit auseinander und verteilt sich am Ende als feiner Nebel im Nichts. Doch wie kam der Punkt zu seiner Energie, wie kam das Nichts? Wie die rapide Expansion in der Inflationsperiode zustande?

Vieles was wir über die äußere Natur erkennen, leiten wir mit Hilfsmitteln her, die uns Mathematik und Logik bereitstellen, z.B. aus dem Satz vom Widerspruch, dass ein Ding nicht zugleich eine bestimmte Eigenschaft haben und nicht haben kann. Aber auch hier verhält es sich ähnlich wie mit dem Induktionsprinzip. Die Anwendung der logischen Gesetze hängt von den Sichten ab, die man auf die Welt haben kann, und zuweilen eignet sich eine unscharfe Fuzzylogik zum Verstehen der Realität besser als eine strenge aber unflexible zweiwertige Logik.

Dass hier eine Wechselbeziehung bestehen muss, ist klar, ergibt sich aus der früher getroffenen Feststellung, dass die vom Gehirn formulierten Gesetze der Logik sich ursprünglich an der Natur orientieren und unser Denkvermögen überhaupt als eine Art Pointer-basiertes Destillat/Derivat/Differentialprodukt von Außenerfahrungen aufgefasst werden kann. Zudem ist wenig verwunderlich, dass die Begriffe und Aussagen, mit denen wir operieren, um die wirkliche Welt zu verstehen, oftmals auf Vorstufen und vagen bildhaften Ideen aufsetzen, die lange nicht so eindeutig bestimmt sind wie die Aussagen der Logik. In der Folge ist das, was man eine 'Eigenschaft' nennt, in der Realität weniger präzise zu definieren als im logischen Denken. Reale Dinge können Eigenschaften, wie zum Beispiel die Farbe 'rot', nicht nur ganz oder gar nicht, sondern 'in einem gewissen Maße' besitzen, und wir gewinnen manchmal durchaus an Erkenntnisfähigkeit, wenn wir in unseren Modellen der Wirklichkeit auf begrenzte und wohldurchdachte Weise das enge Korsett der zweiwertigen Logik verlassen.

Von dieser ist ohnedies seit Gödel bekannt, dass sie unvollständig ist und unbeweisbare Aussagen zulässt. Diese Unvollständigkeit hängt mit ihrer diskreten Natur zusammen. Vollständigere Muster wie die angewandte Geometrie oder die reellen Zahlen oder das wirkliche, wilde Denken vermeiden solche Inkonsistenzen, indem sie neben Wahrheit und Falschheit ein kontinuierliches Spektrum von Attributen zulassen.

Kulturelle Prägungen und individuelle Unterschiede sollen nicht geleugnet werden; doch wenn man davon ausgeht, dass die Art unseres Denkens und die Art, wie wir Aussagen bilden, genetisch und menschheitsgeschichtlich durch die Bedingungen der materiellen Natur geformt wurden, sind vermutlich die meisten Denkfiguren und besonders auch die Tiefenstrukturen der Kommunikation in den Köpfen und Genen aller Menschen ziemlich fest verdrahtet, gerade auch die komplizierteren, ganz gleich mit welchen Lautfolgen wir sie äußern, und ob wir etwa beim Verneinen nicken oder den Kopf schütteln. Wir sind daher prinzipiell gar nicht in der Lage, alle möglichen Logiken zu benennen, zu verstehen oder zu verwenden und alle möglichen Axiomensysteme zu formulieren, so dass es mit Sicherheit vernunftmäßige Systeme gibt, die uns prinzipiell nicht zugänglich sind, weder kognitiv noch sprachlich.

Der menschliche Geist macht sich gern zum Nabel der Welt. Er ähnelt darin einem Softwaresystem, das die korrekte Rangfolge zwischen Hardware und Software bewusst verschleiert, indem es die Software als root vor alle Hardware setzt: root/festplatte_1 ist dann so ein Hardware-Device, während in Wirklichkeit root auf einer der Festplatten angesiedelt ist. So erzeugt sich der menschliche Geist die Realität als Begriff root/realität und dichtet dieser fundamentale Prinzipien root/prinzipien an, zum Beispiel das Prinzip der Schöpfung aus dem Nichts, das der Eichsymmetrie oder das der ewigen Wiederholung, in der Form root/prinzipien/eichprinzip usw.

Vermutlich sind der Materie und ihrer Substanz die Prinzipien, nach denen sie funktionieren, egal, einfach weil der Substanz kein Bewusstsein zugeordnet ist, und selbst wenn, führt die Annahme eines intelligenten Universums automatisch zu der Frage, woher das Universum diese Intelligenz hat und worin deren Beschränkungen liegen.

Intelligent oder nicht, immerhin hat die Eine Substanz der Dinge-an-sich genügend Kontingenz, um Eigenschaften-an-sich zuzulassen. Deren Einteilung in wohl-separierte Eigenschaft-Seine wird innerhalb des Erkenntnisprozesses durch das menschliche Bewusstsein vorgenommen und damit natürlich reduziert und deformiert. Bei objektiver Betrachtung stehen die Dinge an sich an erster Stelle, und unser Bewusstsein mitsamt seiner materiellen Basis aus Neuronen und Ganglien ist nur eines ihrer Untersysteme (dinge_an_sich/bewusstsein), unter dem die von ihm erkannten Prinzipien anzusiedeln sind (als dinge_an_sich/bewusstsein/erkannte_prinzipien), also nicht als Prinzipien-an-sich, sondern als Pointer im Bewusstsein, gespeichert in Form von Proteinen, Hirnströmen usw.

Dass erkannte Prinzipien und überhaupt alles Wissen sich über Generationen entwickeln und weiterverbreiten, ist ein anthropologisches Charakteristikum des Menschen, das dem Wissen Fortbestand garantiert. Dabei bilden sich in den Hirnen vieler Menschen dieselben oder mindestens ähnliche Proteine, sobald das betreffende Wissen erlernt und diskutiert wird. Es scheint klar, dass eine solche Verbreitungsstrategie dem Überleben unserer Art äußerst förderlich ist.

Hingegen liegen die Eigenschaften-an-sich der Dinge-an-sich nicht im Unterverzeichnis bewusstsein, sondern gehören zum Kontinuum der Dinge an sich. Besonders die höchsten Prinzipien der Substanz-an-sich müssen von dieser Warte unbegründbar erscheinen, da der menschliche Geist nichts begründen kann, ohne etwas vorauszusetzen. Er braucht anscheinend immer weitere Gründe, oder wenigstens ein Paradigma, um zu immer weitergehenden Schlüssen zu gelangen. Dies ist einerseits eine Randbedingung jeder Theorie der menschlichen Erkenntnis, die von der Beschränktheit unseres Verstandes induziert wird. Zum anderen verweist es auf eine objektive Seins-Eigenschaft der Naturmaterie, die sich in irgendeiner Form letztbegründen muss - oder auch nicht. Immerhin lässt sich keineswegs ausschließen, dass es einen letzten Grund gibt, den wir nur im Moment noch nicht verstanden haben oder eben gar nicht verstehen können.

Instinkt und Vernunft

In gewisser Weise kann man den Verstand des Menschen als eine Sonderform seiner Instinkte auffassen. Instinkte können bekanntlich in unterschiedlichen Ausprägungen auftreten, mit denen sie in der Lage sind, auf gegebenen Zuständen des Bewusstseins zu operieren und damit dem Körpersystem helfen, auf äußere Umstände, die diese Zustände hervorrufen, zu reagieren. Zum Beispiel reagiert der Fluchtinstinkt auf den Bewusstseinszustand, der durch einen Waldbrand hervorgerufen wird, wenn dessen Wahrnehmung vermittelst der Ohren und Nervenbahnen in unser Gehirn gelangt und dort in elektrochemische Signale umgewandelt wird. Unsere Reaktion besteht im unwillkürlichen sich Umsehen oder gleich die Beine in die Hand nehmen und Davonlaufen und vorher aus denjenigen Zuständen des Gehirns, die diese Bewegungen auslösen. In analoger Weise operiert die Vernunft u.a. auf solchen Bewusstseinszuständen, die sich bei logischen Problemen aufbauen. Es entwickelt sich ein Bewusstseinszustand, der sich als Produkt unserer Intelligenz und der Problemstellung ergibt und im Idealfall die Lösung des Problems ermöglicht.

Es ist richtig, diese Ähnlichkeit allein macht aus der Vernunft noch keine Unterart der Instinkte. Man muss sich aber klar darüber sein, dass unser Handeln zu jedem Zeitpunkt, ohne dass wir uns dessen immer bewusst sind, gleichzeitig von mehreren Polen bestimmt wird, von Vernunft, Emotionen, Instinkten usw. Notabene die Vernunft im engeren Sinne hat eine weit geringere Bedeutung als gemeinhin angenommen. Metaphorisch ausgedrückt, liegt sie in dem großen, weiträumigen, vielgestaltigen Universum der Gefühle wie ein toter Hering in der Sahnesauce. Es ist oft interessant zu beobachten, wie Vernunft und Gefühle als Player sich ablösen, und zwar, ohne dass besondere Brüche sichtbar werden und das Gehirn die Vernunft um Erlaubnis fragen würde. Eine rationale Revisionsinstanz gibt es gewöhnlich nicht; die Vernunft ordnet sich den Leidenschaften und Instinkten bereitwillig unter. Erfindet gar Argumente, um deren Auswüchse zu rechtfertigen. Und wiegt sich hinterher noch in dem Glauben, dass sie die treibende Kraft im Bewusstsein ist. Der Mensch erklärt sich zu etwas Besonderem, den Tieren überlegen, weil er meint, seine Instinkte im Zaum halten und mit dem Verstand steuern zu können. In Wirklichkeit sind die sogenannten wilden Instinkte von selber im Zaum, sind gar nicht so ungestüm wie gemeinhin angenommen. Siehe die Tiere, deren Handeln und Leben i.a. in durchaus wohlgeordneten Bahnen verlaufen. Umgekehrt steckt hinter der Vernunft als Quelle der Kultur und der Zivilisation gar nicht so viel wie man meinen könnte, stecken die sozialen und verbalen Normierungen, die wir seit der neolithischen Revolution genetisch verinnerlicht haben, und die mehr oder weniger schematischen Operationen des Verstandes, die es uns ermöglichen, mit Apparaturen und Maschinen umzugehen. Denn unsere vielgepriesene Kultur besteht de facto nur aus ein paar technischen Apparaten (welche dem Menschen die Arbeit abnehmen) und aus ganz viel Tralala. Die Apparate beruhen zumeist auf einfachen Schematismen, auf die sich ihr Umgang mit der Wirklichkeit beschränkt. Natürlich stellt die menschliche Kultur, an welcher übrigens die technischen Innovationen den entscheidenden Anteil haben, etwas Neues, ein in der Naturgeschichte bisher nicht da gewesenes Moment dar, das sich nur auf Basis unserer Intelligenz entwickeln konnte, ein sehr nützliches und durchaus eindrucksvolles Moment. Er lässt den Menschen Häuser und Straßen bauen, Musiken spielen und Vorrichtungen erfinden, die das Leben erleichtern und schöner und angenehmer machen. Jedoch bezogen auf das Dasein an sich des Individuums ist und bleibt die Vernunft der Gefühlswelt untergeordnet oder, wenn nicht untergeordnet, so doch nur eine Ergänzung, ein Wurmfortsatz, der an die Instinkte gekoppelt ist, mit ständigen Wechselwirkungen und gegenseitigen Befruchtungen.

Um es auf die Spitze zu treiben: der Grund, warum ich bin, hat mit meinem 'Ich denke' nichts zu tun. Man würde sich wundern, was bei genauerer Betrachtung alles Instinkt ist, wovon man glaubt, es werde von der Vernunft gesteuert. Wobei 'Instinkt' vielleicht nicht das richtige Wort ist. Die Impulse, die hochkommen, wenn ich auf ein Ereignis reagiere, sind ja mit meinem Bewusstsein und den dort ablaufenden Erkennungsprozessen auf engste vermittelt. Man könnte versucht sein, aus diesem Vermitteltsein zu folgern, dass wir letztlich keinen eigenen Willen haben, jedenfalls keinen vernünftigen Willen. Der Satz 'Ich will das und das', aber auch 'Die Blume ist schön' geht auf Impulse zurück, die aus unserem Inneren kommen. Also der Wille, auch der Wille zur Macht, und Empfindungen - von Schönheit, Ekel, Zufriedenheit usf, alldies ist ursprünglich tierischer Natur und wird von der Sprache nur ausgekleidet, einer Sprache fast ohne Vernunftkomponente, die der verlängerte Arm der Gefühle und Leidenschaften ist (i.e., des Tralala).

Wie wir später sehen werden, ist es aber gerade die Verkoppelung mit den Instinkten, welche die wenn auch nur subjektive Freiheit unseres Willens garantiert. Darüberhinaus betrifft das Primat der Instinkte eben nicht nur die Vernunft und den menschlichen Willen, sondern auch andere Bereiche der Psyche wie den Glauben und das ästhetische Empfinden.

Das Empfinden von Schönheit ein vormenschlicher, tierischer Instinkt? Man muss sie sich nur anschauen, die schönen Geschöpfe, die die Natur hervorgebracht hat. Niemand soll meinen, ihre Schönheit wäre nur für uns Menschen da, würde nur von uns Menschen wahrgenommen. Sondern umgekehrt: nur weil wir Tiere sind, nehmen wir sie als Schönheiten wahr. Und auch die Vernunft, auch, wo wir mit ihrer Hilfe Ziele erreichen, und selbst dort, wo sie zu wahren Höhenflügen ansetzt, in der Mathematik oder Philosophie, ordnet sie sich bereitwillig einem anderen unter. Der Seele, Psyche oder wie man es nennen will ordnet sie sich unter, aus einer nur teilweise vernünftigen bewussten und mehreren mehr oder weniger vor- und unbewussten Komponenten bestehend, die ich mir als einen brodelnden oder auch still vor sich hin köchelnden Topf mit einer trüben, blubbernden Brühe vorstelle, aus welcher gelegentlich Fontänen vorschießen, Jets, Impulse, die in unser Bewusstsein treten und uns zum Handeln bringen, und in vorderster Linie gar nichts mit dem Verstand zu tun haben. Und diese Impulse, auf die wir in Maßen durchaus einen Einfluss haben, das bestreite ich nicht, weil es eine Wechselwirkung mit dem vernünftigen Bewusstsein gibt, und auch mit unserer Wahrnehmung, werden im Gehirn, oftmals an der Vernunft vorbei, in verbale Exklamationen, in Kommunikation umgesetzt: das ist die Rolle der Sprache.

'Sie heizte ihr tolles knallgelbes Cabrio.' Dieser Satz ist voller Metaphern und Lautmalereien und enthält offensichtlich eine ganze Menge Emotionalität. Aber auch in dem Satz: 'Sie fährt ein hellgelbes Cabriolet' sind Emotionen enthalten, mehr rentnergemäße. Und der Mathematiker, welcher die Formel des Pythagoras ausspricht und vollinhaltlich versteht, weil man diese Formel in der Mathematik gar nicht oft genug wiederholen kann, der sie für ihre Tiefe und formale Einfachheit bewundert, ist nicht frei von Emotionen, der Liebe zur Wissenschaft und zu ihren Zeichen. Ich behaupte sogar, dass diese Emotionen, die auf den ersten Blick zweitrangig, dem Sinn nur beigemischt sind, entscheidenden Anteil am Fortschritt der Erkenntnis haben, weil sie zu weiteren Handlungsimpulsen führen, während die bloße Aneinanderreihung logisch aufeinander aufbauender Wahrheiten ohne diese ständig nachschießenden Impulse gar nicht vonstatten ginge.

Vernunft und Sprache machen dem Homo sapiens das Leben einfacher, weil sie ihm helfen, die aus seinem inneren Dampfkessel vorschießenden Impulsfontänen auf effektive und relativ gerade Bahnen zu lenken. In Wahrheit sind sie aber nur sekundär. Primär ist unsere Seele, das haben die Romantiker richtig erkannt. Die Seele macht sie sich nutzbar.

Wahrheit

Die Wahrheiten der Philosophie, und generell der Geisteswissenschaften, sind nicht beliebig. Es gibt auf diesen Gebieten Wahres und Falsches, und genau wie in den anderen Wissenschaften ist es oft nicht einfach, beides zu unterscheiden. Die Gesamtheit aller Wahrheiten könnte man die absolute Wahrheit nennen. Man beachte jedoch, dass es eine absolute Wahrheit in einem absoluten Sinn nicht geben kann, sondern immer nur relativ zu dem, was wir Menschen überhaupt wissen können.

Besonders virulent wird das Thema Wahrheit und Falschheit im Bereich der politischen Philosophien, weil davon Wohlstand und Menschenleben abhängen - etwa bei der Frage, welche Utopien erreichbar oder welche überhaupt erstrebenswert sind und mit welchen Mitteln man vorgehen soll, um die Welt besser zu machen. Die entsprechenden Ideen in reale Politik umzusetzen ist noch schwieriger; denn nicht selten kommt es vor, dass gut gemeinte Aktivitäten den Regierenden zum Desaster geraten.

Viele Sätze der Philosophie lassen sich auf unterschiedliche Weisen interpretieren, weil die verwendeten Begriffe nicht präzise definiert sind und sie daher von verschiedenen Autoren unterschiedlich verstanden werden. Es gehören dann nicht die Sätze selbst, sondern diejenigen Interpretationen zum 'absoluten' Wissen der menschlichen Spezies, die richtig, wahr oder passend sind. Ein klassisches Beispiel ist Sartres Verdikt, die Existenz gehe der Essenz voraus. Dies kann man existentialistisch verstehen, indem der Mensch auf Basis seiner materialen und gesellschaftlichen Existenz sich selbst und seine Sozialität frei zu erschaffen vermag; man kann es aber auch so deuten, dass unsere materielle Existenz bestimmend für unser Wesen ist ('das Sein bestimmt das Bewusstsein').

In einem anderen Sinn gilt auch die Umkehrung. Das heißt, man kann mit Recht behaupten, die in unseren Genen enthaltene 'Essenz' gehe unserer individuellen Existenz voraus, da diese eine Inkarnation der Gene darstellt.

Im Übrigen kann ein 'Vorausgehen' mehrerlei bedeuten. Im Französischen heißt es l'existence precede l'essence, mit preceder=wird vorangestellt und precede=oben. Wo vorn und hinten, oben oder unten ist, lässt sich bei abstrakten Begriffen jedoch nicht eindeutig festlegen - außer man spricht vom Existieren in einer Zeitlichkeit, das vor dem Sein der Essenz stattfindet, weil wir eben zuerst materiell existieren müssen, bevor wir uns finden können. Dass aber unsere soziale Essenz zum Teil historisch vor-festgelegt ist und wir uns i.a. nur schwer von traditionellen Bindungen lösen, hat auch Sartre am Ende zugegeben.

Wenn wir nun auf das Thema Wahrheit zurückkommen und optimistisch annehmen, alle Irrtümer und Missverständnisse der Welt seien eines Tages korrigiert und ausgeräumt, wird selbst dann noch die Option bestehen bleiben, die Akzente unseres Denkens unterschiedlich zu setzen, und dies allein gibt Anlass zu all den verschiedenen Strömungen der Philosophie.

Bekannte Beispiele für solche Akzentsetzungen sind nicht nur der Existentialismus; auch der anthropologische Ansatz von Lorenz oder Kants Sicht auf die Welt durch die Brille der Erkenntnistheorie sind hier zu nennen. Hingegen die meisten Hegelschen Absolutheiten sind schlicht als falsch zu bezeichnen, ebenso wie viele der von Späthegelianern daraus gezogene Folgerungen, insbesondere wo jene als Apologeten links- oder rechtsgerichteter Diktaturen auftreten.

Bezüglich des Darwinismus ist anzumerken, dass er zunächst nur eine biologische Theorie zu sein scheint, die mit der kulturellen Existenz des Menschen wenig zu tun hat. Da jedoch unser Sozial- und Kulturverhalten letztlich auf die Erhaltung der Gene und der Spezies ausgerichtet ist, schlägt sich das darwinistische Prinzip auf vielfältige, teils nicht direkt erkennbare Weise in den Gesellschaften nieder, die wir bilden, in den Zeitgeisten, denen wir folgen, und auch in allen Festlegungen und Vorurteilen unseres Individualintellektes. Der Grund, warum solche Vorgänge im Verborgenen blühen, liegt nicht nur darin, dass sie oft unbewusst ablaufen, sondern auch dass die genetisch Erfolgreichen kein Interesse daran haben, ihr egoistisches Handeln allzu deutlich hervortreten zu lassen und den weniger Erfolgreichen lieber Sand in die Augen streuen, um sie ruhig zu halten.

Die Idee des Sozialdarwinismus genießt keinen guten Ruf, und ich bin garantiert nicht derjenige, der 'darwinistisches' Vorgehen unter Menschen befürwortet. Doch muss man sich leider darüber klar sein, dass seine Dynamik unter der Oberfläche unseres Alltagslebens andauernd aktiv ist, im konstruktiven und friedvollen Zusammenleben ebenso wie in Zeiten der Aggression und des Krieges.

Zuweilen wird daher der Akzent des philosophischen Denkens auch so gesetzt, dass man die Geschichte der organischen Natur, und auch die des Menschen auf der Erde als Entwicklung der DNA interpretiert, die sich der Variabilität der Eiweißmoleküle, aus denen Menschen, Tiere und Pflanzen vornehmlich aufgebaut sind, sowie auch der damit zusammenhängenden Variabilität der Verhaltensformen, nur bedient. Allerdings verläuft diese Entwicklung offenkundig viel zu erratisch, als dass hierin ein tieferer Sinn verborgen sein könnte, der über die einfache Tendenz einer biologischen Weiterentwicklung hinausgeht. Außerdem werden in Zukunft die Möglichkeiten der modernen Biotechnologie zu einer Selbstkopplung des biologischen Systems führen, deren Ausgang im Moment noch nicht absehbar sind.

Eine andere Akzentsetzung der Philosophie besteht darin, weder der Natur noch auch den Menschen angesichts ihrer Vergänglichkeit besondere Wichtigkeit zuzugestehen, sondern das Primat einer einzigen großen Wissensmaschine auszurufen, welcher wir alle zuarbeiten, mit dem Ziel einer eben doch objektiven Wissenstotalität, die der eigentliche Zweck unserer Existenz im Universum ist. Die darwinistische Selektion der Arten richtet sich aus dieser Perspektive auf die Entwicklung intelligenter Rassen, welche die Wissensmaschine in Gang setzen. Die vielen tausend Forscher, die überall auf der Welt an der Erweiterung unseres Wissens arbeiten, kann man als Wissenscontainer betrachten, da die große Mehrheit dieser Wissenschaftler nur kleine Mosaiksteine zum Wissen der Welt hinzufügen und hauptsächlich damit beschäftigt sind, bereits vorhandenes Wissen in ihren Köpfen zu speichern, zu sortieren und in Netzwerken zu verbreiten. Die Normalsterblichen, die die sonstigen Funktionen der Gesellschaft am Laufen halten, aber in Wirklichkeit nicht, damit unser aller Leben bequemer wird, dienen allein dem Fortschritt der Wissensmaschine, d.h. sie haben sicherzustellen, dass die Kaste der Wissenschaftler das Wissen verwalten und in Richtung auf die Totalität weiterentwickeln kann. An der Spitze der Pyramide stehen scheinbar die Direktoren der wissenschaftlichen Institutionen, in Wahrheit aber die wenigen jeweiligen Jahrhundertgenien, denen es gelingt, der Wissensmaschine mit einem Schlag eine wesentliche Komponente hinzuzufügen oder dem Gang des Weltwissens durch einen Paradigmenwechsel sogar eine ganz neue Richtung zu geben.

Innerhalb der nationalen Forschungsinstitute herrschen Verhältnisse wie in allen gesellschaftlichen Institutionen, d.h. das Personal wechselt, es finden ununterbrochen Macht- und Revierkämpfe um die besten Plätze in der Hierarchie statt usw. Diese berücksichtigen aber nur die menschlich-sozialen Aspekte des wissenschaftlichen Lebens, die sich von denen anderer Institutionen nicht wesentlich unterscheiden. Oft bremsen sie den Fortschritt der Wissensmaschine oder sind bestenfalls unerheblich, und letztlich bilden sie eine Dynamik der Macht ab, wie sie bereits an mittelalterlichen Burgen und Königshöfen sich ausgeprägt hat, wo sie gewissen Charakteren unter den Hofschranzen Überlebensvorteile gegenüber anderen und besonders gegenüber den ausgebeuteten Bauern sicherten. Ein Soziologe könnte daher an dieser Stelle die Akzentuierung auch umdrehen und behaupten, vom Standpunkt des egoistischen Machtmenschen spiele die Wissensmaschine nur eine Nebenrolle als ein austauschbarer Nährboden für die Entfaltung seiner Machtansprüche.

Der Fortschritt des absoluten Wissens, den wir trotz solcher Reibungseffekte gegenwärtig miterleben, hat nur entfernte Ähnlichkeit mit der Bewegung des Hegelschen Weltgeistes, da er keine idealistische Komponente besitzt, sondern die gesamte Welt aus materiellen Ursachen erklärt, indem er das menschliche Denkverhalten auf Eiweiße und Ströme im Gehirn zurückführt und die menschliche Geschichte auf die zeitliche Interaktion vieler solcher Hirne.

In der Zusammenschau dieser Diskussion erkennen wir, dass es verschiedene Sichten auf die Welt gibt, die unabhängig voneinander ihre Berechtigung haben, obwohl die Welt selbst in Wahrheit nur aus einer einzigen 'Hardware' besteht. Entscheidend ist, immer alle Sichten zuzulassen und Denkverbote nicht zu akzeptieren. Dies zu betonen ist wichtig, da die menschliche Geschichte leider vielfach gezeigt hat, dass der Weg von der Akzentuierung zur Dogmatisierung nicht weit ist.

Ferner wurde beschrieben, dass die Begriffe und Feststellungen des Denkens entweder auf Ausschnitte der Wirklichkeit pointen oder auf andere Begriffe und Feststellungen, die ihrerseits wieder auf etwas pointen. Wahrheit ist eine bestimmte Beziehung dieser Feststellungen im Hinblick auf ihr Zielobjekt, die in der aristotelischen sogenannten Korrespondenztheorie als 'Übereinstimmung' mit der Wirklichkeit bezeichnet wird, also genau dem, was einem erfolgreichen Pointen entspricht. Dieser Wahrheitsbegriff, der im praktischen Leben und auch im wissenschaftlichen Denken der bekannteste und am meisten verbreitete ist, enthält allerdings einen bei genauerer Betrachtung leicht erkennbaren Pleonasmus.

Um diesem Dilemma zu entgehen, sind im 19. und 20. Jahrhundert verschiedene alternative Wahrheitsbegriffe entwickelt worden. Ein Beispiel sind sogenannte semantische Wahrheitstheorien, die auf den absoluten Vorrang der Sprache bei der menschlichen Erkenntnisgewinnung pochen, jedoch in der selbst gewählten Beschränkung auf unser sprachliches Universum letztlich nicht in der Lage sind, das wesentliche Potential des menschlichen Erkennens vollständig auszuschöpfen.

Tatsächlich ist die Frage nach der Natur der Wahrheit innerhalb der realistischen Position, die hier eingenommen wird, gar nicht so schwer zu beantworten. Man gehe zunächst davon aus, dass es eine äußere, materielle Realität gibt, ein an-und-für-sich Sein und So-sein der Natur, d.h. eine denkunabhängige Wirklichkeit. Insofern diese eine Wahrheit repräsentiert, die auch ohne den Menschen da ist, GIBT ES WAHRHEIT AUCH OHNE DEN MENSCHEN.

Wahrheit kann durch unsere Vernunft, z.B. im Rahmen wissenschaftlicher Begriffssysteme objektiv erkannt und benannt werden. Das bedeutet, dass WAHRE 'AUSSAGEN' NICHT OHNE UNS EXISTIEREN, denn diese setzen ja eben einen BEGRIFFLICHEN Umgang mit der äußeren Realität voraus, für die ein menschliches Hirn erforderlich ist. In diesem Sinne sind Objekte und Sachverhalte nicht a priori eingegrenzte Entitäten der Wirklichkeit, sondern werden dazu erst a posteriori durch begriffliche Pointer. Solcherlei Eingrenzung bedarf nämlich der Aktivität eines menschlichen Bewusstseins, welches damit den ersten Schritt tut, um das reine So-sein der Wirklichkeit der menschlichen ARBEIT zugänglich zu machen.

Aus dem Gesagten folgt, dass das Wesen der Wahrheit - zum Beispiel über die physikalische Natur - durchaus einen semantischen, begrifflichen Aspekt hat; aber nicht in dem Sinne, dass die Natur dadurch direkt beeinflusst würde, sondern nur unser Verständnis der Natur wird durch den begrifflichen Umgang mit ihr gesteuert. Die aus Pointern gebildeten richtigen Feststellungen über die Wirklichkeit hängen in erster Linie von objektiven Eigenschaften der Dinge-an-sich ab, auf die gepointet wird, und in zweiter Linie von der Sprache, innerhalb der die Pointer verwendet werden. Es gibt halt eine Natur, welche unabhängig von Theorien oder Konventionen existiert und an-sich so strukturiert ist, dass wir sie wahrnehmen, in Objekte unterteilen und messen können und die Messergebnisse vom Beobachter unabhängig sind, so dass sich die Eigenschaften und das an-und-für-sich Sein der Natur in spezifischer, objektiver Weise in den Messergebnissen zu den Erscheinungen niederschlägt. Dabei ist dann wieder zu beachten, dass diese Eigenschaften vom menschlichen Gehirn in der Regel nur über Pointer erkannt, analysiert und beschrieben werden können.

An anderer Stelle wurde bereits darauf hingewiesen, dass Pointer - besonders in Fällen eines spontanen, eher intuitiven Begreifens - auch vorbegriffliche Bilder oder Analogien sein können. Darüber hinaus ist eine von uns erkannte und durch Pointer beschriebene Wahrheit zunächst nur ein gedankliches Konstrukt, und sie hängt auch stark von den vom Zeitgeist vorgegebenen Akzentuierungen unserer Weltsicht ab. Erst im gewichteten Durchschnitt aller Weltsichten kann man hoffen, eine von Begriffen relativ unabhängige Wahrheit zu finden.

Solche Wichtung ist in der Wissenschaft einfacher als in der Politik, wo die Wahrheit durch egoistische und ideologische Interessen vielfach gebrochen und mit einem 'Durchschnitt' der Meinungen wenig anzufangen ist. Nichtsdestotrotz spiegelt sich manches politische Problem in der Gegenüberstellung linker und rechter Weltsichten zuweilen deutlicher als im unkritischen Geist der Mitte, und das Fortschrittspotenzial einer Gesellschaft ist auf jeden Fall um so größer, je mehr unabhängige Meinungen zugelassen werden.

Metaphorisch kann man die Wahrheit mit einer Mannigfaltigkeit in der Differentialgeometrie vergleichen: Begriffe, Pointer und Ideen einer einzelnen Weltsicht bilden sozusagen lokale Koordinatensysteme auf der Mannigfaltigkeit der Wahrheit. Das Idealziel der wissenschaftlichen Erkenntnis besteht darin, die Wirklichkeit global und unabhängig von diesen 'Koordinaten' zu verstehen. Dabei verweisen diese nicht nur auf experimentell nachgewiesene Phänomene, sondern auf die Aufbauregeln der Natur, die aus den Erscheinungen häufig nur indirekt erschlossen werden können, bzw auf jene Wahrheit, die darin eingeschrieben steht.

Die Wahrheit über jeweils einen Teil der Welt ist also viel mehr als eine Ja/Nein Entscheidung über eine diesen Teil betreffende Aussage, mehr auch als ein zusammenhängendes Geflecht solcher Entscheidungen und Sachverhalte. Sondern zur Wahrheit gehört das Zusammenspiel der Erkenntnis mit den Dingen an sich. Wenn wir mit Aristarch und Kopernikus beginnen und feststellen, dass die Erde um die Sonne kreist, gehört zum vollen Verständnis dieser Erscheinungen letztlich ein ganzes Arsenal von materiellen Gegebenheiten bis hin zu subatomaren Strukturen, die heute noch gar nicht vollständig aufgedeckt sind und die eigentliche Voraussetzung z.B. auch gravitativen Wechselwirkung bilden.

Es gibt drei Ebenen der Erkenntnis über die Wahrheit: (i) eine Zwischenebene jener teils mehr, teils weniger offen zutage liegenden Erscheinungen, unter denen wir leben, arbeiten, leiden und aus der wir (ii) die höchstwahrscheinlich diskrete und repetitive Tiefenstruktur der Natur ableiten wollen, die der Wirklichkeit in Wahrheit zugrundeliegt. (iii) Die dritte Schicht wird von den Pointern, d.h. den Begriffen und Ideen gebildet, mit denen wir die Natur interpretieren, um zu dieser Wahrheit vorzudringen. Sie ist endlich und diskret, insofern die Pointer endlich und diskret sind.

Zur dritten Schicht gehören auch alle Naturgesetze, die wir in dieser oder jener Begriffssprache, in diesem oder jenem mathematischen Formalismus formulieren, und mit denen wir auf die Aufbauregeln und die Eigenschaften-an-sich der Natur zu pointen versuchen.

Je weiter die Wissenschaften voranschreiten, um so besser können sich die Theorien den wahren Aufbauregeln annähern, indem etwa das Newtonsche 1/r Gesetz durch die Relativitätstheorie unscheinbare aber wesentliche Ergänzungen und diese wiederum in der Tetrontheorie ihre 'Aufhebung' erfährt. Verkürzt gesagt: die Aufbauregeln-an-sich der Natur sowie auch die ihnen zugrunde liegenden Wechselwirkungseigenschaften der Materie ändern sich nicht, doch die Einsichten und sogar die begrifflichen Konstruktionen und die theoretische Sprache, die sie beschreiben, sind historisch durchaus veränderlich und in manchen Epochen einfach noch nicht gegeben.

Nicht zuletzt hängen die Interessen und der Blickwinkel des Forschers von der geschichtlichen Situation ab, in welcher er lebt und seine Messungen durchführt. Zeiten, in denen der Fokus auf die Grundlagenforschung gerichtet ist, wechseln mit Phasen ab, in denen sich die Öffentlichkeit eher für praktische Innovationen interessiert. Und es gibt Kriegszeiten, in denen das Augenmerk der Forschung euphemistisch gesagt auf Energie freisetzenden Prozessen liegt. In kalten Gesellschaften hingegen, in denen es möglichst keine Veränderung geben soll, ist das Interesse an neuen wissenschaftlichen Erkenntnissen geringer, weil man sich mit den Mythen zufrieden gibt, die die Vorgängergenerationen überliefert haben.

Rohe Wahrheit

Hier wollen wir die beschriebenen Zusammenhänge noch einmal etwas anders beleuchten. Was wäre die Wahrheit ohne den ordnenden Impuls des Gedankens, könnte man fragen. Ein Rohdiamant ohne Schliff, sage ich, und nenne darum die Wahrheit ohne den menschlichen Geist die Rohwahrheit. Offenkundig bezieht sich dieser Begriff auf die Eigenschaften-an-sich der Dinge-an-sich.

Experimentelle Ergebnisse werden allerdings meist im Rahmen und unter dem Bias einer bereits bestehenden Theorie interpretiert. Das geht so weit, dass bereits in den Aufbau einer Experimentiervorrichtung die Vorurteile von Modellüberlegungen und heuristischen Erfahrungen eingehen, und somit das Experiment niemals auf das Ganze der Rohwahrheit geht.

Zur tieferen Existenz der Materie gelangt man nur über theoretische Eigenschaften der Teilchen, aus denen sie besteht, über die 'Ladungen'. Die Différence zwischen Theoriemodellen und Wirklichkeit scheint uns zu zwingen, jene mit einem meta-physikalischen Moment zu belasten. Doch obgleich für uns Menschen nur theoretisch definiert, tragen Ladungen als Eigenschaften-an-sich einen objektiven Charakter. Es ist allein der Différence zuzuschreiben, dass sie uns meta-physikalisch erscheinen. Ohne solche metaphysische Objektivität ließe sich z.B. ein Naturgesetz nur genau für die Konstellation, in der das Experiment tatsächlich geführt wurde, gültig beweisen.

Zugang zum Mikrokosmos haben wir ausschließlich über makroskopische Experimente, das wurde schon hervorgehoben, und auch unsere Ideen und Vorstellungen vom Mikrokosmos, allein schon die Idee von Elementarteilchen, sind durch makroskopische Natur- und sogar Gesellschaftserfahrungen vorgeprägt. Aber gibt es auch Fälle, wo wir alle bildlichen Vorstellungen aufgeben und uns allein auf die Resultate des mathematischen Formalismus verlassen sollten?

Gewiss haben ALLE Vorstellungen und Begriffe, auch die mathematischen, ein 'metaphysisches' Momentum, insofern sie rein gedankliche Konstruktionen sind. 'Hart' sind nur die Materie und ihre Rohwahrheit, bevor über sie reflektiert ist. Selbst der Begriff der Materie, des Materials gehört bereits zur Software des Geistes, auch wenn er für uns der Kreuzungspunkt sämtlicher Eigenschaften ist, die sich selber als Kreuzungspunkte und Essenz aus vielfältigen Erfahrungen und Experimenten ergeben - tatsächlich nur eine Konstruktion, welche sich tastend der Wahrheit nähert und sich in immer neuen Prozessen und Wechselwirkungen zu bewähren und dabei das Wesen seiner verschiedenen Konstituenten mit zu berücksichtigen hat.

Verhältnis der Wissenschaften [Naturwissenschaft, Gesellschaftswissenschaft, logische Wissenschaft] zur Philosophie [Metaphysik, Ontologie]

Die Physik, die hier allgemein für die Naturwissenschaften steht, beschäftigt sich mit allen Arten von realer Materie und ihrem Verhalten. Die Grenzen der Physik hängen u.a. von dem Zeitalter ab, in dem sie betrieben wird. Mit den Grenzen handelt sie sich automatisch einen variablen transzendenten bzw metaphysikalischen Aspekt ein, weil die jeweiligen Forscher immer wissen wollen, was 'dahinter' liegt, doch selbst im Idealfall einer scheinbar vollständigen Entschleierung des jeweils untersuchten Gegenstandes höchstens Teileinblicke erhalten, die ihnen neue Grenzen aufzeigen.

Das materielle unbekannte Dahinter korrespondiert einer realen aber gewissermaßen fluiden Erkenntnislücke, die auf ewig größer bleiben wird als die letzte Différence. Es ist zu unterscheiden von jenen Gottesideen, welche im gesellschaftlichen Bereich verwaltet werden und dazu beitragen, das Verhalten der Menschen zu disziplinieren. Während die Macht, welche die Welt geschaffen hat, in eher schweigsamer Weise die Dynamik und den Verlauf des kosmischen Seins bestimmt, wird die Macht der vielen religiösen Gruppierungen von Menschen ausgeübt, die unser soziales Verhalten zu beeinflussen trachten und auf der politischen Ebene als pressure groups in Erscheinung treten.

Diese und ähnliche Phänomene wie auch die Gesetze, die die menschliche Kommunikation bestimmen, sind von den Gesellschaftswissenschaften (Soziologie, Psychologie, Politologie, Linguistik usw) zu untersuchen, weil sie Effekte vereinigen, die von einer großen Gruppe von Bewusstseinen hervorgebracht und von dem emotionalen und intellektuellen Gleichklang, in den sich diese oftmals begeben, diktiert werden.

Auf den ersten Blick scheinen Bewusstsein und Gesellschaft ziemlich unabhängig von der physikalischen Wirklichkeit zu sein. Tatsächlich stellt jene in erster Näherung nur den Hintergrund für unsere sozialen Interaktionen und für die Rollen dar, die wir in der Gesellschaft spielen. Allerdings sind Individuum und Gesellschaft zu jedem Zeitpunkt an die von der physikalischen Natur vorgegebenen Einschränkungen gebunden, und umgekehrt tritt jede Gesellschaft durch Eingriffe in die Natur materiell in Erscheinung, etwa durch monumentale Bauwerke, die sich in den Himmel strecken, oder durch Umweltzerstörungen, die sie auf der Erde hinterlässt.

Mathematik und logische Wissenschaften

Mathematik und logische Wissenschaften sind nicht nur darum von großer Bedeutung, weil sie Regeln für den Umgang mit Begriffen und Theorien und damit für jede Art des Denkens bereitstellen. Sie bilden außerdem ein eigenes Universum, das allein auf Begriffen basiert und i.a. nur indirekte Vorbilder in der Realität hat. Im einfachsten Fall startet man mit einem Axiomensystem, für das man beliebig viele logisch zwingende Schlussfolgerungen generiert. Aussagen, die zu Widersprüchen führen, werden hingegen verworfen. Diese Art von Widerspruchsverarbeitung, die allein durch logische/mathematische Schlüssigkeit bestimmt wird, ist von derjenigen physikalischer Modelle zu unterscheiden, die nicht nur logisch und mathematisch konsistent sein müssen, sondern auch in Übereinstimmung mit allen experimentellen Befunden.

Parallel dazu sind zwei Begriffe von Notwendigkeit zu unterscheiden: die logische und die physikalische, die sich nur insofern ähneln, als sich logische Notwendigkeit aus einem mathematischen oder logischen Axiomensystem und physikalische aus dem System der Natur ergibt. Im Fall einer korrekten Beschreibung der Natur durch eine mathematische Theorie bildet die Schlüssigkeit der Formeln diejenige der Natur nach. Nota bene, dass man sich dieser Korrektheit und vor allem der Vollständigkeit nie ganz sicher sein kann.

Denn die theoretische Physik bleibt in dem Versuch, ein Gitter über die materielle Wirklichkeit zu legen, letztlich immer eine Meinung, die sich nie mit letzter Gewissheit verifizieren lässt (siehe oben das Thema unvollständige Induktion). Außerdem ist sie in ihrem historischen Verlauf mit steinigen Umwegen belastet, die sich daraus ergeben, dass der naturwissenschaftliche Zeitgeist manchmal viele Jahre lang an falschen Konzepten festhält. Dass sie den Wahrheiten der Natur im Laufe der Forschungsgeschichte dennoch immer näherkommt, ist im Sinne eines pragmatischen Erkenntnisanspruches ausreichend. Letztbegründungen und wo nötig auch Metaphysik sind kein Thema der theoretischen Physik, sondern der Philosophie.

In der reinen Mathematik genießen nur diejenigen Schlüsse Achtung, die aus konsistenten Axiomensystemen gezogen werden. Im Unterschied zur Physik gibt es in diesem Bereich keine 'zutreffenden' oder 'unzutreffenden' Modelle, einfach weil es keine unterliegende Wirklichkeit gibt, auf deren Wahrheit sie sich beziehen müsste. Es existieren keine zwei Ebenen wie in der Naturwissenschaft, wo die eine, die Wirklichkeit, immer die Wahrheit ist, und die andere, die Begriffsbildungen unseres Kopfes, immer nur Modelle der Wahrheit generieren kann, die entweder zutreffend wahr oder eben falsch sind. In der Mathematik ist das aus Pointern gebildete widerspruchsfreie Axiomensystem die alleinige Wahrheit, und aus ihm kann man immer weitere wahre Schlussfolgerungen ableiten.

Jeder Mathematik haftet ein Aspekt der Willkür an, weil a priori alle möglichen Axiomensysteme gewissermaßen denselben Rang genießen. Diese Beliebigkeit, die teilweise auch die abstrakte Logik kennzeichnet, ist allerdings nicht absolut. Meist wird der mathematische Fortschritt unter der Hand von relativ simplen Bildern und Grundsätzen getriggert, für die unsere Intuition durchaus eine Art Rangfolge und Relevanz abzuschätzen vermag.

Offiziell vergisst das scheinbare Ideal der reinen Mathematik über die Rolle von Intuition und menschlichem Interesse. Dabei sind die meisten Axiomensysteme geronnene Abgüsse von Bildern und Vorstellungen, entlang denen auch die Beweise innerhalb dieser Systeme geführt werden. Ein besonders eklatantes Beispiel ist hier die Geometrie, die sowohl anschaulich als auch axiomatisch gelehrt werden kann. Jene Bemerkung trifft aber ebenso auf fast alle anderen Bereiche der Mathematik zu. Ich würde nicht so weit gehen zu sagen, dass sich Axiomensysteme damit inhaltlich vollständig absichern lassen. Sondern das o.g. Moment der Willkür ergibt sich bereits daraus, dass der Mathematiker genau dieses und nicht ein völlig anderes Axiomensystem, dieses und nicht ein ganz anderes Theorem in den Fokus seines subjektiven Interesses rückt.

Der Mathematik gelingt es, mit formalen Werkzeugen intuitive Vorstellungen zu präzisieren und Vermutungen exakt zu verifizieren. Wir wissen zum Beispiel intuitiv, wenn von einem Punkt außerhalb einer Sphäre verschiedene Tangenten an die Sphäre gelegt werden, dass dann alle Berührungspunkte auf einem Kreis liegen. Wenn wir genauer darüber nachdenken, werden uns vielleicht Zweifel kommen. Wollen wir diese ausräumen, so werden wir zwangsläufig zu den analytischen Methoden der Geometrie geführt. Endgültige Schlussfolgerungen vollziehen sich für uns in jedem Fall erst im Verstand, der die Argumente zu prüfen hat.

Die formalen syntaktischen Regeln der Beweisführung sind das Hilfsmittel, dessen das praktische Denken bedarf, um vom Meinen zur Gewissheit zu gelangen, indem es versucht, auf diesem Wege intuitive Vorstellungen sicher zu machen.

Das formale Vorgehen ist in diesem Fall ein so unverzichtbarer Bestandteil der Mathematik, dass viele geneigt sind zu sagen, es ist die absolute Leitlinie, woran die Wahrheit sich festzuhalten hat. Doch selbst hier, in dieser streng formalen Umgebung, bedient man sich meist der Intuition, um nichttriviale Eigenschaften solcher Systeme zu entdecken, man rekurriert implizit auf gewisse bildhafte Ideen, die man sich von den zu analysierenden Entitäten macht, und zwar nicht nur, um die Beweise zu straffen, sondern auch, weil diese sich ohne die intuitive Anschauung nicht finden ließen. So schließt sich der Kreis, der mit einfachen Bildern begonnen hat, die wir alle uns am Anfang von der Welt machen.

Ein weiteres: obwohl unsere normale Sprache auf dem gewöhnlichen, wenig formalisierten Denken basiert und ein inhärent unpräzises Werkzeug darstellt, sind mathematische Beweise ohne deren Mithilfe oft nur beschwerlich zu führen und zu verstehen. Auch wenn es immer wieder Versuche in Richtung auf eine vollständige Formalisierung gegeben hat, blieb ein normalsprachlicher Rest meist bestehen, zumal bei echten Neuerungen, die sich im Moment ihrer Entwicklung der Formalisierung zunächst noch widersetzen. Vermittels der Sprache werden die Entitäten definiert, mit denen die Konstruktionen operieren, und auch die Operationen selbst werden durch die Sprache unterstützt.

Gemäß dieser Diskussion zerfällt die mathematische Wissenschaft in zwei Sphären: einen konstruktivistischen Bereich wie die Geometrie, der in gewisser Weise der theoretischen Physik nahesteht, und einen analytischen, der es von Anfang an auf Tautologien innerhalb fester Axiomensysteme abgesehen hat - falls er nicht doch kreative Weiterungen vornimmt; denn nur im Zusammenspiel mit der Imagination ist das formal-analytische Vorgehen effektiv und hilft, einen strukturierten Überblick zu gewinnen und komplexe Systeme und Modelle fehlerfrei zu gestalten.

Pointern, Ideen und Modellen wie auch allen sonstigen gedanklichen Vorgängen wurde eine ontologische Existenz zugesprochen - wenn auch nicht in demselben Sinn, in dem die physikalische Wirklichkeit ontologisch existiert; sondern jene bestehen in unseren Köpfen als von uns ersonnene und doch unabhängige Wesenheiten. Und unser Bewusstsein benutzt das Mittel der Spontaneität, um einen ersten Zugang und auch eine Freude an ihnen zu gewinnen.

MÖGLICHKEIT UND KAUSALITÄT

Wir leben in einer Zeit; wir empfinden Zeit als vergehend; wir sind kurzlebige Kreaturen, in einen eigentlich lebensfeindlichen Kosmos geboren. Uns geht es meist nur in Gesellschaft gut, bei Freunden und gemeinsamer Arbeit, oder in einer Familie, die uns auffängt und über die Sinnlosigkeit unserer Existenz hinwegtröstet.

Doch auch ein Kosmos hat seine Zeit. Der unsere ist 14 Milliarden Jahre alt, und wir Menschen können diese Zeit objektiv messen. Das verdanken wir der ununterbrochenen Zunahme der Entropie in unserem Universum, wo ein statisches System keinerlei Zeit kennen würde.

Wie es räumliche Zusammenhänge von Gebilden gibt, so gibt es zeitliche Zusammenhänge von Ereignissen. Diese können durch Zeitentwicklungsoperatoren beschrieben werden, die es erlauben, aus einem Zustand zur Zeit t1 auf einen Zustand zur Zeit t2 (>t1) zu schließen. Die Physik ist in der Lage, Gesetze aufzustellen, welche die Dynamik, d.h. die Zeitentwicklung eines Systems beschreiben. Damit ein Gesetz in der Natur relevant ist, muss es eine Entsprechung in den Dingen-an-sich haben, die für den kausalen Zusammenhang der Ereignisse sorgt. Hierbei ist zu bemerken, dass dies nur einen Sonderfall der im Kapitel über Erkenntnistheorie diskutierten Dualität von Begriffen/Pointern(=in diesem Fall die Gesetze der Physik) und entsprechenden Eigenschaften der Dinge-an-sich darstellt.

Als klassisches Beispiel lässt sich die Schrödingergleichung anführen, in der der Operator für die infinitesimale zeitliche Entwicklung durch die Energie (=sog. Hamiltonoperator) gegeben ist. Die Schrödingergleichung ist zugleich ein Beispiel dafür, dass ein System kausal sein kann, ohne dass es vollständig determiniert ist, da sich zwar der Zustand bzw seine Wellenfunktion nach der Schrödingergleichung berechnen lassen, die Wellenfunktion selbst jedoch eine statistische Größe ist, aus welcher sich nur Aussagen über Mittelwerte von Messergebnissen ergeben. Der Grund für diese denkwürdige Eigenschaft der Quantenmechanik liegt letztlich in der Diskretheit und den mikroskopischen Eigenschaften der zugrunde liegenden Tetronmaterie - genauer: in der Wellennatur ihrer Anregungen.

Allerdings taugt die Schrödingergleichung nicht als Modell für die später zu führende Freiheitsdiskussion, da sich aus ihr über die Determiniertheit der makroskopischen Welt und die Möglichkeiten der menschlichen Freiheit wenig ablesen lässt. Die Schrödingergleichung ist da gültig, wo die quantenmechanischen Prinzipien wirksam sind, also jedenfalls nicht im makroskopischen Bereich (und wohl auch nicht in Regionen des Mikroskopischen unterhalb der Plancklänge, die für die Menschheit nicht zugänglich sind).

Freiheit hat nur bedingt mit physikalischen Gesetzen zu tun. Und wenn, betrifft sie weniger quantenmechanische Mikrozustände als komplexe makroskopische Vielteilchensysteme, in denen der Mensch zwischen Zufällen und Notwendigkeiten, Trieben und Bedürfnissen hin und her changiert und sich seine Freiheit suchen muss (oder was er dafür hält). Um in dem Chaos all seiner Wünsche und Pflichten die richtigen Entscheidungen zu treffen, ist sein Gehirn in der Lage, sich fiktive Bereiche zu schaffen, in denen es die Auswirkungen einer bestimmten Wahl bedenken kann, d.h. es steht ihm das Konzept der Möglichkeit zur Verfügung.

Möglichkeiten repräsentieren keine alternativen Welten, wie von der Modallogik oft unterstellt, repräsentieren also nichts, was nahezu gleichberechtigt neben der Wirklichkeit stehen würde, sondern sind gedankliche Partialbilder, überzeichnete Skizzen, die sich aus unseren Wirklichkeitserfahrungen entwickeln können, sind Umrisse von erdachten Teilwirklichkeiten.

Es lässt sich ja mit Hilfe von Begriffen und Pointern die Wirklichkeit nicht vollständig abbilden, die viel mehr Verästelungen aufweist als unser Gehirn je verarbeiten kann, sondern wir sind immerzu abhängig von fehlerträchtigen und unsicheren Interpretationen unserer grobkörnigen Wahrnehmungen, und es kann umgekehrt sogar vorkommen, dass wir zu einem bestimmten Zeitpunkt mehrere Modelle der Wirklichkeit als gleichberechtigt anerkennen müssen, einfach weil sich der Kosmos uns dort entzieht, weil er uns trotz großer

Anstrengungen dort nicht präzise genug bekannt ist, weil er Experimenten dort schwer zugänglich ist. In dem Sinne sind Modelle, da sie sich nie auf das vollständige Panorama der Realität beziehen können, als erweiterte Möglichkeitskonstruktionen zu betrachten.

Der Kniff des Möglichkeitskonzeptes besteht nämlich darin, sich auf einzelne oder wenige Teilaspekte einer nur akklamativ als vollständig, tatsächlich jedoch nur umrisshaft gedachten 'möglichen Welt' zu konzentrieren, und die Frage, ob sie wahr-wirklich sind oder sein können, zunächst auszublenden. Denn wenn man Möglichkeiten mit ihren Begriffen identifiziert - was bei Zeigern auf Zeiger immer erlaubt ist, die sich realen Objekten ohnehin nur gedanklich und nur als Erkenntniserfahrung mancher ihrer Eigenschaften nähern - können Möglichkeiten durchaus vollständig durch ihre Begriffe erfasst werden, da sie eben nicht mehr als das sind und keine vollständige Wirklichkeit bezeichnen. Es macht daher auch keinen anderen als formalen Sinn, sie im Rahmen einer 'Gesamtheit von möglichen Welten' zu denken. Als Teil des Bewusstseins gehört die Möglichkeit nur in demselben Sinn zur Welt, in dem die Begriffe zur Welt gehören.

Nur als Imagination gehört sie der Welt an, d.h. sie gehört zur Wirklichkeit unserer Vorstellungen, die als Teil des Bewusstseins aus den Gehirnströmen und Substanzen unseres Kopfes hervorgehen, und damit dann indirekt natürlich doch zur physikalischen Wirklichkeit. Anthropologisch ist sie dadurch entstanden, dass das Konzept der Möglichkeit es erlaubt, in die physikalische Welt vorausschauend einzugreifen. Wenn man die Welt als Gesamtheit des materiellen Universums, der menschlichen Körper und der aus Proteinen bestehenden Projektionen und Fiktivkonstruktionen ihrer Gehirne auffasst, ist sie ein um so komplizierteres System, in dem eben auch die gedankliche Konstruktion unwahrscheinlicher Möglichkeiten, von Traumgebilden und sogar Widersprüchliches Platz hat.

Manchmal wird versucht, den Begriff der Möglichkeit mit dem 'Potential' eines Grundsubstrates in Verbindung zu bringen, das die Gesamtheit aller Möglichkeiten enthält bzw generieren kann. Doch ein solcher Ansatz ist aufgesetzt und oft wenig angemessen, zumal das Grundsubstrat nichts Materielles, sondern etwas rein Geistiges wäre. Außerdem wird menschliches Verhalten zum Teil von höchst unwahrscheinlichen Fantasien und Träumen bestimmt, bei denen entsprechend nur ein kleines, kaum wahrnehmbares Potential wirksam wäre, die aber für unser Bewusstsein und seine psychische Stabilität von enormer Bedeutung sein können.

Möglichkeiten sind etwas rein Gedachtes und bedürfen keines Grundstoffes, jedenfalls nicht mehr als andere gedankliche Konstruktionen. Der einzige und letzte Grundstoff der Welt ist physikalischer Natur, es sind die Tetronen, die das elastische Medium unseres Universums bilden, auf dem sich das Reale bzw die reale Materie in der Form isomagnetischer Quasiteilchen-Anregungen ausbreitet und mit sich in Wechselwirkung tritt. Alles kann jederzeit in Energie umgewandelt werden, doch ist diese Energie in jeder Form letztlich nur Anregung oder Bewegung des Grundstoffes, also Wirklichkeit, nicht nur Potentialität. Wirklichkeit sind alle gegenwärtigen wie künftigen und vergangenen Zustände des Kosmos.

An anderer Stelle in diesem Werk wurde die Vorstellung verworfen, das Nichts habe etwas mit dem Möglichen zu tun. Dabei wurde argumentiert, dass eine solche Vorstellung von der falschen Idee herrührt, das Nichts sei von seiner Natur her so etwas wie das Mögliche - also etwas nicht Existierendes, ein nicht Seiendes und bloß Gedachtes. Stattdessen wurde eine Charakterisierung des Nichts gegeben, welche der eines Grundzustandes in der Physik ähnelt, mit der Folge, dass ein solches Nichts durchaus als etwas materiell Seiendes betrachtet werden kann.

Man muss einfach achtgeben, wie man den Begriff der Möglichkeit verwendet. Falls dieses ein Noch-Nicht kennzeichnet, ist es in meinem Sprachgebrauch nicht nur eine Möglichkeit, sondern in unserer quasi-deterministischen Welt Teil der künftigen Wirklichkeit. Umgekehrt kommt in den Herzen der Menschen manchem nicht-seienden Potenziellen etwas zu, was viel mehr einem im emphatischen Sinne 'vollständigen', wiewohl nur utopisch-eingebildeten, Sein entspricht als jene dürftige und repressive alltägliche Wirklichkeit, welche uns dem Nichts gleich immerzu unversöhnt zurücklässt.

Das Nur-Mögliche und aber Nicht-Wirkliche ist einfach nicht. Als Mögliches ist es nicht unwahr, das wäre die falsche Kategorie, sondern unvollständig, allein weil ihm als etwas nur im Kopf Gedachtes die vielen Details und Haarrisse der physikalischen Wirklichkeit fehlen, die aus einer wandelbaren Substanz von Wellen besteht, deren Träger die Tetronen sind. Während Möglichkeit weder als Antonym von Wirklichem noch von Notwendigem betrachtet werden kann und nur so weit geht wie der Gedanke, der sie denkt (ob er auch von noch so Vielen gedacht wird), ist jedes Detail der Wirklichkeit immer nur NÄHERUNGSWEISE ERFASSBAR und gehört zu jener komplexen Vollständigkeit, die man als Totalität des Kosmos bezeichnen könnte.

Von empiristischen Philosophen wird dies anders gesehen. Sie halten einen physikalischen oder chemischen Prozess für 'vollständig verstanden', wenn man seine kausalen Ursachen, seine sonstigen Voraussetzungen/Bedingungen sowie die Gesetze kennt, nach denen er sich vollzieht.

Betrachten wir den Fall eines empiristisch orientierten Chemikers etwas näher. Seine Ansichten mögen für einen Naturwissenschaftler, der sich auf sein Fachgebiet und hier etwa nur auf eine einzige Art von Reaktion konzentriert, durchaus praktisch, angemessen und vernünftig sein. In der philosophischen Erkenntnistheorie muss sie jedoch als falsch zurückgewiesen werden. Denn was heißt 'vollständig verstanden'? Offenbar ignoriert doch der Chemiker, dass es in den Dingen-an-sich tieferliegende Feinstrukturen gibt, zum Beispiel die Wechselwirkungen der Kerne, relativistische Effekte wie den Lambshift und wahrscheinlich noch viele sehr kleine Effekte von Wechselwirkungen, die der Genauigkeit seiner Experimente entgehen. Sie mögen zwar für den praxisorientierten Chemiker in guter Näherung momentan keine Rolle spielen, sind aber für ein vollständiges Verständnis der Wirklichkeit absolut unerlässlich. Wobei Fälle, in denen die Kernwechselwirkungen als Feineffekte die von dem Chemiker betrachtete Reaktion modifizieren und gerade das Interesse anderer Forscher wecken, gar nicht so selten sind.

Mit anderen Worten: der empiristische Chemiker deckt nur genau das begrifflich ab, wovon er spricht bzw sprechen will, nämlich die Chemie(=die von der nichtrelativistischen Schrödingergleichung beschriebene Physik der Atomhüllen). Er reduziert die Natur auf ein endliches begriffliches System, und hat dann auch nur eine endliche Taskliste abzuarbeiten, um zu seinem angeblich vollständigen Verständnis zu gelangen.

Im Grunde handelt es sich bei der empiristischen Naturphilosophie um systemtheoretisches Denken, das sich die Welt als eine Art komplexe Maschine mit endlich vielen Funktionen vorstellt und ihr keine weitere Tiefe zubilligt. In Bezug auf das oben betrachtete System der Chemie mag das ein vernünftiges Vorgehen einer instrumentellen Vernunft sein; es orientiert sich aber allzu sehr an von Menschen künstlich hergestellten kybernetischen Systemen und ist in der Konsequenz nicht weit entfernt von anthropozentrischen Philosophien, die der Natur darum keine große Bedeutung zubilligen, weil sie sie für ein Anhängsel oder gar eine Einbildung des menschlichen Geistes halten.

Man möchte vielleicht einwenden, dass doch zumindest jene Möglichkeiten, die sehr 'nahe' beim Realen liegen, im Hinblick auf die Wirklichkeit etwas Besonderes darstellen. Das ist aber nur richtig, wenn und insofern sie nahe an der Wahrheit über die Wirklichkeit liegen und uns dabei helfen, diese Wirklichkeit richtig einzuschätzen.

Es ist nämlich falsch zu behaupten, dass aus dem Möglichen durch Werden ein Wirkliches werden könnte, denn wie bereits festgestellt, ist das Mögliche etwas rein Gedachtes, und ein Wirkliches kann durch Werden nur aus einem anderen Wirklichen entstehen, oder anders ausgedrückt: ein realer physikalischer Zustand X kann nur aus einem anderen realen Zustand Y hervorgehen, und zwar vermittels einer Zeitentwicklung, die von der Dynamik der Naturgesetze, also von den Eigenschaften des Realen bestimmt wird.

Je nachdem, wie sich die beiden Zustände energetisch zueinander verhalten, muss dabei Energie zugeführt werden, oder es wird Energie frei, und wenn die Zustände nur Teilsysteme des Kosmos beschreiben, kann die Entropie entweder zunehmen oder abnehmen.

Überspitzt lässt sich das Mögliche als eine psychische Kategorie bezeichnen, die für die Wirklichkeit nur insofern eine Rolle spielt, als sie den Menschen in die Lage versetzt, zu planen und sein Handeln durch das Denken in Möglichkeiten über ein bloßes Drauflos-Tun zu erheben. Das heißt, den Möglichkeitsbegriff braucht die Natur nicht, aber der Mensch braucht ihn, weil er sich zwischen Alternativen entscheiden können muss. Denn der menschliche Eingriff kann durch Handeln aus dem gedachten Möglichen etwas Wirkliches machen, das ist ein Aspekt der menschlichen Freiheit. - Dazu später mehr.

Möglichkeiten sind zwar ein Nichts gegenüber der wahren Realität, für uns Menschen sind sie aber von enormer Bedeutung. Der Mensch ist ein Möglichkeitstier, dessen individueller Bewusstseinskosmos aus einem Reich von Möglichkeiten, Träumen und Spekulationen sich zusammensetzt. Das lässt sich nicht nur an jenen Individuen beobachten, von denen man sagt, dass sie 'in ihrer eigenen Welt leben', sondern beispielsweise auch daran, wie gut die Schauspielkunst beim Publikum ankommt. Es gibt Menschen, die den größten Teil ihrer Zeit vor dem Fernsehapparat verbringen, wo ihnen eine schier unendliche Abfolge von Möglichkeitsumständen präsentiert wird, in die sie nur allzu gern eintauchen. Das geht bis hin zu den Nachrichtensendungen, in denen die Berliner Politik rund um die Uhr gut bezahltes Theater aufführt. In diesem Theater werden Möglichkeitskonzepte für Realität verkauft, derart dass die ausgeübte Macht zuweilen kaum noch wahrzunehmen ist.

Möglichkeiten zu konstruieren und zu durchdenken, ist eine Fähigkeit des Geistes. Dabei werden keine alternativen Wirklichkeiten geschaffen, sondern in überlegter, passender Weise Bilder und Modelle als modifizierte Wirklichkeitserfahrungen im Kopf gebildet. Wichtig allerdings - und dadurch wird das Mögliche zu einer Kategorie der sozialen Kommunikation - dass die Bewusstseine vieler Menschen solche Modelle teilen können, etwa in Form von gemeinsamen Plänen für große Projekte, die ein Einzelner nie realisieren könnte.

Zur Sphäre des Möglichen gehören auch kollektive Utopien, auf deren Janusköpfigkeit später noch ausführlicher eingegangen wird. Einerseits liefern sie dem gemeinen Mann Imaginationen, die ihn träumen lassen, die ihn ruhig machen und auf vielleicht unerreichbare, jedoch die Harmonie seiner Gedanken befriedigende Ziele zusteuern lassen, statt an der offenkundigen Absurdität seiner Existenz zu verzweifeln. Andererseits werden sie in vielen Fällen von einer Priesterkaste als Ideologie missbraucht, um die Gesellschaft anführen oder manipulieren zu können.

Wo die einfache Utopie ein einsamer oder gemeinsamer Traum unschuldiger Individuen ist, schaffen mächtige Ideologien einen oft fragwürdigen Zusammenhalt, weil sie auch jene nolens volens mit einbeziehen, die den Traum nie geträumt haben: einige der Priester (volens) und viele Heloten (nolens). Allerdings ist unklar, wie negativ ein solcher Zusammenhalt tatsächlich bewertet werden muss, da er historisch vielfach als tragende Säule menschlicher Gemeinschaften aufgetreten ist, und daher als eines ihrer Charakteristika gelten kann.

Die Häufigkeit, mit der sich solche Strukturen in der Geschichte ergeben haben, lässt jedenfalls vermuten, dass hierbei ein uraltes Genprogramm abläuft, welches die entsprechenden Plagegeister nicht lange nach der 'Erfindung' der jeweiligen Utopie ihre Morgenluft wittern lässt. Die Frage ist, ob sie sich damit nur selber helfen oder ob der Gesellschaft als ganzer auch ein Nutzen entsteht. Ich persönlich schätze den Nutzen für das Volk als eher gering ein, besonders wenn man mit einem Gesellschaftszustand vergleicht, der von den durch die Priesterkaste definierten Zwängen vollständig befreit ist.

Die Ausbeutung der Utopien durch Machthaber aller Art bedeutet nicht, dass der Homo sapiens auf das Prinzip Hoffnung ganz verzichten sollte. Allgemein gilt: anhand der visionierten Möglichkeiten entwickelt der Mensch seine Freiheit mindestens ebenso sehr wie anhand seiner Kritik der Verhältnisse. Dies betrifft sowohl sein gesellschaftliches Handeln, indem er als Homo sociologicus seine soziale Rolle mehr oder weniger bewusst durchspielen und dann zumindest teilweise auch neu definieren kann, wie auch sein Handeln als Homo faber in der Natur, wo er als Erzeuger von Kulturlandschaften, als effektiver und allzu oft rücksichtsloser Ausbeuter natürlicher Ressourcen oder, zum Beispiel in der Luftfahrt, als Überwinder von zuvor für unüberwindlich gehaltenen physikalischen Grenzen auftritt.

Zeit und Werden

Im Folgenden wird argumentiert, dass der schon erwähnte Begriff des 'Werdens', der in verschiedenen Philosophien eine große wenngleich durchaus unterschiedliche Bedeutung besitzt, recht eigentlich redundant ist, weil er unter dem Konzept des Seins in der Zeit subsummiert werden kann.

Im Verständnis der Systemtheorie und der Naturwissenschaft ist Werden (und auch Vergehen) der zeitlich geordnete Übergang von einem Zustand zu einem anderen. Wenn man will und um es vom allgemeineren Begriff der Veränderung durch zeitliche Entwicklung abzuheben, kann man das Werden als eine Entwicklung zu Zuständen mit geringerer Entropie definieren. Ferner bezieht sich Werden als Entstehen oft auf jene besonderen Zustände geringer Entropie, in denen klar sichtbar ein gewisses Seinsplateau erreicht ist, z.B. ein fertiges, neu gebautes Haus. Bemerkenswert ist noch, dass alle diese Konzepte wie auch der später zu diskutierende Begriff der Kausalität eine feste Orientierung des kosmischen Zeitpfeils voraussetzen.

Zeit begegnet dem Menschen im Rahmen seines Daseins in verschiedener Verkleidung: als psychisch-individuelle, als geschichtlich-gesellschaftliche oder als physikalisch exakt messbare Zeit. Letzteres, indem sie durch eine Kette von sich wiederholenden gleichartigen Ereignissen parametrisiert werden kann, zum Beispiel durch das Pendeln einer Uhr. Das heißt, Zeit wird durch das Ablaufen von Prozessen sichtbar, und die Orientierung des Zeitpfeils bedeutet, dass makroskopische Prozesse niemals rückgängig gemacht werden können.

Die Behauptung, der wahre Kern der Zeitorientierung sei allein durch die Entwicklung hin zu einem wahrscheinlichsten Zustand gegeben, erscheint für den Bereich des Makroskopischen durchaus plausibel. Im Mikroskopischen gibt es zwar auch eine Zeit, aber ohne eine ausgezeichnete Orientierung. Das heißt, während makroskopische Prozesse niemals exakt rückwärts ablaufen können, ist dies bei mikroskopischen Prozessen immer möglich, jedenfalls wenn man neben der Orientierung des Zeitpfeils auch die Rolle von Teilchen und Antiteilchen vertauscht (CPT Theorem).

An dieser Stelle ist also eine klare Differenz zwischen Mikro- und Makrowelt zu konstatieren, und es liegt nahe zu vermuten, dass sich solche Unterschiede auch in anderen Bereichen des Daseins auswirken, etwa im Hinblick auf die Qualität der menschlichen Freiheit. Tatsächlich werden wir uns diesen Ansatz später zu eigen machen, um zu argumentieren, dass Freiheit auch in deterministischen Systemen Platz hat, wenn diese nur komplex genug sind, den darin lebenden Gehirnen zu SUGGERIEREN, dass sie zwischen verschiedenen Möglichkeiten wählen können. Das meint, philosophisch gesprochen, dass die Freiheit nicht ein an-sich, sondern ein für-uns ist.

In der dialektischen Logik ist das Werden der allgemeinste Begriff, der für das Prozesshafte und die Veränderbarkeit der Welt steht, die das soziale Leben in dynamischen Gesellschaften so dynamisch machen. In der Hegelschen Logik, die sich seit dem 19. Jahrhundert des Dialektischen bemächtigt hat, ist er sogar so allgemein, dass er eine Einheit von Nichts und Sein zu stiften behauptet.

Die letztgenannte Auffassung darf zu Recht als schlecht abstrakt abgelehnt werden. Dies lässt sich etwa daran erkennen, dass das Prinzip der Energieerhaltung eine direkte Verbindung zwischen Nichts und Sein von vornherein ausschließt.

Einen gewissen Sinn bekommt die behauptete Einheit von Nichts und Sein höchstens dadurch, dass jene Grundzustände von physikalischen Systemen, die im Kapitel über das Nichts als 'qualifizierte' Nichtse interpretiert worden sind, durch 'Werden' in einen angeregten, also einen Seins-Zustand überführt werden können. Diese Art des Werdens ist jedoch kein automatischer Vorgang, sondern setzt ein Hinzufügen von Energie voraus. Notwendige Bedingung ist hier also ein Sein (von Energie), welches dem Werden vorausgeht.

Auf der Ebene des individuellen Bewusstseins geht das Sein ebenfalls dem Nichts voraus, da das Nichten, vulgo Ablehnen, von tradierten Haltungen und Verhaltensmustern für eine pubertierende oder unterdrückte Seele die Befreiung bedeuten kann, dennoch aber ein zuvor bestehendes Etwas - in Form einer entsprechenden psychischen Verfasstheit oder sozialer Rahmenbedingungen - voraussetzt, das dann selbstbestimmt überwunden werden kann.

In einer deterministischen Welt und besonders auch in der allgemeinen Relativitätstheorie, wo zeitliche und räumliche Koordinaten zu einem Raumzeitkontinuum sich vermengen, ist das Werden noch offenkundiger eine untergeordnete Kategorie des Seins, auch darum, weil die Einsteinschen Feldgleichungen in deterministischer Manier die zeitliche Entwicklung aus einem räumlichen Anfangszustand beschreiben. Es ist also das Ganze bestehend aus den räumlichen und materialen Grundbedingungen und ihrer zeitlichen Entwicklung ein einziges Sein, von dem das Werden nur ein Faktor ist.

Hingegen würde in einer Weltsicht, die das langsame Erkalten und die Gleichgültigkeit des Kosmos sowie auch den unvermeidlichen Untergang aller biologischen Arten ignoriert und stattdessen eine wenngleich gebrochene teleologische Entwicklung des Fortschritts in der Geschichte hin zu einer möglicherweise endgültigen Vollkommenheit des Menschengeschlechtes zu erkennen meint, dem Werden als Entstehen und dem damit dialektisch zusammenhängenden Konzept des Vergehens als Untergang verständlicherweise ein hoher Stellenwert beigemessen.

Diese Weltsicht ist allerdings aus bereits mehrfach explizierten Gründen nicht die meine. Wie im Teil über Geschichtsphilosophie dargelegt, mag die Geschichte der Menschheit von Fortschritten geprägt und in Zukunft sogar als eine Universalgeschichte erzählbar sein; keinesfalls ist jedoch daraus ein womöglich transzendentes oder sonstwie geartetes Telos abzulesen, schon gar keines, das eines Tages durch Werden aus dem relativen Nichts unserer Vergangenheit erreicht werden würde. Denkbar ist höchstens eine gelingende Weiterentwicklung der Menschheit hin zu selbstgesteckten Zielen.

Kategorien

Viele der vom Menschen ersonnenen Ideen und (Wunsch)vorstellungen besitzen eine Ewigkeitskomponente - entweder real oder als Illusion. Eine Ewigkeitsillusion kann dadurch zu einer kollektiven Macht werden, dass unsere Gehirne ähnlich ticken, so dass Begriffe und Ideen gewissermaßen von Kopf zu Kopf und immer weiter überspringen können und so den Anschein von Universalität vermitteln - dies selbst dann, wenn sie sich individuell und historisch in entscheidenden Aspekten wandeln.

Der Austausch von Gedanken ist allerdings ein unwandelbares Grundprinzip jeder menschlichen Gemeinschaft. Dafür werden Begriffe benötigt, von denen viele über längere Zeiträume und bereits während Kindheit und Adoleszenz oder über Generationen oder gar stammesgeschichtlich weitergegeben bzw. erlernt werden. Manche Begriffe erwachsen mit der Reifung des Hirns, andere erfasst man durch Erfahrungen oder intuitive Aha-Effekte, und wieder andere bringt man sich selbst auf Umwegen bei, oder indem man komplizierte Definitionen studiert, oder man erfindet sie sogar selbst.

Ich möchte an dieser Stelle wiederholen, dass Begriffe und Ideen in meiner Philosophie nicht nur die Beschränkungen des menschlichen (Kollektiv-) Geistes teilen, den Hegel fälschlich zu einem 'Weltgeist' hypostasiert hat, sondern dass sie immer auch einen nichtsprachlichen, gewissermaßen instinktgesteuerten Anteil besitzen, und zwar nicht allein weil Sprache in einem anderen Teil des Gehirns verarbeitet wird als das teils intuitive Verstehen von Ideen und Zusammenhängen. Sondern der Begriff an sich hat, wie auch jeder Gedanke, eine vorsprachliche Komponente, einen nicht-sprachlichen Keim, und zwar, noch ehe er auf sich bewährende Weise mit Worten präzise formuliert ist. Ist umgekehrt der sprachliche Begriff einmal in der Welt, so vermag er allerdings mit einem Schlag eine ganze gedankliche Modellkonstruktion prägnant zusammenzufassen.

Zu bemerken ist ferner, dass selbst Begriffe mit ausgeprägtem All- oder Ewigkeitsaspekt immer wesentlich von menschlichen Erfahrungen durchdrungen sind, d.h. sie setzen notwendig auf einem Anthropozentrismus auf, von dem sie sich nie endgültig emanzipieren können.

Begriffe und ihre Bedeutung sind wandelbar. Sie existieren hauptsächlich in einer Gesellschaft und in einer Zeit und nur in beschränktem Maße als echte Universalien. In diesem Zugang liegt auch die Antwort auf die Frage, in welchem Sinn bei Begriffen und Ideen überhaupt von Existenz geredet werden kann. Sie existieren in unseren Köpfen als Eiweiße und Ströme, die wir aber nicht als solche wahrnehmen, sondern als Teil unseres Bewusstseins, das auch selber aus ihnen aufgebaut ist. Die Bedeutung, die wir einem Begriff geben, richtet eine imaginäre Verbindung in die äußere Welt ein. Stichwort in diesem Zusammenhang sind die Pointer. Näheres zum Thema Pointer findet sich im Abschnitt über Erkenntnistheorie.

Weder liegen die Begriffe vom Anbeginn vollständig im menschlichen Geist, wie manche Rationalisten meinen, noch haben sie ihren Ursprung allein in der inneren und äußeren Erfahrung (Empirismus). Die allgemeine Fähigkeit zur Begriffsbildung, insbesondere zur Bildung von abstrakten Begriffen, ist uns angeboren - wie ja auch unser Kopf angeboren ist, und alles was in ihm enthalten ist, einschließlich des Verständnisses für räumliche und zeitliche Dimensionen. Doch die Bildung - und auch das Erlernen - eines Begriffes ist ein kreativer Akt, der vom Bewusstsein vollzogen wird. Dieser Vorgang verläuft unabhängig von jeder Materie bzw ist nur in dem Sinne materiell, in dem Hirn und Bewusstsein materiell sind.

Manche Begriffe haben eine Bedeutung, die ohne großartige intellektuelle Anstrengung durch Analogisierung direkt aus der Erfahrung gewonnen werden kann. So sind Größe, Gestalt, Lage, Bewegung usw realen Eigenschaften-an-sich des Räumlichen abgeschaut. Doch die Einführung und das Erlernen solcher Begriffe ist ein eigenständiger Vorgang, der in jedem Menschen separat (und aber in allen Menschen ähnlich) vonstatten geht.

Idealismus und Rationalismus behaupten die Existenz von apriorischen Verstandesbegriffen, die angeblich jeder Erfahrung vorausgehen, d.h. unabhängig von unseren Erfahrungen in jedem menschlichen Gehirn vorhanden sind. Kant hat eine Tafel solcher 'Kategorien' aufgestellt, die er allerdings nicht systematisch oder vollständig herleitet. Beim Studium seiner Texte entsteht vielmehr der Eindruck, er habe womöglich nur seine alte Schulgrammatik vorgeholt und die dortige Klassifizierung der Nebensätze nachgelesen, um zu seiner Liste zu gelangen.

Bei genauerer Analyse der von Kant so genannten apriorischen Kategorien erweisen sich diese Denkstrukturen - wenig überraschend - mit der Natur- und Seins-Erfahrung des Menschen korreliert und im Kern von dieser direkt übernommen. Man betrachte beispielsweise den physikalischen Anschauungsraum, der bereits von Aristoteles als Kategorie eingestuft wurde. Jedoch ist er bei Kant weder ein Ding wie bei Newton, noch haftet er den Dingen als Eigenschaft oder Akzidenz an wie bei Leibniz oder Aristoteles.

Obwohl sie sich zu widersprechen scheinen, sind nach meiner Auffassung die Meinungen aller dieser Denker gleichermaßen sowohl richtig als auch falsch, und zusätzlich bleibt das evolutionsbiologische Argument zu berücksichtigen, dass sich die Rezeption des Raumes durch unser Gehirn stammesgeschichtlich entwickelt hat. Diese gattungs-zeitliche Evolution hat zu einem ziemlich festen Programm für die individual-zeitliche Entwicklung der räumlichen Wahrnehmung (d.h. in unserer Kindheit) geführt, deren Ablauf größtenteils biologisch vorgegeben ist, aber auch wie alle Begriffsrezeptionen eine variable und gar wandlungsfähige Komponente besitzt, so dass der Prozess durch das Programm nie in Gänze vorgegeben ist.

Der Meinung Newtons, der Raum sei ein Ding, lässt sich aus Sicht des Tetronmodells durchaus zustimmen, da das Universum durch ein nicht wahrnehmbares 3-dimensionales elastisches Medium gebildet wird, auf dem sich die Materieteilchen als Anregungen fortbewegen.

Auch die Ansicht, der Raum und sogar die Raumzeit sei ein Akzidenz der Dinge, hat einen wahren Kern, weil das Vorliegen eines Materieteilchens die Krümmung und Beschleunigung des Raumes, d.h. des elastischen Mediums, im Sinne der allgemeinen Relativitätstheorie determiniert. Ganz generell werden solche elastischen Verformungen der Raumzeit durch Energieeinwirkungen jedweder Art induziert.

Die Kategorie des Raumes, die unserem Gehirn beim Denken zur Verfügung steht, entfaltet sich also in einem reichhaltigen Spannungsfeld gebildet von: (i) dem Ding-an-sich des Raumes, (ii) einem biogenetischen Entwicklungsprogramm, nach dessen Durchlauf ein Kleinkind die normale Materie seiner Umgebung als eingebettet in den Raum-an-sich erkennen kann und (iii) der erkenntnistheoretischen 'Kategorie' des Raumes, d.h. dem fertigen inneren Raumkonzept eines entwickelten homo sapiens Intellektes.

Dabei ist zu bemerken, dass die beschriebenen drei Aspekte nicht nur für die Rekonstruktion des Raumes im Gehirn wichtig sind, sondern dahingehend verallgemeinert werden können, dass der Mensch in der Lage ist, innerhalb solcher Spannungsfelder und auf Basis seiner Welterfahrung beliebige allgemeine Begriffe/Pointer und im Verlaufe von vielen Generationen sogar neue Kategorien zu konstituieren.

Das unter (ii) bezeichnete biologische Entwicklungsprogramm ist nämlich von universeller Natur, und es rührt daher, dass sich die Formen unseres Denkens in einem über Jahrzehntausende währenden Selektionsprozess den Vorgaben der Dinge-an-sich angepasst haben. Über diesen Anpassungsprozess an die uns täglich begegnenden Gesetzlichkeiten des An-sich-Seienden haben sie sich auf nicht-analoge Weise in Nukleinsäuren und Proteine eingeprägt und damit unserem Denken angeborenermaßen eine der Realität der Außenwelt 'entsprechende' Strukturierung verliehen, ein Vorgang, der von manchen Autoren etwas unpräzise als 'Spiegelung' bezeichnet wird.

Diese Überlegungen beantworten den manchmal von Rationalisten geäußerten Zweifel, ob Kategorien wie die Anschauungsform des Raumes ein bloß selbstgemachtes Hirngespinst sein könnten; denn die anthropologisch entstandenen Denkformen setzen die entsprechende Struktur-an-sich der äußeren Wirklichkeit natürlich voraus. Sie schreiben nicht der Natur ihre Gesetze vor, sondern entwickeln sich im Gegenteil anhand der äußeren Vorgaben, in dem durch die Notwendigkeit des biologischen Überlebens induzierten Bestreben, dasjenige, was vor und hinter diesen Gesetzen sichtbar bzw verborgen ist, begreifen und möglicherweise für sich nutzbar machen zu können.

Daher braucht dieses Begreifen gar nicht unendlich exakt zu sein, sondern es muss nur effektiv zum biologischen Überleben beitragen, eine Bedingung, die dazu geführt hat, dass niedere Tierarten die 3 Dimensionen des kartesischen Raumes gar nicht vollständig wahrnehmen und wir Menschen von den in Wahrheit vorhandenen mindestens 6 räumlichen Dimensionen nur diejenigen 3 bewusst als räumlich rezipieren, in die der Kosmos sich ausgebreitet hat und in die er sich weiter ausdehnt, während die übrigen 3 nur als 'innere' Dimensionen, d.h. als Träger der Teilchenwechselwirkungen 'wahrgenommen' werden.

Kausalität

Eine für die anstehende Freiheits- und Determinismusdiskussion besonders relevante Kategorie des Denkens ist die Kausalität. Ebenso wie die Rezeption des physikalischen Raumes hat sich auch die Fähigkeit zur Rekonstruktion und bereits zur Wahrnehmung einer kausalen Verknüpfung mit der Reifung unserer Gehirne individuell und kollektiv entwickelt.

Ein Verständnis für Kausalität ist wichtig, wenn mehr angestrebt wird als ein einfaches Sosein in der Zeit, nicht zuletzt, weil unser Verstehen, Handeln und Reagieren dadurch zu etwas Aktivem und Eigenständigem werden können. Dabei setzen Kausalitätsüberlegungen zuallererst ein Zeitempfinden voraus, oder zumindest ein intuitives Begreifen einer zeitlichen Abfolge von Ereignissen.

Die grundsätzlichen Voraussetzungen und unsere Fähigkeit zum Erkennen von Kausalität liegen im Verstand, aber nur ebenso wie die allgemeinen Fähigkeiten zur Bildung von Begriffen. Später schließen wir durch zunehmende Erfahrung auf die Existenz eines kausalen Zusammenhanges. So lernen wir zum Beispiel zu begreifen, dass massive Körper aufgrund der Gravitation immer zur Erde fallen.

Eine kausale Vermutung beginnt normalerweise mit dem Erahnen eines nicht zufälligen Zusammenhanges zwischen zwei aufeinander folgenden Ereignissen, von denen das frühere als Ursache und das spätere als Folge angesehen wird. Das menschliche Hirn prüft oft ungefragt solche Vermutungen und entwickelt, wenn eine davon sich mehrfach bestätigt, daraus eine spontane Idee für einen hintergründigen Zusammenhang zwischen den Geschehnissen. Die Kategorie der Kausalität unterstützt das Denken darin, auf derartige Zusammenhänge zu pointen.

Die Fähigkeit, Kausalität zu erkennen, ist angeboren, wie auch die Lernfähigkeit des Gehirns, das sich in der Kindheit anhand äußerer Einflüsse weiter entwickelt, angeboren ist. Bei der Auswertung und Interpretation realer Ereignisse stellt diese vorgegebene Fähigkeit u.a. eine Kausalitätserwartung zur Verfügung (und verstärkt entsprechende Eindrücke), die uns Menschen dazu bringt, über Korrelationen mit anderen, früheren Ereignissen nachzudenken.

Dass wir uns einer Kausalbeziehung nie ganz sicher sein können, hat allerdings Hume dazu bewogen, die Existenz von Kausalität überhaupt zu leugnen und zu behaupten, streng genommen gebe es nur sensorische Eindrücke von der Welt ohne jeden inneren Zusammenhang.

Konstruktivismus, Positivismus und Empirismus haben dies später zum Anlass genommen, das Kausalitätsprinzip durch einen rein funktionalen Zusammenhang zu ersetzen, der zwei Ereignisse miteinander verbindet, ihre Aufeinanderfolge jedoch nur beschreibt und nicht erklärt. Dabei bleibt im Dunkeln, ob Kausalität sich nur subjektiv aus der Beobachtung regelmäßiger Naturabläufe begründen lässt und warum sie eine so entscheidende Rolle im System der naturwissenschaftlichen Erkenntnis spielt.

Im Gegensatz dazu behauptet die u.a. von mir verfochtene naturalistische Position, dass es die natürlichen Gegenstände selbst sind, welche auf der Basis der Naturgesetze Kausalbeziehungen eingehen, die aufgrund der Fähigkeit des Gehirns, Kausalität zu erkennen, von diesem analysiert werden können. Erkenntnistheoretisch lässt sich das so formulieren, dass die Kausalität zwar eine anthropologisch erworbene Kategorie des menschlichen Geistes ist, dass jedoch die vom Intellekt festgestellten Kausalbeziehungen Pointer sind, die auf etwas Eigenes der Gegenstandsrealität, d.h. der Dinge-an-sich, verweisen.

Eine Kausalitätsvermutung ist nichts anderes als eine Hypothese, dass bestimmte sich wiederholende Ereignisse oder eine Gruppe von ähnlichen Ereignissen eine gemeinsame (Haupt)ursache haben. Sie ist sogar zunächst nicht mehr als ein Vorurteil. Allerdings bei kluger Anwendung bewährt sich dieses Vorurteil und ist dem Humeschen Zweifel überlegen, der uns in letzter Konsequenz nahelegen würde, kausale Einsichten und den ganzen Turm von weitergehenden Schlussfolgerungen, der sich daraus möglicherweise ergibt, zu ignorieren. Warum sollte man fürder über das Wesen der Schwerkraft nachdenken, wenn man alle damit zusammenhängenden Phänomene für erratisch hält, oder bestenfalls für nur feststellbar?

Kausalitätsvermutungen aufzustellen und zu verifizieren hat nicht nur bereits dem prähistorischen Menschen das Leben leichter gemacht, sondern es hat außerdem einen eigenen besonderen Reiz, weil es der Suche nach einer in der Wirklichkeit liegenden tieferen Wahrheit entspricht, und genau darauf legt es die klassische Naturerkenntnis an.

Es ist richtig, dass unser Wissen über die Welt letztlich auf notwendigerweise endlichen Erfahrungen und nicht auf zwingenden Schlüssen basiert. Aber wie sollte es anders sein? Angesichts der Beschränkungen unseres in-der-Welt-Seins kann ein strenger Beweis a priori niemals geführt werden, sondern immer nur eine unvollständige Induktion. Wenn wir konsistent immer wieder dieselben Zusammenhänge feststellen, sobald wir unsere Sensorik einschalten, ziehen wir auf der Basis des uns zur Verfügung stehenden nur endlichen Samples vernünftigerweise immer dieselben Schlüsse, in denen wir sie einer Natureigenschaft zuordnen. Dass wir uns dennoch einer derart festgestellten Gesetzmäßigkeit nie ganz sicher sein können, so what?

Eine absolute Sicherheit in der Erkenntnis ist gar nicht vonnöten. Das Bestehen darauf gehört zu jener Art von Spitzfindigkeit, mit der manchmal auch die Existenz des eigenen Denkens und der ganzen materiellen Welt angezweifelt wird. Nichts ist sicher, nicht einmal unser das Selbstbewusstsein generierende Ichgefühl; wie alles Andere auch könnte es ein Traumgebilde sein, z.B. eine programmierte, letztlich 'unwahre' Komponentenklasse im Inneren einer Rechenmaschine - der Wert von Naturerkenntnissen in der philosophischen Debatte wäre dann marginal.

Die Fähigkeit, Kausalität zu erkennen, ist Teil einer allgemeineren Fähigkeit, Prozess- bzw Zeitentwicklungsstrukturen in der Wirklichkeit zu identifizieren oder auch nur zu erahnen. Wie oben dargelegt, bedeutet das nicht, dass wir die Welt auf die endliche Gesamtheit der von uns erkannten oder erkennbaren Prozessstrukturen reduzieren dürfen. Es ist jedoch klar, dass ein Gehirn, das sich möglichst viele Teile der Welt zunutze machen möchte, mit so einer Fähigkeit ausgestattet sein sollte, um aus der Totalität seiner Eindrücke und Wahrnehmungen das Relevante möglichst effektiv vom Unwichtigen trennen zu können. Die Grundlagen solcher Selektion sind nicht willkürlich, sondern beruhen auf Eigenschaften des Wahrgenommenen selbst, die die richtigen Interpretationen materiell belohnt und Irrtümer bestraft. So wird man über die Biologie auf eine entscheidende Verknüpfung von Ontologie und Erkenntnistheorie verwiesen.

Die Fähigkeit, Kausalität im Verhalten der Welt zu erahnen und sie für sich nutzbar zu machen, haben bereits schon Tiere. Ein Lebewesen benötigt in einer Gefahrensituation keine große Reflexionskapazität zum Erkennen einer Kausalkette, sondern oft reicht die instinktive Fluchtreaktion auf das Knackgeräusch eines abbrechenden Baumstammes, um das eigene Leben zu retten. Die diesem Verhalten zugrunde liegende eher unbewusste Kausalitätserwartung ist letztlich eine von der Umwelt induzierte und über viele Generationen via DNA in den Proteinen des Gehirns verankerte Kategorie der Instinkte, die beim Menschen zu einer Kategorie des Denkens erweitert worden ist.

Betrachtet man die Rezeption kausaler Vorgänge aus diesem Blickwinkel, wird klar, wie aufgrund von Außenwelterfahrungen und über einen Darwinschen Mechanismus der Auslese im Gehirn vor allem solche Kategorien des Denkens entstanden und sich verbreiteten, die in der äußeren Welt eine Entsprechung haben derart, dass sie dem Menschen helfen, in effektiver Weise auf diese Welt ein- bzw zurückzuwirken. Wie die Mannigfaltigkeit der Biophänomene zeigt, ist die Höherentwicklung des Denkens allerdings kein zwingender Prozess, sondern die Gene haben auch andere Möglichkeiten - z.B. durch Fortentwicklung der Extremitäten - auf die Herausforderungen einer feindlichen Natur zu reagieren.

Die Proteine, aus denen wir bestehen, leisten dazu immer einen wichtigen Beitrag. Es handelt sich hierbei um äußerst flexible Makromoleküle, mit deren Hilfe sich viele biologisch leistungsfähige Strukturen generieren lassen.

Hat das sich entwickelnde Gehirn eines Kindes mehrere Kausalitätsbestätigungen - möglichst auf unterschiedlichen Gebieten - erfahren, so schärft dies das anfangs mehr intuitive als rationale Allgemeinverständnis für Kausalzusammenhänge, indem es jene bereits erfolgreich abgeschlossenen Kausalitäts'beweise' als Musterbeispiele für spätere Einsichten verwendet. Das bedeutet: durch die konkrete Erfahrung einzelner kausaler Muster verbessert sich das allgemeine Verständnis für Kausalität im Lauf des Heranwachsens.

Der Begriff der Kausalitäts'vermutung' beinhaltet offensichtlich die Möglichkeit eines Irrtums. Tatsächlich zeichnen sich Kausalitätsvermutungen im Vergleich zu anderen Denkvorgängen durch eine relativ hohe Fehlerrate aus -

eine Tatsache, die einen unvermeidlichen inhärenten Nachteil kausalen Denkens darstellt. So glaubt man bisweilen an kausale Verknüpfungen zwischen Ereignissen (oder hält sie gar für 'magisch'), die in Wahrheit rein zufällig aufeinanderfolgen und nur durch eine gewisse zeitliche und räumliche Nähe miteinander verbunden sind. Dass derartige Einbildungen das Leben manchmal einfacher machen, indem sie Entscheidungen erleichtern und unser Handeln beschleunigen, steht auf einem anderen Blatt.

Besonders schwer wiegen solche Irrtümer in einem Bereich, der bisher noch gar nicht angesprochen wurde: Kausalitätsvermutungen in sozialen Zusammenhängen. In der Form von schlecht verallgemeinernden Vorurteilen spielen sie im menschlichen Denken eine unrühmliche wenn auch manchmal nützliche und insgesamt zweifelhafte Rolle. Hierbei ist von Bedeutung, dass soziale Ereignisse einen statistischen Charakter haben und daher über den Einzelfall wenig aussagen. Menschliche Vorurteile sind darum so gefährlich, weil sie erstens schwerer wissenschaftlich zu widerlegen sind als postulierte Gesetze für Teilchenzusammenstöße, zweitens an unseren Egoismus und an niedere Instinkte gekoppelt sind, und drittens, weil jeder Einzelfall, in dem ein Subjekt zum Objekt von Vorurteilen wird, ein menschliches Schicksal betrifft.

Zusammengefasst besitzt das Gehirn aufgrund genetischer Auslese ganz allgemein die Fähigkeit, vermittels der Begriffe die äußere Welt zu analysieren, auf sie einzuwirken, sowie auch mit ihren Eigenschaften umzugehen. Zu diesen Eigenschaften gehört die Kausalität, genauer nicht der Begriff oder die Kategorie der Kausalität gehört dazu, sondern das, was ihr in den realen Naturprozessen zugrunde liegt und auf was ihr Begriff pointet.

Dabei bleibt unbezweifelt, dass alle Begriffe, und speziell der der Kausalität, als Teil des Intellekts eine Seite aufweisen, die sie von dem, auf was sie pointen, unabhängig und distanziert macht. Dies hat den Surplus, dass die Begriffe, mit denen wir innerlich hantieren, den Objekten der Erkenntnis als äußerlich (d.h. vom Gehirn-Bewusstsein her und nicht aus den Dingen selbst heraus) gegenüber treten und damit eine dynamische und kritische Auseinandersetzung jederzeit gewährleisten. Die Begriffe und Denkformen des Bewusstseins sind im Gehirn in Eiweißen kodiert, und man kann sagen, dass ein nichtanaloger und teilweise subjektiver Abdruck der Dinge-an-sich via Begriffe zu den Eiweißen gelangt und es also Materie und Kosmos auf dem Umweg über uns Menschen gelingt, SICH SELBST ZU VERSTEHEN.

An dieser Stelle könnte man fragen: wofür soll das von Bedeutung sein? Doch höchstens im Sinne einer Metaphysik, die Welterkenntnis zu einem Gut-an-sich erklärt. Wenn man aber alles Wissen zusammennimmt, das wir heute von der Welt haben, scheint doch unser Kosmos im Grunde viel zu kompliziert, um real zu sein. Und wenn er imaginär und mithin nur eingebildet ist, stellt sich um so dringender die Frage nach dem Sinn des Lebens, die nun aber eben nicht in der Welterkenntnis liegen kann, sondern vielleicht doch einfach darin, Gutes zu tun.

-

Kategorien wie Raum und Kausalität haben einen gedoppelten Charakter, einen erkenntnistheoretischen UND einen ontologischen, wobei (i) der Verstand als im Kopf ansässiges materielles Sein auch zur Ontologie gehört und (ii) aber das Sein, weil wir es nur durch unsere Wahrnehmung und die Interpretation unseres Gehirns erfahren, niemals absolut erkannt bzw vollständig begriffen werden kann. Nota bene, dass mit Blick auf diese selbstantagonistische Struktur jede Rede von einer kopernikanischen Wende in der Philosophie als so anmaßend wie falsch erscheinen muss.

Während die Kausalität in den Augen von Rationalismus, Idealismus, Positivismus und Empirismus ein bloßer Verstandesbegriff ist, mit dem sich die Phänomene der Wirklichkeit mehr oder weniger effektiv strukturieren lassen, d.h. eine Kategorie der reinen Vernunft, reflektiert sie in Wahrheit außerdem einen tatsächlichen Seinsaspekt der Dinge-an-sich, der eng mit dem Wesen der Zeit verknüpft ist. Indem dieser ontologische Aspekt unterdrückt und die Kausalität auf das Erkenntnistheoretische reduziert wird, vollzieht sich in jenen Philosophien der erste Teil eines Programms, an dessen Ende Logiker und Sprachphilosophen stehen, die gar nichts außer der Sprache mehr gelten lassen.

Im Gegensatz dazu ist das hier gezeichnete Bild von Wirklichkeit und Verstandesbewusstsein viel differenzierter. In Bezug auf die Kausalität unterscheidet es mehrere Ebenen: wie das Erkennenkönnen von Kausalität anthropologisch-genetisch in Gehirn entstanden, verankert und kodiert ist, wie wir das Erkennen einer Kausalbeziehung psychisch-subjektiv empfinden und empirisch-pragmatisch benutzen und wie im Einzelfall die Entsprechung und die Verbindung zum Sein-an-sich der Wirklichkeit aussieht. Ohne solche Entsprechung wäre die Kategorie der Kausalität ohne jeden Belang; der dafür konstruierte Pointer würde ins Leere weisen.

SUBJEKT, DETERMINATION, FREIHEIT

Während im letzten Kapitel die kausal-deterministischen Eigenschaften unseres Universums ausführlich beleuchtet wurden, soll es im Folgenden um die stochastisch-zufälligen gehen und um die Frage, inwieweit diese Voraussetzung für unsere Freiheit sein können. Um die Antwort vorwegzunehmen, sei gesagt, dass nichts dagegen spricht, dass sich die menschliche Freiheit nur aus unserer fehlenden Erkenntnis des kosmischen Gesamtzustandes ergibt, dass sie vulgo nur eingebildet ist, eine subjektiv-kollektive Illusion unserer Bewusstseine, welche auf dem Eindruck der Zufälligkeit des Weltenlaufs beruht. Das heißt, von der materiellen Seite betrachtet, diese Freiheit ist genau in dem Maße determiniert, in dem es stochastische Systeme sind, und daher sind wir in genau dem Maße frei, in dem wir Teil einer zufälligen Welt sind.

Um diese paradox klingenden Aussagen zusammenzuführen, werden weitergehende Charakteristika der Freiheit wie besonders das hervorstechende Merkmal ihrer Negativität herzuleiten sein. Dabei ist zu ergründen, inwieweit unsere vorgebliche Freiheit durch die offenkundige weitgehende Vorbestimmtheit der Welt begrenzt ist und aber der Rahmen, welcher diese (a) vollständige oder (b) teilweise Determiniertheit definiert, erst eigentlich den Boden bildet, auf dem sich die Freiheit entfalten kann.

(a) Wenn alles vollständig durch Gesetze determiniert ist, kann es natürlich keine wirkliche, d.h. absolut zu sehende Freiheit geben, weil wir ja unweigerlich vom einen zeitlichen Zustand des Kosmos zum anderen laufen und auch alle Zwischenzustände vollständig determiniert sind. Unsere Willensfreiheit besteht dann aus lauter Einbildungen, die zeitlichen Entwicklungszuständen unserer Gehirneiweiße entsprechen und eigentlich nur real deterministische Weltkonditionen reflektieren. Allein, weil ich prinzipiell nicht in der Lage bin, zu erkennen, wer ich bin, darf ich mir die Freiheit nehmen, zu entscheiden, wer ich sein will.

(b) Die entgegengesetzte Position besteht darin, zu behaupten, dass die menschliche Freiheit durchaus existiert und in unserem Kosmos auch existieren kann. Zur Begründung verweist man hier auf den statistischen Charakter der Welt, die sich aus beinahe unendlich vielen Teilchen zusammensetzt. Die sich daraus ergebenden Zufälligkeiten und Unwägbarkeiten des Lebens bilden die Basis unserer Chancen und Möglichkeiten in der Welt, während die sozialen Regeln, welche die Freiheit begrenzen, über ihre Ausgestaltung entscheiden.

Denn bei der Freiheit geht es auch und besonders um die Überschreitung von Normen - wenn auch zumeist innerhalb eines bestehenden Sozialgefüges - und um jenen Kodex, welcher die Reaktion der Restgesellschaft auf solche Überschreitungen definiert.

Bevor wir zu einem Urteil über die beiden Positionen kommen, sollen einige Einsichten der Systemtheorie bezüglich deterministischer Systeme rekapituliert werden. Obwohl die Konzepte der Systemtheorie für die Philosophie als einer system-transzendierenden Wissenschaft insgesamt abzulehnen sind, lassen sie sich zuweilen benutzen, um sich einen groben Überblick über ein gegebenes Problem zu verschaffen.

In der Systemtheorie wird die KOMPLEXITÄT eines Systems durch die Anzahl seiner Elemente sowie die Anzahl und die Art ihrer Beziehungen bestimmt. Dabei unterscheidet man strukturelle Komplexität (beschrieben durch den Quotienten aus Anzahl der Relationen und Elemente) und zeitliche Komplexität (die Anzahl der möglichen Zustände, die das System in einer Zeitspanne annehmen kann). Die Komplexität eines Systems hängt zum Beispiel von der Definition der Systemgrenzen, von der Zahl der als relevant erachteten Elemente und von den als relevant betrachteten Interdependenzen ab.

Die DETERMINIERTHEIT eines Systems ist der Grad seiner 'Vorbestimmtheit' bezüglich eines Überganges von einem gegebenen Zustand $Z(t1)$ in einen Zustand $Z(t2)$. Bei deterministischen Systemen ist die Wahrscheinlichkeit dafür entweder 0 oder 1 (und außerdem kann der Beobachter dies erkennen!), während sie bei stochastischen irgendwo dazwischen liegt. Das bedeutet, bei einem stochastischen System ergibt sich aus dem momentanen Zustand nur eine Wahrscheinlichkeitsverteilung für die darauf folgenden Zustände.

Die folgende Bemerkung ist für den hier zu entwickelnden Freiheitsbegriff von entscheidender Bedeutung: In den meisten Fällen sind als stochastisch anzusehende Systeme nur die Folge von Unsicherheiten, die mit dem mangelnden Wissen des Betrachters und seinen beschränkten Messgenauigkeiten zusammenhängen. Diese Unsicherheiten lassen sich reduzieren, aber durch menschliche Anstrengungen niemals vollständig beseitigen. Daher besteht für den Betrachter grundsätzlich gar keine Möglichkeit, das System deterministisch zu beschreiben, und dies macht den Übergang zu einer stochastischen Beschreibung erforderlich.

Auf diese Weise kann man erkennen, dass die Entscheidung zwischen den Alternativen (a) und (b) vom (Un-)Vermögen des beteiligten Subjekts abhängig ist, ein System vollständig zu erfassen. Insbesondere lässt sich schlussfolgern, dass ein Weltsystem, welches in der Lage wäre, sich selbst Subjekte bereitzustellen, die es beliebig genau zu analysieren verstünden, der Alternative (a) zuneigen wird. Dazu müsste dieses System zu JEDER vorgegebenen Genauigkeit Beobachter bzw Messgeräte generieren können, die diese Genauigkeit unterschreiten - ein ziemlich hoffnungsloses Unterfangen. Im Gegensatz dazu hat unser eigener Kosmos sich Beobachter generiert (uns Menschen), deren Analysevermögen grundsätzlich beschränkt ist und die sich dadurch der unter (b) beschriebenen Situation ausgesetzt sehen.

Indem die Determiniertheit des Kosmos nicht in Gänze begreifbar ist, besteht unsere Willensfreiheit aus einer Einbildung, die wir im Wechselspiel von äußeren Zufällen und innerlichen Bewusstseinszuständen durchleben. Selbst dort, wo wir einen Protagonisten aus großer zeitlicher, räumlicher oder klinischer Distanz betrachten, tendieren wir dazu, sein Verhalten als grundsätzlich frei zu interpretieren, einfach deshalb, weil wir sie in Analogie zu unserer eigenen Existenz im Weltkosmos sehen.

Doch kehren wir noch einmal zur Systemtheorie zurück: deterministische Systeme erlauben prinzipiell die Berechnung ihres Verhaltens aus einem vorgegebenen Anfangszustand, stochastische Systeme nicht. In klassischen deterministischen Systemen lässt sich der Zustand zu jedem Zeitpunkt der Vergangenheit und Zukunft eindeutig bestimmen, wenn er in der Gegenwart bekannt ist.

Mit geeigneten mathematischen Methoden lassen sich auch für stochastische Systeme relevante - allerdings niemals vollständige - Aussagen über ihre Vergangenheit und Zukunft machen. Diese betreffen etwa Mittelwerte und Streuungen von Messgrößen und sind zuweilen so restriktiv, dass das System in mancher Hinsicht als determiniert betrachtet werden kann. Man denke etwa an die Quantenmechanik, wo trotz Unschärferelation definitive Vorhersagen für das Verhalten und die Wechselwirkung von Teilchen möglich sind.

Umgekehrt gibt es auch viele Beispiele für klassische, ursprünglich deterministische Systeme, die so stark von Anfangszuständen abhängen, dass sie in der Praxis keine Vorhersage erlauben, wie etwa das Werfen von Spielwürfeln oder die Ziehung der Lottozahlen - man spricht dann von ZUFALL. Beispiele für partiell, d.h. für nur kurze Zeiträume vorhersagbare Systeme sind das Doppelpendel, das Wetter oder die Wellen auf einem Ozean, aber auch die soziale Dynamik einer großen Zahl von Menschen. Über solche Systeme werden wir niemals vollständige Kenntnis besitzen, und somit sind auch alle unsere Vorhersagen darüber nur mehr oder weniger gute Schätzungen.

Allerdings lässt sich ein genügend schneller Superrechner vorstellen, der den Anfangszustand und den Beitrag jedes einzelnen beteiligten Moleküls genau kennt, und auch alle möglichen seiner Wechselwirkungen, und der dann auf dieser Basis den zeitlichen Verlauf des Wetters genau vorherbestimmen kann. Als Einwand gegen diese gedankliche Konstruktion könnte man bestenfalls die Quantenmechanik bemühen, die auf molekularer Ebene Unschärfen induziert. Aus früher diskutierten Gründen spielen aber quantenmechanische Überlegungen in solchen klassischen Vielteilchensystemen nur eine untergeordnete Rolle. Jedenfalls geht es hier weniger um Beschränkungen durch die Quantenmechanik als um die statistische Zufälligkeit bzw Determination einer großen Zahl von Entitäten in einem makroskopischen System.

Der Mensch hat in seiner Geschichte komplizierte (Maschinen)-Systeme ersonnen, die in dem stochastischen Gesamt'system' der Natur, innerhalb dessen sie existieren, eine nahezu vollständige Determiniertheit realisieren. Dass er den Ausgangszustand seines eigenen Gehirn-Bewusstseins zu keiner Zeit genau kennen, zugleich aber in anderen Teilsystemen der Welt Anfangs- und Randbedingungen genau präparieren und damit den Fortgang dieser Teilsysteme determinieren kann, bewirkt ein zumindest subjektiv unwiderlegbares Gefühl von Freiheit, Selbstbestimmung und von Macht über die materielle Realität. Ohne dieses Bewusstsein wäre auch der stärkste Muskel, die kräftigste Faust und der größte Schaufelbagger, während sie die Wirklichkeit verändern, nur Teil der letztlich willenlosen Fortentwicklung des Kosmos.

Das Gefühl von Macht und Freiheit verstärkt sich noch bei jenen Zeitgenossen, die über Ansehen, ein hohes Einkommen oder beträchtlichen Besitz verfügen, mit denen sie Andere dazu bringen, für sie tätig zu werden. Dadurch wird aber umgekehrt die Freiheit von Dritten zuweilen massiv eingeschränkt, wenn etwa alle Zugänge zu einem langen Sandstrand durch Privathäuser versperrt sind.

Man könnte meinen, mit diesen Darlegungen seien alle wesentlichen Voraussetzungen für unsere Freiheit bereits genannt. Und gewiss stärken äußere Rahmenbedingungen, die positiv auf den Zustand der Psyche zurückwirken, die Autonomie eines Menschen in der Welt. Wir werden jedoch später sehen, dass für die Applikation der Freiheit andere Bedingungen wichtiger sind, zum Beispiel politischer Mut und ein kritisches Bewusstsein.

Der Mensch ist in der Lage, eigene Gehirnzustände wenigstens partiell zu beeinflussen und sich etwa in Emotionen richtiggehend hineinzusteigern, und auch dies wiederum als eigene Freiheit wahrzunehmen. Damit zusammen hängt paradoxerweise die Erfahrung, dass man in klaren Momente erkennen kann, inwieweit das eigene Verhalten von Trieben und Egoismen dominiert wird, die ja instinktmäßig und weitgehend vorbestimmt aus hirnbiologischen Reaktionen hervorgehen. Ähnlich wie die Selbstzensur gehören diese Reaktionen nicht eigentlich in den Bereich der Zwänge, sondern kommen aus uns selbst heraus, um sich in unsere sonst als frei empfundene Bewusstheit hinein zu drängen. Sie konkurrieren sogar beständig mit dem freien Willen um die Vorherrschaft über das Ich, die sie in den vielen Fällen, in denen wir über ein eingeschliffenes angepasstes Verhalten gar keine Rechenschaft mehr ablegen, ohnehin bereits gewonnen haben. Oft sucht das Bewusstsein nachträglich Gründe für eine angeblich freie Entscheidung, die in Wirklichkeit nur vorgeschoben sind und die Herrschaft der Triebe, Instinkte und unwillkürlichen Reaktionen kaschieren sollen.

Zu bemerken ist ferner, dass wir unseren freien Willen fast immer in einer gesellschaftlichen Umgebung ausüben. Obwohl es auch den freien Willen eines isolierten Menschen in der Wildnis gibt, findet Freiheit normalerweise in der Gesellschaft der Anderen statt und ist daher korreliert mit deren Sichten auf die Welt. Denn wir sehen uns und die Welt auch mit den Augen der Anderen und richten unsere 'freien' Entscheidungen zumindest teilweise danach aus, siehe das Beispiel Selbstzensur.

Reich der Zwecke, der menschlichen Arbeit

Die bisherige Diskussion hat sich auf die Kausalität von Wirk-Ursachen konzentriert und den Bereich der menschlichen Zwecke und der damit verbundenen Zweck-Ursachen weitgehend ausgespart. Zweckursachen enthalten das Motiv eines i.a. als frei supponierten menschlichen Willens-Handelns und sind damit nur für Systeme von Bedeutung, in denen der Mensch eine Kausalkette mehr oder weniger bewusst anstößt oder beeinflusst. Zweckursachen wirken zwar auch als Wirkursachen, jedoch würde man ihrem dem menschlichen Leben dienenden Charakter offensichtlich nicht gerecht, beschränkte man sich allein auf ihre materiell-physikalische Basis und deren Folgeerscheinungen.

Zwecke definiert sich der Mensch normalerweise selbst, so wie er es auch mit dem 'Sinn' der von ihm verantworteten und verwalteten (Maschinen-)Objekte und mit seinen Interessen hält. Ein Tisch ist eine Entität der physikalischen Wirklichkeit, die nur FÜR UNS, etwa als Esstisch, Sinn, Zweck und Bedeutung hat. Als Teile der Wirklichkeit erlauben solche Dinge dem Menschen, sie nutzbar zu machen; primär ist dabei die eigene Setzung des Benutzen-Wollens. Die diesem zugrunde liegende Kausalität des Ich-mache-es-weil-es-mir-nützt hat im weiteren Sinne immer mit den Zwecken des Darwinismus unserer Biologie zu tun.

Im Speziellen steht dem Menschen seine Intelligenz zur Verfügung, mit deren Hilfe es ihm gelingen kann, Bestandteile der Welt so anzuordnen, dass ein kleiner Antriebsimpuls im Gehirn bzw ein Knopfdruck ausreichen, um eine Atombombe zu zünden und allgemein relativ große Verschiebungen, oft auch Verwerfungen in der materiellen Realität in Gang zu setzen.

Wenn ein Mensch zweckorientiert auf die soziale oder physikalische Realität einwirkt, spielen Gefühle und Interessen eine ebenso große Rolle wie die außenweltlichen Effekte, derer er sich dabei bedient. Unter diesen Voraussetzungen tritt er realen Erscheinungen nicht passiv oder gar als Kausalopfer einer Katastrophe gegenüber, sondern schafft erst die Bedingungen, um zweckbedingte Vorgänge selbstbestimmt verursachen zu können.

Ebenso kann er selbst allerdings das Opfer einer von Anderen ausgelösten zweckkausalen Ereigniskette sein. Im Hinblick auf die später zu diskutierende Ausübung von Herrschaft sei bemerkt, dass Individuen sich fremden Zwecken gewöhnlich dann unterwerfen, wenn die Anderen stärker oder in der Überzahl sind, oder wenn eine wiewohl kleine Hoffnung auf den eigenen Vorteil besteht. Dieser Fall tritt in abgemilderter Form sehr häufig und beinahe ununterbrochen auf, wenn man in einer an sich dynamischen Gesellschaft zusammenlebt und -arbeitet, in der im Alltag viele Regeln und Gesetze zu beachten sind.

Meist werden Zwecke verfolgt, die ziemlich unmittelbare Bedeutung für das jeweilige menschliche Dasein haben bzw eine entsprechende Funktion erfüllen. Als Beispiel betrachte man wieder den erwähnten Tisch. Er ist ein Objekt mit allerlei denkbaren Funktionen, an dem man zusammensitzen und essen, aber auch arbeiten und damit weitere zweck-ursächliche Prozesse anstoßen kann. Ohne den Menschen und für sich genommen ist ein Tisch gar nichts Sinnvolles, weil niemand ihn 'braucht' und eben nur ein materielles Objekt, das sich durch feste Grenzen von dem umgebenden Gasgemisch abhebt. Diese

Grenzen sind die einzige materiale Basis, auf der sich die physikalische Bestimmung des gegebenen Objektes beziehen kann; seine Bestimmung im
Reich der Menschen hingegen wird durch seinen Funktionszweck festgelegt.

Zweckursachen spielen im Bereich der sozialen Realität, also der Gesellschaft, eine ähnlich wichtige Rolle wie Wirkursachen im Bereich der physikalischen Natur. Insbesondere stellen sie Grund und Grundlage des Systems der
menschlichen Arbeit dar, welches die Funktionsfähigkeit jeder Gesellschaft
garantiert. Aufgrund eines Zweckes wird eine Absicht verfolgt, zu deren
Verwirklichung ein Plan entworfen wird, und aufgrund dieses Planes werden
mit dem Wirkungsimpuls des menschlichen Willens die darin festgelegten
Handlungen durchgeführt. - Oder nur angeordnet, da die reale Durchführung
auch Anderen übertragen werden kann. Auf Letzterem beruht das Prinzip
hierarchischer Arbeitsteilung.

Ein nicht unerheblicher Teil der soziologischen Forschung setzt sich mit den
Absichten gesellschaftlicher Protagonisten und den daraus sich ergebenden
sozialen Kausalitätsbeziehungen auseinander, mit dem Ziel, das Verhalten
von Einzelnen, Gruppen oder ganzen Gesellschaften zu erklären. Wenn sie
sich aus isolierten egoistischen Impulsen speisen, sind solche sozialen Relationen oft manifester und daher einfacher zu verstehen als komplexe kausale
Zusammenhänge im Bereich der Naturwissenschaft.

Allerdings sind die entsprechenden sozialwissenschaftlichen Theorien selten
präzise genug, ein Verhalten auch wirklich vorhersagen zu können, vor allem
deshalb, weil sich die menschlichen Bewusstseine nicht exakt determinieren
lassen. Indem als Ursachen von sozialen Ereignissen auch menschliche Befindlichkeiten und Launen sowie Effekte der Massenpsychologie ins Auge
gefasst werden müssen und ganz allgemein irrationales Verhalten als kausaler
Attraktor wirken kann, ist soziale Kausalität meist unbestimmter, ver-
schwommener und 'fuzzier' als physikalische. Infolgedessen lassen sich in
diesem Bereich kausale Konsequenzen leichter vermeiden bzw umgehen - ein
Faktum, das sich politische Entscheidungsträger nicht ungern zunutze machen.

Oben wurde darauf hingewiesen, dass das biologische Überleben des Menschen die eigentliche Triebfeder für die meisten Zweckursachen darstellt.
Ferner wurde im Metaphysikteil gezeigt, dass es vom Menschen unabhängige
Systeme gibt, die sich ihre eigenen Zwecke definieren. Bekanntestes Beispiel
ist gerade das System der organischen Natur auf der Erde. Soweit wir sehen
können, gibt es in der unbelebten Natur nur Wirkursachen und Folgen; hingegen setzt die Belebte zum Zweck des Überlebens eigene Zweckursachen ein.
Es ist zwar richtig, dass dies nur von einem menschlichen Verstand erkannt

werden kann; doch der eigentliche Wirkvorgang des Überlebens aufgrund der richtigen Strategie findet auch ohne einen erkennenden Verstand statt.

Zurückkommen auf physikalische Wirkursachen

Während ALLE lebenden Wesen die physikalische Kausalität für biologische, soziale und 'ökonomische' Zwecke zu nutzen wissen, hat sich speziell der menschliche Wissensdurst teilweise verselbständigt und bezieht sich zuweilen mehr auf die Seite des Ding-an-sich als die des Etwas-Sinnvolles-für-uns. Man kann hiernach den Unterschied zwischen den Natur- und den Ingenieurswissenschaften festlegen. Im Idealfall interessiert sich die reine Naturwissenschaft nicht für die Verwertungsmöglichkeiten, sondern nur für das So-Sein und die Eigenschaften der Materie-an-sich, sowie auch für die kausalen Vorgänge, in die diese involviert sind. Es ist schlechte, wenngleich verbreitete Praxis, wirtschaftliche Interessen die Schwerpunkte der reinen Wissenschaften bestimmen zu lassen.

Wie oben beschrieben, setzt die Fähigkeit zum Erkennen von Kausalität ein Verständnis im Gehirn für zeitliche Abfolgen von Ereignissen voraus. Dabei umfasst der Begriff des 'Ereignisses' nicht nur irgendwelche herausgehobenen oder zunächst unscheinbaren am Ende aber unsere Existenz substantiell verändernden Geschehnisse, sondern einfach alle möglichen, auf die wir uns im Moment der Kausalanalyse beziehen.

Verstand und Intuition sind in der Lage, im Rahmen solcher Analysen sowohl die zeitliche Abfolge als auch die räumliche Nachbarschaft von Ereignissen zu berücksichtigen. Andererseits ist eine objektive äußerste Grenze gegenseitiger kausaler Beeinflussung dadurch gegeben, dass die Lichtgeschwindigkeit die höchste erreichbare Geschwindigkeit ist.

Genaugenommen sind ALLE von uns wahrgenommenen Ereignisse eingebettet in die zeitliche Gesamtentwicklung der Welt. Es gibt niemals das EINE Ereignis, welches allein ein anderes kausal determiniert. Sondern ein späterer Weltzustand wird als Ganzes bestimmt durch die Gesamtheit aller Ereignisse auf dem rückwärtigen Lichtkegel (wobei sich manche Prozesse stärker auswirken als andere), und diese Festgelegtheit lässt sich durch dynamische, d.h. zeitabhängige Gleichungen für die Fortentwicklung des Universums beschreiben. Leider sind diese Gleichungen und ihre Randbedingungen so kompliziert, dass wir Menschen sie nicht exakt lösen können und es uns daher unmöglich ist, in die Zukunft zu schauen. Auf den Zusammenhang dieser Tatsache mit unserer Freiheit ist bereits hingewiesen worden.

Es kommt relativ häufig vor, dass nur wenige Faktoren ein Ereignis HAUPT-SÄCHLICH bestimmen. Als Beispiel betrachten wir einen Baum, der im

Sturm umfällt und einen Passanten verletzt. Dies kann als eine einfache Ursache-Wirkungs-Relation aufgefasst werden, doch bei näherer Betrachtung spielen alle möglichen anderen Faktoren hinein, von der Gravitationskraft über die Temperaturverteilung in der Atmosphäre an den Tagen vor dem Sturm bis zu dem Zufall, dass dem für den Baumbestand verantwortlichen Beamten der Stadtverwaltung vor Jahren wegen einer Korruptionsaffäre gekündigt wurde und der Neue aufgrund einer speziellen persönlichen Beziehung sich veranlasst gesehen hat, gerade an dieser Straße schöne aber gefährlich hohe Bäume pflanzen zu lassen. Nicht zu vergessen all die Faktoren, die das Opfer veranlasst haben, sich im Sturm ausgerechnet an diese Stelle begeben.

Kausalität ist also niemals einfache Monokausalität, und die Gültigkeit des Kausalitätsprinzips als einer Grundüberzeugung der Naturwissenschaften besteht nicht einfach darin, dass jedem Ereignis, jeder Wirkung ein oder zwei zeitlich früher liegende und klar einzugrenzende, klar zu benennende Ursachen vorausgehen. Sondern es bedarf gewöhnlich einer unendlichen Menge von mehr oder weniger zusammenhängenden, mehr oder weniger gut separierbaren Vorliegenheiten, damit ein bestimmter Kausaleffekt in der Wirklichkeit eintritt, z.B. ein Kind gezeugt wird, das - und hier sind viele weitere Vorliegenheiten erforderlich - als Erwachsener irgendwann zum Sturmopfer wird.

Die Naturwissenschaft trachtet allerdings danach, möglichst alle an diesen Ereignissen beteiligten Ursachen und Wechselwirkungen zu separieren, aufzulisten und weiters zu untersuchen, um eventuelle tiefer reichende Prinzipien und Verflechtungen aufzudecken. Eine der Hauptaufgaben besteht also darin, die besonders relevanten Hauptursachen zu identifizieren, zu beschreiben und sowohl separat als auch in ihren Wechselbeziehungen mit anderen fundamentalen Strukturen zu analysieren. Ähnliches gilt für die Sozialwissenschaft im Hinblick auf gesellschaftliche Vorgänge, wie etwa Revolutionen, die ebenfalls ein ganzes Bündel von Ursachen haben können, bis hin zur Einflussnahme fremder Mächte.

So ist das Abknicken des Baumes in dem genannten Beispiel eingebettet ins allgemeine Weltgeschehen und raumzeitlich von vielen Wirkursachen 'umgeben'. Wenn man aber feststellt, er sei ganz gesund gewesen und nur infolge einer besonders starken Orkanböe umgestürzt, so ergibt sich diese Haupt-Ursache im Sinne der Katastrophentheorie aus dem Verhalten einer 'Abknick'-Funktion, die fast wenn auch nicht ganz unstetig ist als Funktion einer Haupt-Kontrollvariable.

Die meisten Leser werden einer solchen auf Hauptursachen fixierten Betrachtungsweise wohl zustimmen. Wenn wir über eine konkrete Ursache und ihre

Folgen sprechen, ist das allerdings immer auch eine Frage des Fokus und unseres jeweiligen Erkenntnis- oder sonstigen Interesses, das gerade dann und umso mehr geweckt wird, sobald das Wetter verrücktspielt, unser eigenes Wohlergehen und Besitztum betroffen sind oder jemand bei dem Ereignis physisch zu Schaden kommt. Aus diesem subjektiven Blickwinkel ist es uns ganz gleichgültig, dass viele solche oder ähnliche physikalisch gesehen banalen Prozesse-an-sich samt ihren Wirkungen unablässig und zumeist unbeachtet im Universum ablaufen.

Wir wollen uns für den Moment von dem subjektiven Blickwinkel der Interessen und Zweckursachen verabschieden und noch einmal auf jene physikalischen Prozesse-an-sich zurückkommen. Mit einer zweckhaften menschlichen Bemühung ist ja immer auch eine kausale physikalische Ereignisfolge verbunden, und sei es nur, dass während eines Gespräches oder email-Verkehrs Daten oder Schallwellen ausgetauscht werden. 'Fortschritt' kann in diesem Zusammenhang dadurch definiert werden, dass Zweckursachen immer bequemer zu generieren sind und gleichzeitig immer weniger Ressourcen verbrauchen.

Der einfachste Zugang zur physikalischen Basis allen Weltgeschehens ergibt sich, wenn man die natürlich-materiellen Vorgänge näherungsweise auf eine Summe von parallel und hintereinander ablaufenden Elementarprozessen zurückführt, d.h. auf Stöße bzw Streuung von sich gegenseitig beeinflussenden Elementarteilchen. Für einen einzelnen solchen Elementarprozess lässt sich das Prinzip der Kausalität dann folgendermaßen rekonstruieren:

(i) Man beginnt mit 2 Teilchen a und b, die sich mit gewissen Geschwindigkeitsvektoren va und vb aus 2 Richtungen kommend einander annähern. Man kann dabei z.B. an a=ein Photon von der Sonne und b=ein Elektron in einem Atom eines Chlorophyllmoleküles denken, aber auch an beliebige von Menschen unbeachtete Teilchen, die sich in interstellaren Gasen bewegen, deren zunehmende Verdichtung Voraussetzung für die Bildung neuer Sternhaufen und Planetensysteme ist, auf denen dann Leben entstehen kann usw usf.

(ii) a und b stoßen innerhalb einer zeitlich und räumlich begrenzten Wechselwirkungszone aufeinander. Deren Ausdehnung wird durch die Wechselwirkung selbst mitdefiniert. Zum Beispiel ist sie bei der starken Wechselwirkung größer als bei der schwachen (ungefähr 1 fm vs ungefähr 0.01 fm).

(iii) Nach dem Stoß bewegen sich a und b in veränderter Form a' und b' mit veränderten Geschwindigkeiten in veränderte Richtungen.

Diese Gegebenheiten

(i) beschreiben die Rand- oder Anfangsbedingungen und stellen

(ii) mit der Wechselwirkung oder Vermittlung die eigentliche Ursache des Ereignisses/Prozesses dar.

(iii) Die Wirkung oder Folge wird durch den Zustand der Teilchen nach der Streuung beschrieben.

Hervorzuheben ist, dass die eigentliche kausale Verbindung zwischen Anfangs- und Endzustand durch die Wechselwirkung hergestellt wird. Diese Wechselwirkung hat bestimmte von der Wissenschaft festzustellende Eigenschaften, die man durch zunächst nur behauptete, dann empirisch zu verifizierende 'Naturgesetze' in mathematischer Form zu beschreiben versucht; und sie kann in ihrer Qualität auf tiefer liegende, vorläufig unerkannte mikroskopische Ursachen verweisen. In dem früher definierten Sinn hat man damit eine Hauptursache im Fokus, hinter der aber noch weitere bekannte oder unbekannte Wesensaspekte eine Rolle spielen können.

Die in (i)-(iii) gegebene einfache Beschreibung, nach der alle Materiensammlungen und deren Kausalwechselwirkungen gewissermaßen auf ihre Geschwindigkeiten (und eventuell weitere Eigenschaften) verändernde 'Billardkugeln' und deren Stoßprozesse zurückgeführt werden, muss in der modernen Physik in mancherlei Hinsicht revidiert werden. Zum einen weiß man heute, dass sich kein Teilchen und daher auch keine Folge/Erscheinung schneller als mit Lichtgeschwindigkeit fortbewegen kann. Allgemeiner formuliert ist alle Materie den Symmetriebedingungen der Lorentzgruppe und damit den Gleichungen der speziellen Relativitätstheorie unterworfen. Letztlich liegt das daran, dass die Materie im Kosmos nicht aus Billardkugeln, sondern aus Wellen (genauer: aus Quasiteilchen mit Wellencharakter) zusammengesetzt ist, und die Symmetriegruppe der Wellengleichung ist nun einmal die Lorentzgruppe, deren Eigenschaften daher zwingend zu respektieren sind.

Ebenso wichtig wie die Relativitätstheorie sind die Auswirkungen der Quantenmechanik auf die Kausalität. Diese beruhen auf der Unschärfe, die die Quasiteilchen aufgrund ihres Wellencharakters bzw der für Wellen geltenden Cauchy-Schwarzschen Ungleichung erfahren und die es unmöglich machen, gleichzeitig ihren Ort und ihren Impuls beliebig genau anzugeben.

Dabei ist anzumerken, dass die genannte Ungleichung ursprünglich nicht den Impuls, sondern den Wellenvektor betrifft. Zur Heisenbergschen Unschärferelation gelangt man erst, wenn man eine zusätzliche Annahme macht, nämlich dass der rein geometrisch definierte Wellenvektor k einer Welle und ihr den physikalisch aktiven Part übernehmende Impuls p linear korreliert sind via p=hquer*k (hquer = Plancksches Wirkungsquantum). Diese Annahme wird durch die Tatsache gerechtfertigt, dass sich die Welle, die die Materie ist, auf einem unsichtbaren elastischen Medium bewegt, unserem Kosmos, aus dessen Lamekoeffizienten die Größe von hquer bestimmt werden kann.

Da wir selbst und der von uns wahrnehmbare Teil des Universums aus den genannten Wellenanregungen bestehen, können auch wir uns nicht schneller als mit Lichtgeschwindigkeit bewegen. Jener unsichtbare Hintergrund hingegen, auf dem sich die Wellen fortpflanzen, ist nicht an alle Gesetze der Quantenmechanik und der Speziellen Relativitätstheorie gebunden. Infolgedessen können sich zum Beispiel Effekte der Metrik wie die sogenannte Inflation des Kosmos schneller als mit Lichtgeschwindigkeit ausbreiten.

Gemäß den früher gemachten Bemerkungen zur Schrödingergleichung lässt sich das Prinzip der Quantenmechanik auch so verstehen, dass es wegen des Wellencharakters der Messobjekte und auch der Messinstrumente(!) unmöglich ist, die unter (i) genannten Anfangsbedingungen beliebig genau zu präparieren. In dem von der Quantenmechanik induzierten statistischen System ergibt sich mithin keine absolute, sondern nur eine Kausalität und Vorhersagbarkeit für Mittelwerte von Messungen, d.h. eine, die sich normalerweise erst nach einer größeren Anzahl von Einzelereignissen einstellt und die man darum als schwache Kausalität bezeichnet.

Die Frage, ob jedes physikalische Ereignis eindeutig durch Ursachen vorherbestimmt ist, ob also das Universum als Ganzes deterministisch ist, muss in der normalen Quantenmechanik demnach eher verneint werden. In dem hier favorisierten sogenannten Tetronmodell sind aber die Beschränkungen der Quantenmechanik kein absoluter Effekt, sondern sie ergeben sich aus einer Art mangelnden Wissens, d.h. aus der Tatsache, dass wir und die normale Materie aus der Unschärferelation gehorchenden Quasiteilchenwellen bestehen, die sich auf einem System von das Universum konstituierenden Tetronen fortbewegen und daher unsere Messgeräte nicht genauer sein können als der mittlere Abstand der Tetronen, d.h. als die Plancklänge, dass aber ein Messgerät aus Tetronenmaterie (welches sich von Menschen allerdings nicht herstellen lässt) Raum und Impuls beliebig genau aufzulösen in der Lage wäre. Mit anderen Worten: die Welt verhält sich 'in Wahrheit' vollkommen deterministisch, ohne dass wir dies aber feststellen können. Denn innerhalb der Strukturen, aus denen wir Menschen aufgebaut und in denen wir gefangen sind, gelten all die bekannten quantenmechanischen Beschränkungen, derart dass wir gezwungen sind, den vom klassischen Rationalismus verfochtenen strengen ('starken') Determinismus aufzugeben und durch einen 'schwachen' zu ersetzen.

Durch die Einbeziehung moderner physikalischer Erkenntnisse sind wir in einem weiten Bogen zu der Diskussion über die physikalische Determiniertheit der Welt zurückgekommen. Diese wird, wie früher gesehen, im Fall der makroskopischen Physik, wenn überhaupt, eher dadurch zunichte gemacht, dass bei Vorliegen von großen Teilchenensembles ebenfalls nur statistische Vorhersagen, zum Beispiel für das Wettergeschehen, möglich sind, weil wiederum, wenn auch aus anderen Gründen, unser Wissen nicht ausreicht, um das System exakt und vollständig zu analysieren. Dies trägt zusätzlich zu der beschriebenen uns schwach erscheinenden Determiniertheit der Welt bei.

Dass starke Kausalität und absoluter Determinismus bei solchen Vielteilchensystemen, bei denen uns nicht der Zustand jedes einzelnen Teilchens genau bekannt ist, keine Gültigkeit besitzen, kann man direkt daran erkennen, dass die Zeit thermodynamisch über die Entropie und damit über statistische Vielteilchenprozesse definiert wird, und Kausalität über zeitliche Abfolgen. Diese Bemerkung hat für die Freiheitsdiskussion eine große Bedeutung, denn sie impliziert, dass der Mensch in seinen Handlungen im Rahmen und in den Grenzen der gegebenen makroskopischen Strukturen frei ist. Er ist folglich jederzeit in der Lage, aus freiem Entschluss eine eigene Kausalkette neu anzustoßen.

Die scheinbar nur schwache Determiniertheit des Weltgeschehens lässt sich also unschwer als eine Vorbedingung der 'scheinbaren' Freiheit ausmachen, in welcher wir die Konsequenzen verschiedener Handlungsmöglichkeiten prognostizieren und gerade dadurch eine freie Auswahl viel eher treffen können als unter den Bedingungen einer totalen Zufälligkeit. Das bedeutet aber eigentlich nicht viel mehr als zu sagen, dass wir in einer sinnvollen Welt leben und sollte uns dazu führen, das allzu negativ konnotierte Attribut 'scheinbar' zur Charakterisierung unserer Freiheit nicht zu verwenden.

Die erwähnten Grenzen sind zum Beispiel durch die Endlichkeit der Erde und ihrer Ressourcen, aber auch durch jene Zwänge gegeben, denen wir uns durch politische Strukturen, soziokulturelle Bindungen oder schlicht durch höhere oder von Anderen ausgeübte Herrschaft ausgesetzt sehen. Solche makroskopischen Zwänge, ob sie uns auch daran hindern, das zu tun, was wir gern tun möchten, berühren selbst dann nicht die Frage, ob dem Menschen eine freie Wahl prinzipiell möglich ist, wenn sie absolut sind, wenn wir also zum Beispiel in einem Gefängnis eingesperrt sind.

Das Thema Vielteilcheneffekte wurde bereits im Rahmen der systemtheoretischen Debatte angesprochen. Ein makroskopisches physikalisches System aus sehr vielen Teilchen wird gewöhnlich durch die statistische Thermodynamik beschrieben. Statt Messungen an einzelnen Partikeln führt man Messungen am Gesamtsystem durch, deren Ergebnisse man als statistische Mittelwerte interpretiert und mit den Vorhersagen der Thermodynamik vergleicht.

Voraussetzung für diese Art der Analyse sind immer Annahmen über auf 'mikroskopischer' Ebene geltende Wechselwirkungsgesetze zwischen einzelnen Teilchen/Individuen. Um die Sache nicht zu kompliziert zu machen, beruhen solche Annahmen meist auf vereinfachenden Näherungen und stellen von daher einen weiteren Grad von Unsicherheit in solchen Systemen dar.

Ein dritter ergibt sich aus der Unschärfe in den Rand- bzw Anfangsbedingungen, der eine entsprechende Ungenauigkeit bei den Vorhersagen über die Endzustände bewirkt. Je genauer die Analyse, um so mehr werden am Ende die Auswirkungen der Quantenmechanik hervortreten, da es aufgrund der Heisenbergschen Unschärferelation niemals gelingen kann, einen Anfangszustand beliebig genau zu präparieren.

Man kann das Problem der Freiheit auch noch aus einem anderen Blickwinkel beleuchten. Denn die beschriebenen statistischen Methoden lassen sich auf die Gesellschaftswissenschaften übertragen, z.B. auf die Ökonomie, insofern es auch dort um das Verhalten einer großen Zahl (nämlich von Marktteilnehmern) geht, das sich auf Basis der vereinfachenden, statistischen Gesetze der Marktökonomie analysieren lässt.

Es ist ja tatsächlich ein Charakteristikum der menschlichen Freiheit, dass sie individuell gegeben ist oder wenigstens so empfunden wird, aber kollektiv, d.h. im Mittel aufgehoben erscheint. Dies gilt nicht nur für das sehr vorhersagbare alltägliche Durchschnittsverhalten in der Massengesellschaft; auch die sich meist für Individualisten haltenden Rucksacktouristen benehmen sich in der Summe ziemlich uniformiert, so dass deren Freiheit aus dieser Sicht nur als ein subjektives 'gutes Gefühl' erscheint.

Gewiss ist Freiheit immer individuelle Freiheit und an unsere je einzelnen, wenngleich möglicherweise weit verbreiteten Wünsche, Sehnsüchte und Interessen gekoppelt. Aussagen über sie dürften daher eigentlich an keinen Durchschnitt gebunden werden. Andererseits tut jeder Mensch am liebsten das, was ihm Spaß macht, und den meisten Menschen machen ähnliche Dinge Spaß, weil wir alle genetisch und gesellschaftlich von einer Feder sind. Auch jedes hobbymäßige Interesse, jede Passion und die meisten Obsessionen lassen sich größeren Gruppen von Menschen zuordnen, eine Tatsache, die sich aus der mehr oder weniger identischen Grundkonstruktion der menschlichen Bedürfnisse ergibt und die es überhaupt erst ermöglicht, statistische Methoden anzuwenden.

Daraus ergibt sich mit einer gewissen Streuung das von der Sozialforschung beschreibbare im Mittel uniforme Verhalten. Der behauptete Kern unserer Freiheit liegt nun aber darin, dass man sich als Einzelner, jedenfalls grundsätzlich, von jenen Mittelwerten abkoppeln kann oder auch nicht. Diese Abkoppelung hat eine bio-ontologische Komponente (der menschliche Geist hat im Vergleich etwa zur Ameise ein größeres Potential für Non-Konformismus) sowie auch eine sozial-ontologische politische (man muss in einer Gesellschaft leben, die Non-Konformismus wenigstens halbwegs toleriert, anstatt ihn wo immer möglich zu unterdrücken).

Davon unberührt bleibt freilich die weiter oben hergeleitete Tatsache, dass die Freiheit eine Freiheit-für-uns, d.h. im Letzten auf physikalisch-ontologischer Ebene nur eine Illusion darstellt, die uns beim Fortdauern und Überleben behilflich ist, oder besser gesagt, die unser Fortdauern und Überleben geistig begleitet. Um diese Illusion konsistent zu erhalten, ist als notwendige aber keineswegs hinreichende Voraussetzung die Zufälligkeit der beteiligten stochastischen Systeme vonnöten. Allerdings macht die beschriebene schwache Determiniertheit unsere Welt in großen Teilen doch wieder berechenbar. Sie reduziert das Chaos, schränkt das Ausmaß und die Macht des Zufalls ein und trägt somit dazu bei, dass wir das Gefühl haben, unsere Entscheidungen mit Methoden des Verstandes gegen allgemeine Gesetze und Interessen frei austarieren zu können.

Denn es bleibt zu bedenken, dass die Zufälligkeit stochastischer Prozesse allein die Willensfreiheit ohnedies nicht zu erklären vermöchte, da die Rede von der menschlichen Freiheit eine subjektiv begründete selbstbestimmte Entscheidung meint und keine durch reinen Zufall bestimmte Ereignisabfolge. Zufall und schwache Determiniertheit stellen nur die notwendigen Konsistenzvoraussetzungen einer wenngleich über die ganze Gesellschaft, den ganzen Globus verbreiteten Freiheitsillusion dar, die weder in einer völlig chaotischen noch in einer offenkundig deterministischen Welt aufrecht zu erhalten wäre.

Wichtig ist schließlich noch die Unterscheidung zwischen einem der Freiheit bedürfenden, nach Freiheit dürstenden Non-Konformismus (und sei es aus fehlbarer innerer Überzeugung oder einem primitivem Instinkt, den besser angepasste Zeitgenossen Instinktlosigkeit nennen würden) und einem nur vorgetäuschten, geschauspielten 'Kritizismus', also jenem Talent, das sich selbst zu einem freien, unorthodoxen Querdenkertum beruft, und das, wenn es mit ebenso gut gespielten Altruismus gepaart ist, besonders überzeugend vom eigenen Egoismus ablenkt.

Dem geläufigen Einwand, dass Lüge und Intrige durchaus als ein Aspekt und Beitrag zur eigenen Freiheit gesehen werden können, muss entgegnet werden, dass sie dem Anderen, also dem Getäuschten ein Beitrag zu seiner Unfreiheit sind, insofern sie ihn auf arglistige Weise in seiner freien Entfaltung behindern. Hierauf wird später noch ausführlich eingegangen.

Notwendigkeit und Zufall

Für kausale Zusammenhänge haben Logik und Erkenntnistheorie den Begriff der Notwendigkeit geprägt, der Ursachen und ihre Folgen semantisch miteinander verbindet. Wenn die Kausalität unter Voraussetzung entsprechender Ursachen ein Folgeereignis gewissermaßen erzwingt, wenn also ein noch nicht Seiendes sich auf kausale Weise aus einem Seienden entwickelt, nennt man es notwendig.

Dabei sind soziale von physikalischen und diese von logischen Notwendigkeiten zu unterscheiden, so wie es soziale und physikalische Ursachen und Folgen und logische Voraussetzungen und Schlussfolgerungen gibt. Eine Notwendigkeit kann sich demzufolge ebenso aufgrund logischer Axiome wie naturgesetzlich-kausaler Gesetzmäßigkeiten ergeben.

Jedoch hat man es in allen Fällen - die Bezeichnung 'Not'wendigkeit deutet bereits darauf hin - mit gewissermaßen 'diktatorischen' Zusammenhängen zu tun, die einem von den Notwendigkeiten aufgezwungen werden. In der Logik ergibt sich ein zwingendes System von Folgerungen aus einem einmal gesetzten Axiomensystem, in der Natur sind es die scheinbar ewigen Gesetze des Kosmos, welche die physikalische Wahrheit festlegen. Ein Entkommen ist in der Logik relativ einfach, indem man das Axiomensystem ignoriert und sich mit etwas Anderem beschäftigt, in Natur und Gesellschaft hingegen zuweilen sehr schwierig und nur dann möglich, wenn es einem gelingt, den Randbedingungen auszuweichen oder sie im eigenen Sinne zu manipulieren. Dabei kann ein Sich-entziehen im Vergleich zum aktiven Hinbiegen oder zwanghaften Mitmachen eine durchaus fruchtbare Lebenseinstellung sein.

Weitere wichtige Unterschiede zwischen logischer und physikalischer Notwendigkeit:

-In der Logik handelt es sich um Aussagen, nicht um materiell Seiendes. Außerdem ist keine zeitliche Entwicklung im Spiel, sondern nur eine Abfolge von Schlüssen, deren Frequenz die Rolle einer Zeit bestenfalls simulieren kann.

-Während logische Notwendigkeit in eindeutig bestimmter Weise nur von einer diskreten Anzahl von Sätzen, Axiomen und Schlussfolgerungen abhängt, beruhen physikalische und soziale Kausalität im Prinzip auf dem Gesamtverhalten von Welt und Gesellschaft, das oftmals weniger von einzelnen Auslösern oder mehr oder weniger präzise bekannten Fundamentalgesetzen als durch komplizierte Anfangs-, Rand- und Sonderbedingungen festgelegt wird, die sich zuvor aus einer schier unendlichen Menge von Elementarprozessen ergeben haben.

Dabei ist zu berücksichtigen, dass das System der logischen Vernunft grundsätzlich jede materielle Kausalität implizit zu beachten weiß, da - wie an anderer Stelle ausgeführt - die stammesgeschichtliche Entwicklung der Vernunft sich an den Vorgaben und Beispielen der äußeren Umwelt orientiert hat. Dies hat zur Folge, dass sich im Bereich naturwissenschaftlicher Erkenntnis physikalische Kausalität und logische Schlussweisen ständig vermischen können, ohne dass die Qualität der Erkenntnis dadurch in Frage gestellt wäre.

Oben wurde die Zufälligkeit des Weltgeschehens als eine - wenngleich nicht hinreichende - Voraussetzung der menschlichen Freiheit identifiziert. Um den Gegensatz zwischen Zufälligkeit und Notwendigkeit noch etwas genauer zu beleuchten, betrachten wir als Beispiel einen Erdrutsch, welcher infolge eines Erdbebens aufgetreten ist. Unsere Sprache kann diesen Zusammenhang in die Aussage: 'das Beben hat einen Erdrutsch verursacht' zusammenfassen, obwohl das Erdbeben selbst ein komplexes, vielschichtiges Naturereignis ist, dessen Ursachen und Auswirkungen nicht nur von unterirdischen Vorgängen, sondern auch von geologischen Gegebenheiten unter der Oberfläche und überhaupt von der ganzen Vorgeschichte der Erde seit der Planetenentstehung beeinflusst werden. Vielleicht aber stand der Erdrutsch ohnehin bereits unmittelbar bevor und wurde durch das Erdbeben nur beschleunigt.

Die Frage ist hier, um gleich die extremsten Positionen zu beschreiben, (a) ob ich jene Aussage rein formal-begrifflich verstehe, d.h. nur in Bezug auf ihren logischen Gehalt, oder (b) ob ich ihren Näherungscharakter inhaltlich mitdenke, wenn ich etwa als Geologe das Ereignis genauer analysiere und zum Beispiel Aspekte der Gravitation als verursachende Kraft hervorhebe oder besonderes Augenmerk auf scheinbare Nebeneffekte lege, ohne die das Erdbeben jedoch nie stattgefunden hätte.

Im Fall (a) nutzt der Verstand das Simplifizierungs- und auch das Abstraktionspotenzial der Sprache, um bestimmte hervorgehobene Naturabläufe als Hauptursache herauszustellen und allein im Rahmen eines diskreten, reduzierten Ursache-Wirkung Schemas zu interpretieren. Auf diese Weise macht man physikalische Notwendigkeiten zu einem Bestandteil der logischen Sprachanalytik, auch wenn dies zunächst natürlich keinen Einfluss auf die realen physikalischen Abläufe hat. Die auf dieser Basis gewonnenen Feststellungen lassen sich in das Verstandessystem sprachlicher Aussagen und des logischen Analyseapparates integrieren, so dass logische Schlussweisen darauf angewendet und Schlussfolgerungen für effektives Handeln in der derart vereinfacht erfassten Natur gewonnen werden können.

Auch in das System unserer kognitiven Möglichkeitsbetrachtungen lassen sie sich integrieren, und zwar um so leichter, je einfacher und vereinfachender die zugrunde liegenden Annahmen über das gesetzmäßig kausale Verhalten eines Forschungsobjektes. Die zugehörige Komponente unseres Bewusstseins ist beinahe ununterbrochen aktiv, ununterbrochen auf der Suche nach Möglichkeiten, die die reale Welt und ihre Zufälligkeiten uns bereitstellen, nach Gelegenheiten, die sie bieten oder Gefahren, die uns aus ihnen drohen könnten.

Allerdings muss darauf hingewiesen werden, dass das Mögliche weder als Gegensatz zum physikalisch noch zum logisch Notwendigen anzusehen ist. Hierzu sei auf die im Kapitel über Möglichkeit und Kausalität gemachten Bemerkungen verwiesen. Sondern den eigentlichen Vetter und das Antonym der Notwendigkeit stellt nicht der Begriff der Möglichkeit, sondern der des Zufalls dar. Zufälle entstehen dort, wo Gesetzmäßigkeiten - und sei es mangels genaueren Wissens - nur statistische Gültigkeit für eine große Zahl von Ereignissen haben, wo Anfangs- und Randbedingungen sich nicht präzise angeben lassen oder wo ein unvorhergesehener menschlicher Eingriff die ansonsten deterministische Entwicklung eines Systems stört. Jedenfalls nehmen wir unter solchen Bedingungen oftmals sogar Geschehnisse als zufällig wahr, die sich bei einer Feinanalyse als kausal bedingt und also notwendig erweisen.

Im Kontrast dazu kann man von Notwendigkeit in einem strengen, zwingenden Sinn dann sprechen, wenn sich eine zu einem bestimmten Zeitpunkt vollständig angebbare Wirklichkeit als Ganzes deterministisch weiter entwickelt. Im Fall einer absolut deterministischen Welt wäre man in der Lage, alle künftigen Zustände des Kosmos zusammen mit dem derzeitigen und den vergangenen zu einer einzigen, eindeutig gegebenen raumzeitlichen Weltwirklichkeit zusammenzufassen. Daher lässt sich die Frage nach dem Grad der Determiniertheit der Welt unter dem begrifflichen Dach von Zufall und Notwendigkeit so formulieren, wieviel von dem, was geschieht, physikalisch notwendig ist und wieviel Raum für Zufälle und menschliche Freiheit bleibt.

Nach dem zuvor Gesagten lässt sich diese Frage so beantworten, dass, wenngleich 'objektiv' eine absolute Determiniertheit der Welt vorliegen mag, die menschliche Existenz gerade aufgrund ihrer Beschränkungen und ihres mangelnden Wissens über alle Details der Wirklichkeit von Zufällen umgeben ist, welche als die Basis ihrer Freiheit fungieren. Diese Zufälle mögen bei vollständiger Analyse als eindeutige kausale Folgen von vielerlei Ursachen sich ergeben und also so scheinbar sein wie die Freiheit eine Illusion ist. Dennoch spielen sie in unserem beschränkten Dasein eine tragende Rolle, derart dass auch physikalisch-deterministische Ursachen die Möglichkeit freien Handelns zulassen.

Zum Schluss noch der Hinweis, dass auch ein prinzipiell vorhersagbarer bio-chemischer Vorgang in unserem Gehirn, zum Beispiel eine Affektreaktion, zur Menge dieser physikalischen Ursachen gerechnet werden kann.

Willensfreiheit

Wir sprechen manchmal auch dann von einer Notwendigkeit, wenn für unser Handeln wenig Spielraum bleibt und damit eine Unfreiheit besteht. Diese Begrifflichkeit lenkt den Blick auf die Frage nach den prinzipiellen Begren-zungen der menschlichen Freiheit; denn es ist klar, dass sich die Freiheit logi-schen, physikalischen und sozialen Notwendigkeiten nicht ohne weiteres ent-ziehen kann.

Der menschliche Wille als wesentliche Voraussetzung der sogenannten Wil-lensfreiheit strebt allerdings nur in Ausnahmefällen bewusst danach, sich der Logik oder der Physik direkt zu widersetzen. Wenn solche Notwendigkeiten einem Willensziel im Wege stehen, tendieren wir gewöhnlich eher dazu, und unsere Freiheit besteht dann genau darin, mehr oder weniger klug erwogene Mittel zu finden, um diese Notwendigkeiten zu umgehen.

Notwendigkeit ist demzufolge nicht eindeutig mit menschlicher Unfreiheit zu identifizieren, d.h. Freiheit und Notwendigkeit sind nicht durchweg gegen-sätzliche Begriffe. Zumal es nicht selten vorkommt, dass wir das Notwendige gern tun und es daher unserer Freiheit gar nicht zuwiderläuft. Manchmal ergibt es sich gar, dass wir das Notwendige widerwillig in Angriff nehmen, um später unverhofft eine Freude an ihm zu empfinden oder an dem, was daraus hervorgegangen ist. Wenn wir dann unverhofft von der Leine gelassen werden, bleiben wir oft freiwillig bei den einmal übernommenen Pflichten.

In der Geschichte der Philosophie sind Wille und Willensfreiheit immer wie-der falsch eingeordnet und interpretiert worden. Schopenhauer zum Beispiel hat den Willen zum Weltprinzip schlechthin erklärt und Nietzsche in einer zusätzlichen Hypostasierung den Willen zur Macht. Dabei dient doch jeder Wille, dient jedes zwanghafte Sich-durchsetzen-wollen nichts Anderem als dem Wunsch des biologischen Wesens, sich in irgendeiner Form (Vermeh-rungs-)Vorteile zu verschaffen; dient damit dem System der DNA. Da die biologische Natur nicht viel mehr als ein bloßer Moosbehang unseres Planeten ist, sollte man es allerdings auch mit der Hypostasierung des Darwinismus nicht übertreiben. Wirklich fundamental sind nur die Gesetze des Kosmos, die dies alles ermöglichen.

Kant hat die Willensfreiheit zu einer reinen Funktion der Vernunft erklärt, durch die der Mensch im Unterschied zum Tier eine Vielzahl von Möglich-keiten erkenne, zwischen denen er wählen könne. Während er als Naturwesen determiniert sei, sei er als Vernunftwesen frei. Hiergegen spricht zum einen die im Kapitel über Erkenntnistheorie besprochene Tatsache, dass der Verstandesmensch und der Instinktmensch in jeder Hinsicht innig verzahnt sind; zum anderen ist einzuwenden, dass ein freier, durchsetzungsfähiger Wille keiner großen geistigen oder analytischen Kapazitäten bedarf. Um frei zu entscheiden, dass ich heute nicht zur Arbeit gehen will, sondern lieber im Bett liegen bleibe, benötige ich nicht besonders viel Intellekt. Eine hinreichende Faulenzermentalität reicht völlig aus, oder allgemeiner ein gesundes Gefühl für das optimale Ausnutzen natürlicher oder gesellschaftlicher Ressourcen.

Um es plakativ auszudrücken: im Gegensatz zu Kant denke ich, dass auch ein Vogel frei ist. Wir haben ja schon gesehen, dass Tiere Kausalbeziehungen erahnen und daraus ein Verhalten ableiten, mit dem sie in eine kausale Ereigniskette eingreifen können. Obgleich sie die Konsequenzen ihres Tuns nicht so gut einschätzen können wie der Mensch, welcher im Übrigen meist auch nicht besonders weitsichtig agiert: einen gewissen Überblick haben Tiere auf jeden Fall. Dass sich mehr als nur Ansätze von freiem Handeln im Tierreich finden, weiß jeder, der ein Haustier sein eigen nennt. Sicher reagiert ein Tier auf einen starken Reiz immer gesetzmäßig mit einem gewissen Reflex. Doch gibt es genauso oft Situationen, in denen es sich zwischen zwei oder mehreren Möglichkeiten entscheiden will und kann.

Gegen dieses Argument ist eingewandt worden, dass die menschliche Willensfreiheit ein Moment der Willkür, d.h. eine beliebige Wahl des Wollens enthält, welches Tieren nicht zur Verfügung stehe; und so ein Spektrum alternativer Verhaltensmöglichkeiten sei für eine Wahl- und Willensfreiheit unerlässlich. Nun hat allerdings bereits Schopenhauer festgestellt, dass der Mensch zwar einen Willen hat, aber nicht eigentlich wollen kann, was er will. Dem ist mindestens teilweise zuzustimmen, mit der Zusatzbemerkung, dass die Willkür selbst eine instinktgesteuerte Regung darstellt, über die tendenziell auch Tiere verfügen. Eine Katze kann die erbeutete Maus sogleich verspeisen oder erst noch warten und mit ihr spielen.

Ohnedies ist der Begriff der Willkür von dem des Willens einerseits und von dem der beliebigen, indeterminierten Zufälligkeit unserer Bewusstseinszustände schwer abzugrenzen. Oder besser gesagt wird der Wille von Spontaneität und menschlichen Launen bestimmt, die nicht weniger zufällig sind als das, was uns während der Rushhour im Straßenverkehr begegnet, und die sich aber genau wie der Verkehr in einer vollständig verstandenen Welt als determiniert erweisen würden.

Offenbar gelangen wir an dieser Stelle zu der früher gewonnenen Erkenntnis zurück, dass die menschliche Freiheit nur Surrogat, d.h. ein für-uns, aber kein an-sich ist. Gerade wegen dieses Illusionscharakters gehört sie aber zum Menschen in seiner Eigenschaft als geistiges und gesellschaftliches Wesen, und zwar um so mehr, als sich dessen Bewusstsein, statt direkt auf die Wirklichkeit zu zielen, gern mit imaginären Welten des Möglichen umgibt. Tatsächlich lebt jeder von uns in seinem eigenen subjektiven Möglichkeitsland, einer Blase aus Meinungen, Träumen und Vorurteilen, die er sich aus Begriffen und Pointern selbst zurechtgezimmert hat und daher nach Gusto jederzeit neu konfigurieren kann und in welcher es ihm freisteht, seinen Willen oder den Willen an sich oder den zur Macht oder einen Berg Ararat oder ein paar blökende Schafe oder was auch immer zum höchsten Prinzip des Daseins zu erklären. Er kann dieses Land auch mit anderen teilen, mit Mehrheiten gar, die etwa über Jahrhunderte vehement ein geozentrisches Weltbild verteidigen, kann es wie Wittgenstein selbstbewusst aber irrig als 'die Welt' bezeichnen, die der Fall ist, und am Ende staunen, dass sich die Vernunft in Gestalt eines Kopernikus gegen ihn durchsetzt.

Mit Willensfreiheit hat all dies wenig zu tun, und man könnte an dieser Stelle, gestützt auf folgendes Zitat, bestreiten, dass der Begriff überhaupt einen Sinn hat. "Ich weiß ehrlich nicht, was die Leute meinen, wenn sie von der Freiheit des menschlichen Willens sprechen. Ich habe zum Beispiel das Gefühl, dass ich irgendetwas will; aber was das mit Freiheit zu tun hat, kann ich überhaupt nicht verstehen. Ich spüre, dass ich meine Pfeife anzünden will und tue das auch; aber wie kann ich das mit der Idee der Freiheit verbinden? Was liegt hinter dem Willensakt, dass ich meine Pfeife anzünden will? Ein anderer Willensakt?" (A. Einstein)

Später werden wir sehen, dass das Elixier der Freiheit ihre Negativität ist, und werden diese Einsicht benutzen, um zu erkennen, unter welchen Umständen z.B. beim Anzünden einer Pfeife von Freiheit die Rede sein kann.

Zunächst sei noch ergänzt, dass jeder Mensch natürlich enttäuscht ist, wenn seine Weltsicht mit der Wirklichkeit kollidiert oder sein Wille durchkreuzt wird, d.h. wenn die physikalische Welt oder die Traumvorstellungen der Anderen nicht zu den seinen passen. Der sogenannte 'Klügere' wird meistens nachgeben und versuchen, seine Weltsicht den (in welchem Sinne auch immer) 'stärkeren' Wirklichkeitshypothesen anzupassen. Es gibt aber auch genügend Fälle, wo einer das gar nicht nötig hat, beispielsweise weil er der Kaiser mit neuen Kleidern ist oder weil er die Fähigkeit besitzt, sogar Kritiker und Störenfriede in sein eigenes Traumland mitzunehmen.

In der Psychologie bezeichnet Spontaneität die rasche Entschlussfähigkeit eines Individuums ohne bewusste Einschaltung von Denk- oder Kontrollinstanzen und hat insofern etwas mit einem vorbewussten Willen zu tun. Wenngleich er zuweilen überlegt und überlegen auftritt, enthält der freie Wille immer auch ein spontanes Element, besonders in seinem Antrieb, sich durchzusetzen, oder in Situationen, wo ich mich entgegen vernünftiger Argumente plötzlich für das Gegenteil entscheide.

In der Philosophie ist Spontaneität als Gegenbegriff zur Rezeptivität ein zentraler Begriff der Erkenntnistheorie. Sie ist ein dem Verstand entspringendes Vermögen des Erkenntnissubjekts, Vorstellungen aktiv, d.h. 'synthetisch' hervorzubringen, und steht somit für die ureigene selbstständige Leistung unseres Denkens. Wie im Teil über Erkenntnistheorie dargelegt, liegt eine der Wurzeln unseres Intellekts im Nichtrationalen, und tatsächlich hängen die Spontaneität des Willens und die des Denkens eng zusammen, weil und insofern beide von aus dem Unbewussten vorschießenden Impulsen gespeist werden.

Zuletzt sei noch auf den Umstand hingewiesen, dass sich der Wille der meisten Menschen nicht nur durch die eigene, großteils unbewusste Sinnlichkeit und Emotionalität sondern auch durch äußere Desinformation und Propaganda beinahe beliebig beeinflussen lässt. Dies hängt en detail allerdings von der jeweiligen Persönlichkeitsstruktur ab. Wer leicht zu lenken ist, denkt auch leicht, es ist wirklich sein Wille, was ihm da aufoktroyiert wird. Andererseits hält ein Egomane oder Sturkopf, der sich um keinen Preis von einer verrückten Idee abbringen lässt, etwas für freien Willen, was in Wahrheit eher eine krankhafte Fixierung ist.

Die Negativität der Freiheit und das Theater der Herrschaft

Freiheit wird in der Regel als die Möglichkeit verstanden, ohne Zwang zwischen unterschiedlichen Möglichkeiten wählen und entscheiden zu können. Abgesehen von dem in dieser Definition enthaltenen Möglichkeitsbegriff, der oben bereits kritisiert wurde und immerhin auf eine rein subjektive Bedeutung des Freiheitsgefühls hinweist, verhaftet diese Art der Festlegung an der Oberfläche des Phänomens und führt außerdem zu verschiedenen Unklarheiten und Antinomien. Wie wir im Verlauf der folgenden Diskussion sehen werden, ist ein anderes Konzept von Freiheit weniger widersprüchlich.

Das erste, was Schwierigkeiten macht, ist natürlich die - wenngleich schwache - Determiniertheit des Weltgeschehens. Diese hat offensichtlich zur Folge, dass es keine ABSOLUTE FREIHEIT in einem plakativen Sinn geben kann. Menschen haben zwar in der Geschichte immer wieder bewiesen, dass sie, nicht zuletzt durch die Freiheit ihres Willens, in der Lage sind, Grenzen zu überwinden. Absolute Freiheit aber würde bedeuten, dass dem Menschen ALLES möglich ist; dass er die Grenzen des natürlich und sozial Gegebenen in beliebiger Richtung überwinden könnte.

Man darf schon soweit gehen, zu sagen, Freiheit ist in ihrer Beschränktheit etwas Subjektives, nur für uns gemacht und nur von uns verstanden, so ähnlich wie der 'Weltgeist' subjektiv ist, der allzu oft weniger das Wahre als das Gefällige zu seiner Leitfigur macht. Wer damit nicht zufrieden ist, kann zwar prinzipiell jederzeit aussteigen, wenn nicht aus dem natürlichen, so doch aus dem sozialen Gefüge, in welchem er lebt, und vorausgesetzt, er ist bereit, die Konsequenzen zu tragen. Denn eine Nichtanerkennung der Konstruktion 'Gesellschaft' samt ihren Ritualen und Gesetzen wird ihn i.a. mit schwerwiegenden Nachteilen konfrontieren, die in Kauf zu nehmen der gesellschaftlichen Unfreiheit, welcher er entronnen ist, sicher nicht nachsteht. Es sind diese gesellschaftlichen Zwänge zugleich speziell und allgemein (und damit absolut); speziell nämlich, weil der Mensch sie in einer Diktatur, einer Sklavenhaltergesellschaft oder einer liberalen Staatsform unterschiedlich erfährt, doch allgemein in ihrem universellen Forderungsanspruch, der um so hermetischer wirksam ist, je größer die Zahl der Angepassten, die dem Einzelnen als uniforme, gleichgeschaltete Masse gegenübertreten.

Wenigstens kennen liberale Gesellschaften ausgeprägte 'Milieus', unter denen man wählen darf und in denen ganz unterschiedliche Lebenseinstellungen gepflegt werden. Zwischen den Milieus, besonders wenn sie auch Klassenunterschiede repräsentieren, kann es zu Konflikten kommen, was die weitere Entwicklungsrichtung der Gesamtgesellschaft angeht. Diese Konflikte sind für die Ausprägung dessen, was wir unter Freiheit verstehen, sogar notwendig.

Wenn so Vieles determiniert ist, scheint der Freiheit wenig Raum zu bleiben, und es ist zu fragen, ob das Wenige, was übrigbleibt, diesen Namen überhaupt verdient. Wir haben aber festgestellt, dass die Beschränkungen der Freiheit durch die Physik von der Existenz des Zufalls partiell aufgewogen werden. Auf dieser Basis sind wir zu der Erkenntnis gelangt, dass in den Beschränkungen der Freiheit (auch durch die Gesellschaft) und in dem Gleichgewicht, welches der Zufall bewirkt, eine der Grundlagen für eben diese Freiheit liegt.

Zweitens hat man das psychologische oder hirnphysiologische Problem, dass die Wahl, die der Mensch in den endlichen Augenblicken seiner Existenz scheinbar frei und unabhängig trifft, nämlich so oder so zu handeln oder auch gar nichts zu tun, von spontanen Launen, seiner momentanen oder prinzipiellen Verfasstheit, seinen Vorerfahrungen und natürlich von seiner sozialen Umgebung und der Rolle, in die er hineingeboren oder in die er sich begeben hat, fast vollständig festgelegt ist. Andererseits wäre eine Freiheit, die ihre Entscheidungen allein aufgrund rationaler Überlegungen, also gewissermaßen mechanisch wie eine intelligente Maschine träfe, keine echte Freiheit. Zur

Freiheit - auch des Denkens - gehören offenbar der irrationale und der spontane Anteil der Psyche genauso wie der vernunftgesteuerte. Somit ist die Freiheit eingehegt (i) von den äußeren Bedingungen der materiellen Welt, (ii) von den Diktaten eines emotionalen Gerüstes und der zugehörigen Irrationalität, die zugleich den schwankenden Boden all unseres Denkens und der Vernunft darstellt und (iii) von der Zugehörigkeit zu einer Zeit, einer Gesellschaft, einer Klasse, der Stellung in einer sozialen Hierarchie usw.

So sehr diese Begrenztheiten, die letztlich auf unsere physikalische Determiniertheit in der Welt zurückgehen, eine Grundlage der Freiheit bilden, so fehlt doch in der bisherigen Beschreibung jene Essenz, die das eigentliche Wesen der Freiheit ausmacht. Denn die wichtigste Freiheitskonstituente liegt keineswegs in der vollständigen Kontrolle der Individuen über ihr Schicksal - das wäre vermessen und ist auch gar nicht erstrebenswert - sondern in unserer Fähigkeit, uns über SOZIALE REGELN UND KONVENTIONEN HIN-WEGZUSETZEN. Normalerweise sind wir Menschen von Geburt an eingebunden in ein gesellschaftliches System, in dem wir auf verschiedenste Weise 'Rücksicht' auf die Existenz der Anderen nehmen. Diese Rücksicht, die eine teils angeborene, teils anerzogene Fähigkeit darstellt und bei verschiedenen Individuen unterschiedlich stark ausgeprägt ist, kann auch als Anpassung an derartige Normen bezeichnet werden. Soweit sie nicht in tumbem Gehorsamseifer und Konservatismus erstarrt, ist sie eine durchaus sinnvolle Einrichtung, damit die Gesellschaft und ihre Prozesse funktionieren und weiter bestehen bleiben. Die Fähigkeit zur Anpassung ist biologischen Systemen bekanntlich nicht fremd, und die soziale Anpassung enthält tatsächlich einen biologischen Faktor, der sie uns erst ermöglicht.

An diesem Punkt der Darlegung kann nun das Konzept der menschlichen Freiheit und ihrer Negativität genau begriffen werden. Wir erleben sie in Situationen, in denen wir uns GEGEN Andere oder GEGEN die Gesellschaft (als Konstrukt einer scheinbaren oder realen Mehrheit) oder GEGEN die Traditionen (die Vorgaben vergangener Generationen) 'entwerfen'. Wir können unser Leben zwar ebenso gut und meist zufriedener gestalten, indem wir mit dem Strom schwimmen und uns dazu durchaus auch frei entschließen, doch die eigentliche Freiheit beginnt erst dort, wo zumindest punktuell gegen einen Comment verstoßen wird.

Bevor sie sich entfalten kann, bedarf diese Freiheit einer teils instinktiven, teils rational begründeten kritischen Haltung, einer bewussten KRITIK des gegebenen, als unfrei empfundenen oder sonstwie kritikwürdigen Zustandes. Leider fällt es dem Ich mit zunehmendem Alter immer schwerer, eine solche Kritik offen und öffentlich auszusprechen. Außerdem ist darauf hinzuweisen, dass nicht jede Kritik substantielle Einwände gegen herrschende Zustände enthält und aus altruistischen Motiven geäußert wird, sondern es gibt hier viele Graustufen, von der rebellischen, oft inhaltsleeren Opposition von Teenagern über alles, was Menschen dazu bringt, mit ihrem Leben unzufrieden zu sein und daher in irgendeiner Weise gegen das zu opponieren, was sie fälschlich dafür verantwortlich machen, bis hin zu illegalen Unternehmungen, die hauptsächlich dazu dienen, den eigenen Geldbeutel zu füllen und sich auf diese doch recht fragwürdige Weise gegen die Gesetze und Interessen der Mehrheit zu stellen.

Angewandte Freiheit erzeugt zunächst ein Moment der Imbalance im Verhältnis zu den angepassten Gliedern der Gesellschaft, das, wenn die Prozesse der Freiheit auf Dauer funktionieren sollen, später wieder ausgeglichen werden muss. Außerdem ist eine gewisse Aggressivität des freien Individuums vonnöten, aus vorschießenden Triebimpulsen und Egoismen des Unbewussten, eine jugendfrische Kraft, um sich über Konventionen hinwegzusetzen.

Allerdings stellt dies allein noch keine Freiheit dar, so wenig wie die Möglichkeit der Selbstverwirklichung, die manchmal als 'positive Freiheit' bezeichnet wird, sich aber oft aus den ökonomischen Umständen ergibt, unter denen man lebt und arbeitet - z.B. dem Reichtum einer Klasse oder Gesellschaft, welcher man angehört und die den Individuen eine um so größere Auswahl an Lebensoptionen eröffnet, je wohlhabender sie sind.

Der Kern der Freiheit tritt eigentlich erst dort zutage, und zwar in Form 'negativer Freiheit', wo von anderer Seite versucht wird, diese Selbstverwirklichung zu beschneiden, wenn etwa - um auf das Einsteinsche Beispiel zurückzukommen - einem Menschen aus gesundheitlichen Gründen der Tabakkonsum verboten wird, und er sich über diese Konvention hinwegsetzt (oder auch nicht). Der Impuls zu rauchen ist ein ganz normaler Impuls des Handelns, der sich aus dem momentanen Bewusstseinszustand und/oder der Nikotinabhängigkeit eines Menschen ergibt und natürlich durch materielle Zwänge eingeschränkt sein kann, wenn mir etwa der Tabak ausgegangen ist.

Die Entscheidung, neuen Tabak zu besorgen, hat normalerweise ebenfalls nichts mit Freiheit zu tun, sondern Freiheit kommt erst dann ins Spiel, wenn ein Rauchverbot existiert, über das ich mich bewusst hinwegsetze, also aufgrund der individuellen Negierung eines Zwangs. Von daher ist Freiheit überall verbreitet, wo es Regeln und Gesetze gibt, also in jeder Gesellschaft. Sie ist ein Konstituens unseres Wesens - und damit wiederum auch der Gesellschaft, die sich mit ihren kritischen, freien und nicht selten rücksichtslosen Mitgliedern arrangieren muss. Wenn der äußere Zwang zu stark wird, weil etwa bei Tabakkonsum oder Gesellschaftskritik eine lange Haftstrafe droht, fällt es schwer, Freiheit zu leben bzw zu realisieren. Umgangssprachlich sagt man dann, die Freiheit ist verloren; doch gilt es zu betonen, dass gerade die Beschränkung der Freiheit ein Konstituens derselben ist, ohne das sie gar nicht existieren würde.

Neben den gesellschaftlichen kommt gewiss den natürlich-materiellen Zwängen bei der Entfaltung der Freiheit eine große Bedeutung zu. Wir empfinden auch eine Freiheit des Willens, zum Beispiel zu bremsen oder schneller zu fahren, wenn unser Auto entsprechend dem Newtonschen Axiom einfach weiterrollen würde. Wenn wir dann Gas geben, erleben wir dies ebenfalls als Freiheit, ohne dass in diesem Fall ein Anderer oder die Gesellschaft im Spiel wäre. Auch hier ist es aber so, dass wir entscheiden können, ob wir etwas aufhalten wollen, was gesetzmäßig anders verlaufen würde, d.h. wir stellen uns auch in diesem Fall GEGEN den normalen Lauf der (physikalischen) Dinge.

Aus dem Gesagten ergibt sich, dass die Abwesenheit sozialer oder materieller Zwänge allein keinen Zustand von Freiheit definiert, im Gegenteil. Denn erstens existiert ein solcher Zustand nicht, da alle realen Gesellschaften nachgerade durch das Vorhandensein von ungeschriebenen wie auch von expliziten Zwängen geprägt sind. Zu jeder Zeit stellt der Andere ein Hemmnis meiner Freiheit dar. Bereits indem er mit mir in Interaktion tritt, lenkt er mich von freiem, unabhängigem Handeln ab. Das ist an sich nicht negativ zu bewerten, sondern ein integraler Bestandteil des menschlichen Zusammenlebens.

Zweitens entspricht die sich entfaltende Freiheit einem Prozess innerhalb des Individuums, der die Anwesenheit von inneren und äußeren Einschränkungen voraussetzt, an denen es sich abarbeiten und gegen die es sich selbst entwerfen kann. Wobei die äußeren Zwänge sich im Verlauf dieser Entfaltung in innere Impulse verwandeln und diese zurückwirken ins Äußere; d.h. auf meine freie Entscheidung folgt meine freie Tat.

Innerhalb des so beschriebenen Konzeptrahmens der Negativität der Freiheit kann man die Frage nach der Metaphysik der Freiheit bzw nach einer absoluten Freiheit erneut stellen. Wie es aussieht, ist der Verlauf unserer Existenz, von den Naturgesetzen her, die uns keine Wahl lassen denn als beschränkte biologische Wesen zu vegetieren und eines Tages zu sterben, vollständig determiniert. Absolute Freiheit würde bedeuten, gegen genau diese unsere physische Gefangenschaft im Kosmos aufzubegehren und sie zu überwinden. Wenn das gelänge, ergäbe sich sofort eine Metaphysik der Freiheit, als Vorbedingung einer metaphysica omnibus. Und man kann geradezu sagen, dass in solchem utopischen Projekt das letzte Ziel jeglichen metaphysischen Interesses liegt.

Nach allem, was wir wissen, kann jene Grenze allerdings nicht überschritten werden und ist auch noch nie überschritten worden. So bleibt dem Menschen seit Jahrtausenden nichts Anderes übrig als das Verlies seiner Gefangenschaft immer genauer zu vermessen - ein Unterfangen, das man Naturwissenschaft nennt.

Von der Utopie der absoluten Freiheit abgesehen: unser Gehirn besitzt 86 Milliarden Nervenzellen. Von jeder dieser Zellen gehen 1000 bis 10000 Synapsen zu anderen Zellen. Die Prozesse, die sich darin abspielen, sind also wahrhaft komplexer und vielschichtiger Natur, derart dass alle Bemerkungen, die wir im Zusammenhang mit Kausalität und Zufall über Vielteilcheneffekte gemacht haben, hier zutreffen. Eigentlich nur ein materieller Wurmfortsatz der Materie, ist unser Gehirn in der Lage, sich von seiner natürlichen Materialität abzukoppeln und faktisch eine eigene Ebene der Existenz zu formieren - die des Geistes und seiner sozialen Gemeinschaften, welche durch diese Unabhängigkeit effektiv einen Raum der Freiheit-für-uns gegen ihre naturgesetzliche Determiniertheit zu schaffen erlaubt.

Es bleibt noch zu bemerken, dass die gesamte neuronale Komplexität unseres Gehirns zu einem einzigen Ich-Bewusstsein kondensiert, dessen Gedanken oft von ziemlich eindimensionalen Vorstellungen, von Trivialitäten und Fixierungen dominiert werden, von der Gier nach Geld, Macht oder Frauen, von dummen Vorurteilen, simplen Freund-Feind Kategorien und so weiter. Wir meinen frei zu handeln, erfüllen aber in Wirklichkeit meist nur offensichtliche Erwartungen; unsere Freiheit liegt dann bestenfalls darin, dass wir zwischen mehreren Erwartungshorizonten wählen dürfen. Natürlich kann man sagen, es kann gar nicht anders sein, weil wir ja in einer Wirklichkeit existieren, und unsere freie Wahl orientiert sich naturgemäß an dieser Wirklichkeit, weil das metaphysisch ganz Andere nicht erreichbar ist. Es ist schon viel, wenn die autonome Selbstkonstitution des Ich gegen die Gesellschaft gelingt. Denn der Normalfall ist gewiss die Anpassung.

Es wurde bereits darauf hingewiesen, dass auf ausgetretenen Pfaden zu bleiben, durchaus eine freie Entscheidung ist. Der fruchtbare Kern unserer Freiheit allerdings besteht darin, als erster etwas komplett Neues zu denken oder zu realisieren. Wer nur Gelegenheiten ergreift, um sich biologische, materielle und psychologische Vorteile zu verschaffen, ist nicht wirklich frei, und es ist sehr die Frage, ob sich ein Lebensentwurf, der sich im Rahmen der bestehenden Möglichkeiten jeweils den größten Vorteil 'frei' herauspickt, nicht eher opportunistisch genannt werden muss.

Ein Zyniker würde vielleicht einwenden, auch die Rede von 'wirklicher' Freiheit sei Metaphysik, da menschliches Verhalten immer darwinistisch ausgerichtet und daher nicht anders als opportunistisch sein könne. Dem ist insoweit zu widersprechen, als vor allem die Jugend oftmals das Abenteuer und neue Herausforderungen sucht. Auch dies lässt sich vielleicht biologistisch verstehen, doch macht es nach meiner Meinung wenig Sinn, den Begriff des Opportunismus um diejenigen Fälle zu erweitern, wo ein freier Mensch zu neuen Ufern aufbricht.

In der Summe setzt die so beschriebene Freiheit ein Amalgam aus Biologie, Physik und Gesellschaft voraus; denn sie findet naturgemäß innerhalb des sozialen und materiellen Kosmos und seiner Zwänge und Einschränkungen statt, in welchem wir leben, und unter den Auspizien des schwachen Determinismus. Damit das Leben und die Polis nicht in Überanpassung oder in Tyrannei (oder beidem) verdorren, muss im Idealfall von der Gesellschaft ein gesundes Gleichgewicht zwischen (A1) Revolte-Befreiung, (A2) Eigeninitiative und (B) Sozialstaat zugelassen bzw gewährleistet werden.

In dieser Diskussion mag es zuweilen erscheinen, als lasse sich der Begriff der Freiheit, und auch der Gleichheit, vollständig durch die menschliche Rationalität abdecken. Um so wichtiger ist es, hier noch einmal auf die Bedeutung der Instinkte für die Freiheit hinzuweisen. Sie schränken die Freiheit ein, gewiss; doch da sie Vieles in unserem Verhalten und auch in dem, was unseren Willen ausmacht, insgeheim steuern, sind sie die Grundlage, die die Freiheit hinzunehmen, auf der sie aufzubauen hat. Wenn wir gierig einem Anderen etwas wegnehmen, muss das auch als Freiheit angesehen werden. Denn Freiheit ist Freiheit in der Welt (abhängig von den Zwängen, den Bedingungen, den Gelegenheiten der Welt) und ist Freiheit im Bewusstsein (abhängig von den oft primitiven und eindimensionalen Ausrichtungen des Bewusstseins).

Entscheidender Wesenszug der Freiheit aber bleibt der Antagonismus, die Wechselwirkung. Ich muss auf das Verhalten des Anderen reagieren, bin jedoch auch selber frei, so zu handeln, dass er wiederum auf mich reagieren muss.

Ist Freiheit wirklich Freiheit ganz in dieser Welt? Ja, es stimmt, und doch auch nicht. Der einfache ontische Reflex, mein Selbst durch meine Freiheit gegen die Anderen zu definieren, enthält eine metaphysische Komponente, welche zur Grenze hinstrebt, genau wie jede neue Erkenntnis bzw das Streben danach ein Moment des Transzendierens enthält, das über jedes vordergründige Erkennen hinausweist.

BEWUSSTSEIN - UNBEWUSSTES

Ich-Bewusstsein nenne ich das bewusste Erleben eigener mentaler Zustände bei gleichzeitigem Wissen um die Ich-Identität. Zum Ich-Bewusstsein gehören unsere Wünsche und Hoffnungen ebenso wie all die anderen Zustände des Seelischen, die zu empfinden und zu erleben wir in der Lage sind, auch manche irrealen Drogenerlebnisse oder das Aufstellen unstimmiger Hypothesen. Die bewusste Wahrnehmung von Gegenständen der äußeren Welt kann ebenfalls darunter subsummiert werden.

Die so gegebene Definition impliziert direkt eine Reihe von Merkmalen, die ein Automat haben müsste, um ein Bewusstsein zu simulieren: er muss eine Ich-Totalität darstellen, also einen subjektiven Gesamtzustand. Als solcher muss er (i) quasi permanent gedanklich tätig sein, und durch diese Aktivität in der Lage, (ii) in die äußere Welt verändernd einzugreifen. Darüber hinaus muss er sich im Ablauf der Zeit (iii) als Selbst immer neu identifizieren und (iv) vom Rest der Welt bewusst abgrenzen können.

Das Ich-Bewusstsein entsteht durch biochemische Prozesse im Gehirn. Man kann es als einen makroskopischen Zustand interpretieren, der sich aus dem Gleichklang vieler mikro-chemischer Prozesse in allen Ganglien ergibt. Es ähnelt damit entfernt den makroskopischen Quantenzuständen, wie man sie aus der Physik etwa der Suprafluidität kennt.

Grundsätzlich muss man unterscheiden zwischen den biochemischen Prozessen, die im Gehirn ablaufen und der Art, wie diese von uns empfunden werden; also z.B. die Rezeption eines Lichtquantums einer bestimmten Frequenz im Gehirn, nachdem es im Auge aufgetroffen ist, von seiner Wahrnehmung als Farbe 'grün'. Manche Autoren meinen, dieser Unterschied könne zumindest bei komplexeren intellektuellen Vorgängen philosophisch nicht ohne weiteres erklärt werden und nennen es das Qualiaproblem.

Demgegenüber vertrete ich die Auffassung, dass es die biochemischen Prozesse sind, die in ihrer Fülle das Gesamt des Bewusstseins bilden, und dass natürlich das bewusste Empfinden die darunter liegenden Prozesse nie als solche wahrnimmt, sondern eben so, wie sie ihm übermittelt werden - so ähnlich wie wir unsere anderen Körperfunktionen (der Leber, Niere etc) nur so wahrnehmen können, wie es uns Nerven und Wahrnehmungsorgane in ihrer Funktion als Messfühler übermitteln. Die Art und Weise, wie diese 'Messungen' verarbeitet werden, prägt selbstverständlich die Wahrnehmung des zu Messenden, das ja eine eigene, andere und vollständige Realität hat, durch das Bewusstsein, und es steht daher nicht die Naturfunktion selbst, sondern nur das derart erzeugte Bild von ihr der Ratio zur weiteren Verarbeitung zur Verfügung.

Unsere Vernunft ist immer aufs Neue gezwungen, sich eine Meinung über die ihr nur partiell zugängliche Wirklichkeit zu bilden, und sie beziehungsweise das sie enthaltende Bewusstsein erliegt dabei nicht selten immensen Irrtümern. Ein ganz spezielles Beispiel hierfür ist die Selbstwahrnehmung des Bewusstseins, das sich als seelisch und unausgedehnt empfindet. Tatsächlich wird jedoch jeder Bewusstseinszustand wie auch unsere Wahrnehmung desselben letztlich von der Biochemie generiert, die also eine (i) aktive (ii) Ich-Totalität als Voraussetzung für den (iii) permanenten Bewusstseinsakt erzeugt, die (iv) in die äußere Welt tätig eingreifen kann.

Ferner darf man sich nicht dazu verleiten lassen, gewisse Eselsbrücken, die manchen Klassikern der Philosophie geholfen haben, die Funktionsweise des Bewusstseins qualitativ zu verstehen, für fundamentale Eigenschaften des Bewusstseins selbst zu halten. Wenn etwa Kant das transzendentale vom empirischen Bewusstsein unterscheidet, so ist er später gezwungen, eine einheitsstiftende Funktion des transzendentalen Anteils zu fordern, um zu der eigentlich ursprünglicheren, phänomenologisch offensichtlichen Einheit der beiden zurückzufinden, weil er erkannt hat, dass es zwar Momente der Konzentration gibt, in denen das bewusste 'Ich bin' hinter die Ratio zurücktritt, dieses aber im Hintergrund immer präsent ist und die Art und Weise färbt, wie wir unsere Umwelt wahrnehmen. Diese Färbung geht sogar so weit, dass man sagen kann, jeder von uns lebe eigentlich in seinem eigenen Möglichkeitsuniversum.

In Wirklichkeit ist die Einheit zuerst da und muss nicht erst gestiftet werden. Obwohl sie zuvörderst auch nur eine Empfindung in dem zuvor beschriebenen Sinne ist, verweist sie indirekt auf die unterliegende aus lauter Mikroprozessen zusammengesetzte objektiv-physikalische Funktionsweise des Gehirns.

Weitere ebenso übliche wie künstliche Trennungen betreffen die Intentionalität und Phänomenalität unserer Bewusstseinsprozesse, d.h. dass es Zustände gibt, die in besonderer Weise auf etwas gerichtet sind, z.B. der Wunsch, etwas zu besitzen oder die Angst vor einem Zahnarzttermin. Wobei die Gerichtetheit nicht immer ganz eindeutig ist oder sich sogar ganz ins Unbestimmte auflösen kann, etwa in dem Willen zu herrschen oder irgendetwas Beliebiges in blinder Wut zu zerstören, oder in der Angst vor der Angst.

Viele Bewusstseinszustände besitzen also neben ihrem Erlebnisgehalt noch einen Absichtsgehalt. Auch dies kann als eine Art 'Färbung' angesehen werden, die sich ursächlich daraus ergibt, dass wir permanent von unbewussten Instinkten und Egoismen begleitet sind, die uns zum Beispiel auch dazu aufrufen, nicht untätig zu bleiben, sondern etwas für unser Fortbestehen Sinnvolles zu tun. Dazu gehört im weiteren Sinne auch das politische Bewusstsein vieler Bürger oder wenn etwa jemand einer religiösen oder sonstigen Glaubensrichtung anhängt.

Eine weitere so notwendige wie triviale Bedingung für die Existenz eines Bewusstseins ist das Merkmal der reflexiven Zugänglichkeit, also die Tatsache, dass man über sich selbst und alles, was man innerlich erlebt, nachzudenken in der Lage ist. Manche Forscher meinen, ein solcher selbstreflektierter mentaler Zustand müsse sprachlich beschreibbar sein, um zu einem Bewusstsein zu gehören, eine Anforderung, die das Vorkommen tierischen Bewusstseins ausschließen würde.

Diese wäre jedoch ein zu großes Zugeständnis der Philosophie des Geistes an die sprachphilosophische Dogmatik. Ein besonderer Reiz mancher Bewusstseinszustände liegt doch eben darin, dass sie sich sprachlich nur schwer fassen lassen und dass ihr wahrer Kern und ihre Vielfalt jenseits der sprachlichen Ebene zu finden sind. Man kann ihnen vielleicht einen Bezeichner geben, aber jeder darüber hinaus gehende Versuch, sie sprachsemantisch zu erfassen, würde ihnen nur teilweise gerecht werden. Ganz abgesehen von der allgemeinen Binsenweisheit, dass jede sprachliche Beschreibung an Begriffe gebunden ist, die dasjenige, worauf sie pointen, niemals vollständig zu erfassen vermögen. Dies gilt auch und gerade in Bezug auf die Inhalte unseres Bewusstseins, die ja ursprünglich nicht sprachlicher, sondern biochemischer Natur sind.

Um ein Bewusstsein herzustellen, reicht es andererseits nicht hin, dass der Zustand zu anderen Zuständen sowie zu Reizreaktionen aus der Umwelt in einem kausal beschreibbaren Zusammenhang steht. In dem Fall wäre es nämlich ein leichtes, Maschinen mit Bewusstsein auszustatten. Was benötigt wird, ist ja eben der komplexe Gesamtzustand eines Gehirns/Automaten, der als solcher über ein beständiges Ich-Bewusstsein mit den obigen Eigenschaften (i)-(iv) verfügt.

-

Das Unterbewusstsein wird von denjenigen Vorgängen im Gehirn gebildet, die zu einem gegebenen Zeitpunkt nicht Teil des Ich-Bewusstseins sind.

Der Ausdruck 'Unterbewusstsein' wird gelegentlich kritisiert und gesagt, man solle besser vom Unbewussten sprechen, weil weder Bewusstsein noch Unbewusstes einen räumlichen Aspekt von oben oder unten beinhalten. Im Hinblick auf die Metapher, die das Bewusstsein mit einer sichtbaren Oberfläche vergleicht, und das Unbewusste mit etwas Unerkanntem, darunter Liegendem, finde ich ihn allerdings plausibel. Dabei versteht sich von selbst, dass Bewusstes und Unbewusstes nicht speziellen Orten im Gehirn entsprechen, sondern unterschiedlichen Zustandsbereichen des Psychischen und des diesem assoziierten organischen Eiweiß-Materials, das auf verschiedene Hirnregionen verteilt ist und dessen Zusammenspiel unsere geistige Existenz konstituiert.

Noch besser als die Oberflächenmetapher passt das Bild eines zeitlich veränderlichen Zustandes - ich nenne ihn 'Bewusstseinsstrom', da die zeitliche Variation eines Zustandes einen Strom definiert - der sich nicht frei sondern halb automatisiert aus dem Gesamtfundus des Hirninhaltes bedient und so beständig neu zusammensetzt. Er kann dabei sowohl auf direkt präsente Erinnerungen wie auch auf Vages, Vorbewusstes und Unbewusstes zurückgreifen, also auf alles, was das Gehirn in irgendeiner Form an psychischem 'Material' zur Verfügung stellt. Dieser Rückgriff erfolgt oftmals nicht willentlich, sondern unwillkürlich, intuitiv-unvermittelt oder instinktiv, d.h. unbewusste oder bislang unbeachtete Elemente stoßen scheinbar grundlos plötzlich und eruptiv in den Bewusstseinsstrom vor, um seine Kraft und Richtung zu verändern. Mit anderen Worten, der Automatismus ist nur selten ein bewusster oder gar ein willentlich gesteuerter Vorgang. Wie an verschiedenen Stellen dieser Arbeit hervorgehoben, macht ihn jedoch gerade dieser spontane Aspekt zu einem wesentlichen Element unserer Freiheit und Kreativität, ohne die intellektueller oder sonstiger Fortschritt niemals denkbar wäre.

Besonders frappierend wirkt das Unbewusste, wenn uns z.B. anlässlich eines aufwühlenden Ereignisses ein früheres Geschehnis, an welches wir jahrzehntelang nicht mehr gedacht hatten, plötzlich als intensive Wahrnehmungserinnerung wie plastisch vor Augen tritt - aus dem unbewussten Teil unserer Gedächtnisses wie von selbst hervorgespült. In Wahrheit ist dieser Vorgang des unwillkürlichen Hervortretens, auf den in Film und Literatur oft Bezug genommen wird, etwas höchst Dynamisches, das wir wie die meisten Aktivitäten des Unbewussten aber nicht direkt wahrnehmen können.

Sartre hat in seinem Hauptwerk 'Das Sein und das Nichts' die Kategorie des Unbewussten abgelehnt, da nach seiner Meinung alle Gedanken, Ideen, Vorstellungen und Emotionen, aus denen wir bestehen, zum Bewusstsein dazu gehören, es sei nur eben nicht alles erkennendes Bewusstsein. Die Argumente, die er vorbringt, kann man allerdings auch so lesen, dass er den Begriff des Bewusstseins um einige Aspekte erweitert, die normalerweise unbewusst genannt werden.

Wir werden Sartre und seine sehr spezielle Trennung von Ich und Bewusstsein an anderer Stelle noch ausführlich analysieren. Die Kritik an der rein psychologischen Interpretation ist allerdings insofern berechtigt, als man das Unbewusste nicht in erster Linie als einen Ort der Alpträume und Neurosen interpretieren sollte, sondern als einen Zustandsbereich, wo alles abgelegt ist, was momentan nicht Teil des 'direkten' Bewusstseins ist. Es sind dies sowohl scharfe Vorstellungen, die dem Bewusstsein sozusagen 'naheliegen' und auf die es bei Bedarf jederzeit instantan zugreifen kann, als auch verschwommene und rudimentäre Erinnerungen etwa aus der Phase der Kindheit, die unter einer Fülle anderer Eindrücke verborgen sind und meist nur durch den Zufall eines äußeren Ereignisses wieder an die Oberfläche gespült werden.

Die Vagheit solcher Erinnerungen zwingt das Unterbewusstsein, die vorhandenen Gedächtnismoleküle eigenmächtig zu modifizieren oder gar in einer die Erinnerung massiv verändernden Weise ganz neu zu bilden. Als Konsequenz können Inhalte des Unbewussten durch neue Erfahrungen überlagert und etwa durch innere Abwehr- oder Verdrängungsprozesse vollständig transformiert werden. Dabei entsteht auch manches scheinbar Irreale, das vom Ich sofort als falsch und fremd zurückgewiesen wird.

Vor allem hat das Unbewusste einige wichtige, die Psyche entlastende dynamische Funktionen, die von unserem Willen kaum beeinflusst werden können, sondern diesen und auch unser Handeln im Gegenteil wesentlich mitbestimmen. Dazu gehören zum Beispiel die Ablagerung unbewusster Überzeugungen, die mittelbar in das bewusste Verhalten einfließen, oder intuitive Geistesblitze, die auf scheinbar unerklärliche Weise plötzlich in unser Bewusstsein treten, in irgendeiner Form aber doch bereits vorher vorhanden gewesen sein müssen. Auch die Fähigkeit, durch eine Verbindung von mehreren bekannten Mustern plötzlich eine neue Erkenntnis zu gewinnen, ist nicht oder jedenfalls nicht allein im Ich-Bewusstsein angesiedelt. Wenn also ein Genie, statt längst ausgetretene Pfade detailverliebt nachzuanalysieren, einem Geistesblitz folgend, Altbekanntes zu gänzlich Neuem synthetisiert, ist mindestens teilweise sein Unbewusstes im Spiel in Gestalt einer besonderen Art der Intuition.

Es geht aber nicht nur um äußeren Erkenntnisgewinn, sondern auch um die Fähigkeit des Unbewussten, Emotionen zu initiieren und dann doch mehr oder weniger pragmatisch mit ihnen umzugehen. Alle unwillkürlichen Handlungsimpulse gehen nicht auf einen bewussten Willen des Ich zurück. Man denke an das Handeln im Zorn, das sich vom Bewusstsein um so weniger beeinflussen lässt, je größer der Jähzorn ist, und sich im Extremfall zur absoluten, jede Umsicht hinwegfegenden Gewaltorgie steigern kann.

Hier darf wieder der Hinweis nicht fehlen, dass die Menschen verschieden sind und nicht jeder in gleicher Weise zu jähzornigem und unbeherrschtem Verhalten neigt. Und vielleicht soll man diesen Hinweis zum Anlass nehmen zu vermuten, dass auch die unterschiedlichen Sichtweisen der philosophischen Schulen ursprünglich auf Differenzen in individuellen Hirnapparaten zurückgehen. Zum Beispiel wird jemand, der es gewohnt ist, seine Ideen bereits im frühesten, nicht ausgesprochenen Zustand in sprachlicher Form zu denken, bei der Selbstanalyse seines Bewusstseins der Sprache eine viel größere Bedeutung zumessen als einer, dessen Denken sich am liebsten im Bereich vager, intuitiver Vorstellungen bewegt oder für dessen Weltverständnis das Visuelle oder Räumliche eine größere Rolle spielt als jede Art von Zeichensystem.

Weiterhin kann man das Unbewusste als Ort des seelischen Wachstums interpretieren, das die gesamte Entwicklungsgeschichte des Individuums auffängt und begleitet und etwa den für Sartres Philosophie so bedeutsamen Drang zu Freiheit und Rebellion überhaupt erst ermöglicht, der entscheidend zu unserer Menschwerdung beiträgt.

Eine besondere Rolle spielt die Fähigkeit des dynamischen Unbewussten, Träume zu generieren. Träume sind die einzige Form der Halluzination, von der auch gesunde Menschen heimgesucht werden. Nachdem sie aber so häufig vorkommen, muss man sie wohl als eine der primären Bestandteile des menschlichen Geistes ansehen. Dass sie die biologische Funktion von Träumen bis heute nicht schlüssig zu begründen weiß, zeigt, wie wenig die Neurobiologie bisher von unseren Bewusstseinsvorgängen verstanden hat. Träume kommen fast nur im REM Schlaf vor, aber während man dem REM-Schlaf im Allgemeinen eine Festigung des Gedächtnisses zuschreiben kann, ist eine Korrelation des Gedächtnisses mit dem REM Traum bisher nicht belegt worden.

Da sie derzeit keinen relevanten Beitrag zu diesen Fragen liefern kann, zieht sich die naturwissenschaftlich geprägte Hirnforschung nicht selten auf den Standpunkt zurück, dass Träume gar keine besondere Funktion haben, sondern nur wirren Gedankensalat darstellen, der sozusagen vom Tage übriggeblieben ist. Träume sind danach eine Reaktion des Vorderhirns auf 'weißes Rauschen' im Hirnstamm. Sie sind zufällig und dienen keinen realen Zwecken. Evolutionsbiologisch entstanden sie als letztlich irrelevantes Nebenprodukt unseres Denk- und Schlafapparates.

Angesichts der Elaboriertheit vieler Träume scheint diese Sicht allerdings zweifelhaft, und auf der psychologischen Ebene existieren ja auch schon lange Erklärungsmuster für das Wie und Warum unserer Träume, zum Beispiel, dass Träume wesensverschiedene Erfahrungsbereiche des Individuums wenn auch auf irrationale Weise verknüpfen, um später im Wachzustand zu scheinbar intuitiven kreativen Lösungen von Problemen zu kommen, oder dass Träume beim Verarbeiten von Konflikten helfen können.

Vor allem das letzte scheint mir halbwegs stichhaltig. Träume, an die ich mich erinnern kann, haben zwar teilweise mit meinen täglichen Problemen zu tun und kombinieren sie auch manchmal neu, doch Lösungen liegen ihnen normalerweise fern. Gewisse Alpträume beziehen sich auf die schwerwiegendsten Traumata meines Lebens, aber indem sie mich wieder da hineinziehen, verstärken sie eigentlich nur oder holen zurück, was ich eigentlich schon lange verdrängt hatte. Dies lässt sich vielleicht so interpretieren, dass Träume bereits bei mittleren Konflikten überfordert sind und ihren Beitrag zur Konfliktverarbeitung nicht mehr leisten können.

Eine weitere wesentliche Bedeutung der Träume sehe ich darin, dass sie die Erfahrungen, die sich im Laufe der Zeit in unserem Kopf zu einem riesigen unübersichtlichen Haufen von Erinnerungen ordnen oder auch nur auf chaotische Art und Weise umschichten, so dass das Bewusstsein später besser und en gros darauf zugreifen kann. In Träumen laufen Rudimente unserer Erfahrungen in veränderter Form und in einer anderen Reihenfolge ab, ein Prozess, der diese Umschichtung erleichtert und vielleicht erst ermöglicht.

Das Unbewusste ist etwas sehr Dynamisches, in dessen innersten Bereichen sich permanent vom Ich-Bewusstsein nicht wahrgenommene molekulargeistige Vorgänge abspielen. So bringt es - scheinbar unerklärlich - spontane Einfälle an dessen Oberfläche, und sorgt vermutlich auch gezielt dafür, dass andere nicht dorthin gelangen. Es ist dann Aufgabe des Bewusstseins, unter den ankommenden Impulsen weiter zu selektieren, wobei auch diese Selektion nicht von ihm allein vorgenommen, sondern von unbewussten Impulsen begleitet und beeinflusst wird.

Daneben bewältigt das Unbewusste ununterbrochen alle möglichen anderen Herausforderungen: es sorgt dafür, dass unser natürlicher Egoismus nicht zu kurz kommt, beziehungsweise auch in der anderen Richtung, dass er nicht überbordet; es stellt dem Bewusstsein ein intuitives Sicherheitsempfinden und eine Angstschwelle zur Verfügung, die im Effekt wie ein automatisches Assistenzsystem in einem Auto oder Flugzeug wirken, jedoch bei mutigen und ängstlichen Persönlichkeitsstrukturen höchst unterschiedlich voreingestellt sind; und es sorgt in vielen Fällen kaum wahrnehmbar und quasi automatisch für die Vermeidung unangenehmer Affekte.

Überhaupt die Persönlichkeitsstruktur! Sie wird ganz wesentlich durch das Unbewusste festgelegt. Ich gehe so weit zu behaupten, dass der größte Teil von dem, was unsere 'Persönlichkeit' ausmacht, etwas Unbewusstes ist. Das Bewusstsein hat lediglich die Möglichkeit, unter Aufbietung seines Willens manche und vor allem die extremen 'Ausrutscher' des Unbewussten zu entschärfen. Inwieweit ihm das gelingt, ist auch wieder eine Frage des individuellen Charakters. Angemerkt sei, dass aus dieser Sicht der freie Wille durch das Unbewusste eher eingeschränkt als gefördert wird.

Was ist aus alledem zu schließen? Offenbar zwingen uns die Einsichten, die wir in den letzten Abschnitten über das Unbewusste gewonnen haben, die anfangs gegebene Definition des Bewusstseinsbegriffes folgendermaßen zu modifizieren: Bewusstsein ist ein makroskopischer Teilzustand des Gehirns, in den aus dem Unbewussten immerzu geistige Impulse hineinschießen.

Während uns eine Vielzahl äußerer und innerer Eindrücke bestürmen, ist unser Gehirn unentwegt damit beschäftigt, den einen ununterbrochenen Bewusstseinsstrom, der den Kern unseres Ich ausmacht, zu erhalten und teilweise auch umzulenken. Auf der anderen Seite hält das Unbewusste mal mehr mal weniger vernünftige wie auch instinktive Einfälle bereit, aus denen sich das Bewusstsein zu seinem Behuf bedienen darf. Dabei fungiert das Unbewusste nicht nur als Vorratsspeicher, sondern stellt dem Bewusstsein zahlreiche intuitive Entscheidungshilfen zur Verfügung.

Denn vor allem die Instinkte sind im Unbewussten angesiedelt. Allerdings ist der Übergang zwischen bewusst wahrgenommenen und unterbewussten Instinkten fließend, ebenso wie der zwischen vernunft- und instinktgetriebenen Impulsen. Der Grund, warum ich bin, hat mit meinem 'Ich denke' wenig zu tun - höchstens insoweit das 'Ich denke' Instinktcharakter besitzt. Man würde sich wundern, was bei genauerer Betrachtung alles Instinkt ist, von dem man vielleicht annimmt, es werde von der Vernunft determiniert. Selbst die tiefer liegenden Fundamente unseres Verstandes gehören zum Unbewussten! - Nun, Instinkt ist hier vielleicht gar nicht das richtige Wort. Die Impulse, die aus dem Unbewussten bei allen möglichen Gelegenheiten hochkommen, sind ja mit meinem Bewusstsein und den dort ablaufenden Erkennungsprozessen auf engste verkoppelt.

Man könnte versucht sein, aus der Dominanz der Instinkte zu schließen, dass wir keinen freien Willen haben, jedenfalls keinen vernünftigen Willen. Empfindungen wie Schönheit, Ekel, Zufriedenheit und so fort, und dazu gehört eben auch das Empfinden eines Willens, sind ursprünglich tierischer Natur und werden durch sprachliche Artikulation nicht erzeugt, sondern nur ausgekleidet, einer Sprache, die sich vernünftig gibt, doch in vielerlei Hinsicht lediglich der verlängerte Arm der Gefühle und Leidenschaften ist, die wiederum maßgeblich vom Unbewussten festgelegt werden.

Zusammenfassend lässt sich feststellen, dass die spontane, 'unbewusste' Seite unserer Bewusstseinsvorgänge zugleich ein wesentliches Element unserer Freiheit wie auch unserer Unfreiheit ist. Nota bene, dieser scheinbare Widerspruch ist bereits oben im Kapitel über Determination und Freiheit aufgelöst worden.

Sowohl das Bewusstsein wie auch das Unterbewusste sind in der Lage, geistige Brücken zu anderen Menschen zu bauen, so dass eine Kommunikationsgesamtstruktur entsteht, die wir sozial oder gesellschaftlich nennen. Diese stellt das Sein des Menschen auf eine höhere Stufe als das der Tiere, weil sie ihn in die Lage versetzt, größere Aufgaben und Projekte zu bewältigen. Es ist zwar richtig, dass technischer und intellektueller Fortschritt meist von den Ideen einzelner Genien ausgelöst wird. Dieser gelangt aber erst in gemeinsamer Arbeit zur vollen Entfaltung, derart, dass eine sozial vernetzte Gemeinschaft im Überlebenskampf besser zurechtkommt als ein isoliertes Individuum.

Ich habe in diesem Werk an verschiedenen Stellen beschrieben, wie wichtig die Anderen bzw die Gesellschaft für die Konstitution der menschlichen Ich-Identität sind. Tatsächlich beeinflussen sie das Bewusstsein ebenso stark wie das Unbewusste. Wobei notwendig auch die Umkehrung gilt: das durch die Gesellschaft gebildete bzw die Gesellschaft ausmachende intersubjektive Feld der Bewusstseine wird von den beteiligten Unterbewusstseinen kontrolliert und ständig nachjustiert.

Wie kann aber das Unbewusste des Einzelnen an der Konstitution der Gesellschaft teilhaben, da doch nur das Wahrgenommene in das Gesamt der Interaktionen einfließt, das man Gesellschaft nennt? Antwort: weil Mimik und Verhalten vom Unbewussten mit gesteuert werden und also das Unterbewusstsein bei der Ausbildung der vernetzten Gesellschaftsstrukturen eine wichtige Rolle spielt.

GESELLSCHAFT UND SEIN

Wir sind Geworfene; unsere Existenz ist tragisch, und sie ist absurd. Wir strengen uns an, aber eigentlich wissen wir nicht, wozu. Wir sind empathische Individuen, und müssen in einem weitgehend toten Kosmos überleben, dem jedes Gefühl abgeht und in den auch alle unsere sozialen Gemeinschaften eingebettet sind, ein Kosmos, dessen Sinn uns nicht erklärt wird und der im Raum der Welten aufgehängt ist einfach so, und wir können seine Absurdität mit Händen greifen. Es gibt kein Mittel dagegen, keine Dialektik, die uns mit ihm versöhnen würde.

Wenn wir Glück haben, erleben wir Menschlichkeit im Umgang miteinander; nie aber vergeben die Gesetze der Natur uns eine Schwäche. Sie haben uns zum Tode verurteilt, noch ehe wir geboren werden; und wir können auf ihre Endgültigkeit und Gnadenlosigkeit nur mit Galgenhumor reagieren, oder mit metaphysischen Hoffnungen.

Der Kosmos ohne Gefühle, ohne Plan-für-uns und ohne Heil - da bleiben uns Menschen nur jene Subsysteme, die wir die Alltagswelt nennen sowie die Welt des Geistes, die gesellschaftliche Gemeinschaft unserer Köpfe und der von ihnen gesteuerten Hände. Man kann versuchen, in deren historischer und anthropologischer Entwicklung einen Sinn und einen Fortschritt, eine Teleologie zu erkennen. Man kann Begriffe zur Anwendung bringen, die sich in kosmischen Maßstäben lächerlich ausnehmen mögen, Begriffe wie Ärger,

Ekel, Traurigkeit, Glück, Freude und Vertrauen oder Aktienkurse und Arbeitnehmerrechte, die aber zur Beschreibung und Erklärung der Erfahrungen unserer Existenz und unseres Status innerhalb der sozialen Dynamiken gut geeignet sind.

Letzten Endes ist auch unser gesellschaftliches Sein und damit die Basis, auf der unser Ich sich stabilisiert, absurd. Zum einen, weil wir als Individuen und samt unserer Freundeskreise und des ganzen globalen Dorfes doch nur kosmischer Staub sind: das unterminiert jeden utopischen Optimismus spätestens an unserem persönlichen Ende und meist auch schon vorher, wenn das Gefälle zwischen dem Anspruch, etwas darzustellen und unserer materiellen Bedeutungslosigkeit allzu groß wird.

Zum anderen ist sie absurd aufgrund immanenter Seinswidersprüche, die zum Zeil mit unserer Abstammung aus dem Tierreich zu tun haben. Für Lebewesen, die immer sehen mussten, wo sie bleiben, sind die Bewahrung der Natur und etwa der Tierschutz niemals das oberste Paradigma.

Trotz oder gerade wegen unseres Leidens und unserer Not sind wir Individuen, die gesellschaftlich handeln können. In jedem von uns gibt es genau ein Ich-Bewusstsein, das mit anderen Ich-Bewusstseinen kommunizieren und sich mit ihnen auf sprachliche und sonstige Regeln verständigen kann, so dass wir meist ziemlich schnell in der Lage sind, nach entsprechender Abstimmung konzertiert zu handeln. So gewinnt der Mensch viel mehr Einfluss auf seine soziale und natürliche Umwelt als wenn er isoliert vorginge.

Es versteht sich von selbst, dass für ein einzelnes Ich-Bewusstsein nur das existieren kann, was es von der Außenwelt bzw von den Anderen wahrnimmt, sei es durch deren eigenes Handeln und Wirken oder durch das, was ihm von Dritten über sie mitgeteilt wird. Letzteres, also die Rolle von Dritten, ist von essentieller Bedeutung besonders in modernen Gesellschaften, wo die Pläne und Entscheidungen der höheren Kreise den von ihnen Verwalteten wenn überhaupt meist durch die Massenmedien vermittelt werden. Die Herrschenden treten nur selten persönlich an die Beherrschten heran, weil sie von einem Kranz von Höflingen - und die wiederum von einem Teil der Exekutive - umgeben und abgeschirmt sind. Journalisten und Pressesprecher, die für die Kommunikation mit der Außenwelt verantwortlich zeichnen, bestimmen sogar auch umgekehrt das Bild, das die Eliten von den Massen und der allgemeinen Lage und Stimmung im Land oder in den Unternehmen haben.

Die so gegebene einfache Beschreibung auch komplexer Gesellschaften entspricht allerdings einer rein idealistischen Interpretation als Kommunikationssystem, insofern sich alle genannten Prozesse hauptsächlich mental, d.h. in den Köpfen der Beteiligten abspielen. Gesellschaft besteht nach dieser Vorstellung aus einer Summe von geistigen Vorgängen und Interaktionen innerhalb der Menge der individuellen Ich-Bewusstseine, und natürliche Ressourcen werden nur benötigt, um diese Prozesse in Gang zu halten.

Hierbei bleibt unberücksichtigt, dass das Verhalten und sogar der innere Kern unseres Selbst wesentlich von der materiellen Gesamtrealität mitbestimmt werden. Die Natur wirkt in vielerlei Form auf uns ein, und wir wirken auf sie zurück. Sie prägt das Ich-Bewusstsein, das sich gleichermaßen an die Reaktionen der materiellen Umwelt wie der Gesellschaft anzupassen lernt. Und da ohnehin alles, alle Ursachen und Wirkungen, auch die Inneren des Bewusstseins, innerhalb der physikalischen Welt erfolgen, müssen zumindest die maßgeblichen materiellen Einwirkungen auf unsere soziale Umgebung bei der Definition dessen, was Gesellschaft ausmacht, mit einbezogen werden.

Dieser ganzheitliche Ansatz vermeidet die offenkundigen Schwächen einer idealistischen Denkweise, die die Betrachtung gesellschaftlicher Vorgänge auf reine Bewusstseinsprozesse beschränken will. In seinem Rahmen lassen sich verschiedene scheinbar verwickelte Fragen auf relativ einfache Weise beantworten, zum Beispiel die, wie sich soziale Strukturen entwickeln, zu einem System zusammenfügen und wie das Individuum dazu gebracht wird, diese Ordnung mitzutragen und nach ihren Regeln zu funktionieren, und noch vorher die Frage, ob das Handeln der Individuen die gesellschaftlichen Strukturen bestimmt oder umgekehrt.

Ausgangspunkt ist immer die Feststellung, dass soziale Strukturen sowohl aus inneren geistigen als auch aus äußeren materiellen Komponenten bestehen. Eine äußere Komponente ist beispielsweise der Rohrstock in der autoritären Erziehung, die innere ist der psychische Schaden, den der Erzieher damit anrichtet. Eine innere Komponente ist auch das in den Ich-Bewusstseinen abgespeicherte Wissen um die Hierarchien in einer Institution, äußere Komponenten sind Größe, Lage und Einrichtung der Büros von Untergebenen und Führungskräften oder der an die Arbeitnehmer überwiesene Anteil an der Wertschöpfung des Unternehmens. Um solche Strukturen zu realisieren, bedarf es der (zuweilen erzwungenen) Bereitschaft von Menschen, sich an die von der Struktur vorgesehenen Plätze stellen zu lassen.

Sodann muss man beachten, dass in Bezug auf soziale Prozesse die Individuen nichts von der Gesellschaft wirklich Unabhängiges darstellen und dass die Gesellschaft nicht ohne die Individuen gedacht werden kann. Mensch und Gesellschaft bilden ein Beziehungsgeflecht wechselseitiger Abhängigkeiten. Dabei spielen Individuen, die an mehr Verknüpfungspunkten beteiligt sind, gesellschaftlich eine größere Rolle als andere, tragen jedoch oft weniger zur Wertschöpfung bei.

Das so entstehende soziale Geflecht ist demnach Folge der Verschiedenheit der menschlichen Charaktere: der eine schöpft darin Befriedigung, mit seinen Maschinen fast im Alleingang einen großen Acker zu bestellen, ein anderer fühlt sich beim andauernden Kommunizieren innerhalb einer großen Institution mit vielen Arbeitskollegen am wohlsten. Der eine kann, ohne mit der Wimper zu zucken, einem eben noch vergnügt pickenden Huhn den Kopf abschlagen, der andere hält das Leiden eines Tieres, das auf der Straße überfahren wurde, kaum aus. Einer erfreut sich an dem Anblick blühender Bäume und Sträucher, die er zwischen seinen Äckern gepflanzt hat, damit möglichst viele Vögel dort nisten, die meisten anderen treibt die Gier nach Geld, auch noch den letzten Streifen Erde umzupflügen, der ihr Feld von der Straße trennt. Alle aber gehören zur Gesellschaft und tragen zu deren Fortbestand bei.

Die Strukturen selbst lassen sich als geronnenes Handeln interpretieren, so wie die ihnen innewohnende Macht geronnene Gewalt ist. Geronnenes Handeln enthält Anteile, die von vorhergehenden Generationen bereitgestellt wurden und die Grundzüge der gesellschaftlichen Ordnung festlegen, die als Tradition oder Vorbild, oder als Festigkeit des Faktischen die Strukturen psychologisch stabilisieren. Derart wird etwa die amerikanische Demokratie auf absehbare Zeit durch ihre checks and balances stabilisiert, indessen sich in Russland ebenso stabile Systeme von Diktaturen immer aufs neue replizieren (Zarismus, Bolschewismus, Militärdiktatur oder eine sogenannte gelenkte Demokratie).

Ein gutes Beispiel für diese Darlegungen liefern Kultur und Geistesleben einer Gesellschaft. Als eine der Metastrukturen hat die Kultur sowohl materielle als auch geistige Komponenten. Die geistigen setzen sich aus den Mustern und Normen des Denkens, Verstehens, Bewertens und Kommunizierens kultureller Leistungen zusammen; zur materiellen Komponente gehören etwa verbreitete Verhaltensweisen der Bürger sowie auch alle kulturell wichtigen Institutionen wie Theater, Museen, Politik- und Wissenschaftsbetriebe und vieles mehr.

Dieser gesamte Bereich, einschließlich der Ökonomie, der Organisation der Arbeits- und Sozialprozesse, des geistigen und technischen Entwicklungsfortschritts usw kann als Teil des Gesellschaftlichen verstanden werden. Obwohl solche Makrostrukturen mitunter stark auf die Individuen zurückwirken, sind sie dem sozialen Mikrobereich, mit dem wir unsere Betrachtungen in diesem Kapitel begonnen haben, weitgehend entwachsen und haben eine Eigendynamik entwickelt, die zum Teil nicht mehr kontrollierbar ist. Man denke etwa an Börsenabstürze, die letztlich Folge der Wirkung einer großen Zahl von unkoordinierten Einzelaktionen sind. Ein anderes, relativ oft vorkommendes Beispiel stellen Völker dar, die sich von einem Tyrann seinen Willen aufzwingen lassen, so dass am Ende auch diejenigen, die ursprünglich gar nicht bereit waren, ihm zu folgen, die Konsequenzen aus seinem womöglich verbrecherischen Tun mitzutragen haben.

Kultur ist nichts durchweg Positives. Nicht nur aufgrund rigider Traditionen schränkt sie den Freiraum dessen, was einzelne Individuen aushandeln können, von deren Geburt an ein, d.h. die Kultur übt allein durch ihr Vorhandensein Macht über die in die vorhandene Gesellschaft Hineingeborenen aus. Viele Jugendliche machen in der Pubertät eine Phase durch, in der sie sich gegen die vorgegebenen Normen und Werte von Kultur und Gesellschaft zur Wehr setzen, weil diese ihrer selbstbestimmten Ich-Entwicklung entgegenstehen.

Alle Menschen sind sich zwar im Großenganzen ähnlich. Daher können sie sich nicht nur paaren, sondern auch miteinander reden und durch Kommunikationsprozesse (u.a. Abmachungen, Verträge) starke Gemeinschaften bilden. Dabei werden in den Köpfen ständig gemeinsam imaginierte Teilwelten aufgebaut. Jedoch sind die Bindungen in einem Gemeinwesen um so schwächer, je mehr Zwang im Spiel ist. Umgekehrt wirken tradierte Bindungen, die für den freiheitsliebenden Charakter ebenfalls eine Form unbewussten Zwanges darstellen, oft stärker, weil nicht nur der Traditionsbewusste sie durch (eine möglicherweise sogar liebevolle) Erziehung verinnerlicht hat.

Zugleich sind die Menschen aber auch verschieden. Dies garantiert eine Vielfalt in der Gesellschaft, die dem Fortschritt gut tut, wenn etwa ein Außenseiter diejenigen überflügelt, die allzu sehr im Alten verhaftet sind. Innerhalb der gemeinsam imaginierten Welten bildet jedes Ich Teilsichten aus, die vom Durchschnitt der Anderen um einige Nuancen abweichen, und es kommt nicht selten vor, dass sich verschiedene Teile der Gesellschaft weitgehend separate Welten konstruieren. Folge davon sind die sogenannten Parallelgesellschaften, aber auch der Klassenkampf oder gar Bürgerkriege, an denen im Extremfall die ganze Gesellschaft zerbrechen kann.

Am deutlichsten unterscheiden sich vermutlich die Welten von Herrschern und Beherrschten. Dies weniger bezüglich der Bilder, die zur Welterklärung herangezogen werden, als vielmehr im Hinblick auf soziale Kommunikationsvorgänge. Das soll an einem Beispiel erläutert werden. Wie an anderer Stelle dargelegt, wirkt der 'führende', 'namhafte' Intellektuelle, oder auch der sogenannte 'hochkarätige' Wissenschaftler, als Unternehmer seiner selbst, weil er mit seinen Ideen im Gespräch bleiben muss und auf eine Herde von Vermittlern angewiesen ist, Journalisten etwa, die auf dem Umweg über Rezensionen seiner Schriften seinen Namen verbreiten.

Solch ein Mensch nimmt die Welt und ihr Potential-für-ihn ganz anders wahr als jene Arbeiter, die aufgrund mangelhafter soft skills wenig Möglichkeit haben, aktiv und effektiv in den Diskurs, d.h. die Weltsicht und den Zeitgeist einer Gesellschaft einzugreifen. Vielleicht liegt darin der Grund, dass jemand wie Sartre auf die Idee kommt, der menschlichen Freiheit zuzugestehen, sie könne sich scheinbar beliebig über gesellschaftliche Zwänge hinwegsetzen. Genau dieses Schauspiel führen uns Unternehmerpersönlichkeiten unentwegt vor. Sie sind im Kopf anders verschaltet als die Mehrheit der 'Plebejer', und daraus ergeben sich auch in ihrer Philosophie spezifische Schwerpunktsetzungen. Sartre hat zwar später die Rolle der Freiheit relativiert und einen Einfluss durch gesellschaftliche Zwänge zugestanden, doch immer noch aus der Sicht des freien Intellektuellen-Unternehmers.

Es ist doch so: im familiären Umfeld verhält sich jeder fast wie es ihm gefällt, zeigt seine wahren Gefühle, jedenfalls solange die Familie nicht auseinander driftet oder substantielle Streitigkeiten Gefühlsausbrüche zu einem Risiko machen. Je weiter man sich aber von der Familie entfernt und je größer und anonymer die gesellschaftlichen Makrostrukturen, in denen man sich bewegt, um so nebensächlicher und gar abträglicher werden die offene Aussprache und das ungeschminkte Zeigen von Gefühlen. In solchen Umgebungen erscheint es klüger, sein eigenes Ich zu verstecken bzw sogar weitgehend aufzugeben, um zu einer Art Schauspieler zu avancieren, der in der Lage ist, die jeweils geforderte Funktion ohne Reibungsverluste auszufüllen, am besten lachend und bella figura machend. Nicht umsonst spricht man von einer Rolle, in die jemand, der im privaten Kreis ganz anders erscheinen mag, unter den Umgebungsbedingungen einer Institution oder eines Arbeitsprozesses schlüpfen muss. Indem er die Rolle übernimmt und sie aktiv und positiv ausfüllt, legt er einen Teil seines Ichs und seiner Überzeugungen ab, um in den Rängen der Institution aufzugehen.

Man muss allerdings zugeben, dass wohl jeder Mensch eine ontologisch-soziale Differenz verspürt zwischen seinem eigenen wahren Ich und dem, als was die Gesellschaft ihn wahrnimmt. Ontologisch ergibt sich das Minimum dieser Differenz als Différence aufgrund der Absurdität des Daseins, von der jedes Ich-Bewusstsein nur allzu sichere Kenntnis hat, die es dem Anderen, dem es ja genauso geht, im täglichen Umgang und im Angesicht der prosaischen, deprimierend aussichtslosen Realität aber nicht pausenlos vorhalten möchte.

-

Gesellschaften sind nicht homogen. Den Unternehmer- und den Arbeiterarchetypen haben wir schon unterschieden, doch darüber hinaus bestehen sie aus Klassen, Einkommens- und Berufsgruppen, es gibt religiöse Unterschiede und solche der Hautfarbe. An den Bruchstellen treten häufig Konflikte auf, besonders wenn sie mit Verteilungsungerechtigkeiten korreliert sind. Nota bene, dass aus Verteilungskämpfen nicht zwingend Aufstände sich entwickeln, sondern seltsamerweise neigen Menschen oft eher dann zu übertriebenen Gewalttätigkeiten, wenn sie sich in ihrer Identität als Mitglied einer Rasse oder einer Meinungsgruppe bedroht sehen. Anscheinend haben Menschen in früheren Zeiten manchmal davon profitiert, wenn sie sich irgendwelchen verrückten Meinungsgruppen anschlossen.

Konflikte sind meistens Interessenskonflikte. Diese 'Interessen' sind nicht immer materieller Natur, sondern können sich auch aufgrund ideologischer, familiärer oder sonstiger Ansprüche ergeben. Auch wenn zuweilen so viel Porzellan zerschlagen wird, dass Ursachen und Folgen eines Konfliktes in einem grotesken Verhältnis zueinander stehen, darf man in den meisten Fällen getrost davon ausgehen, dass die Fallhöhe des Konfliktpotentials außer von hormonellem Übereifer zu einem beträchtlichen Teil letztlich doch von 3 alten Kernfragen bestimmt wird, wer (i) sich den Bauch vollschlagen, (ii) sich fortpflanzen und wer (iii) am Ende die Arbeit machen darf. Andere für sich arbeiten zu lassen, ist ein uralter Wesenszug des Menschen und damit auch seiner Gesellschaften. Früher waren die Unterschichten dafür vorgesehen, heute versuchen es die Eliten eher mit Maschinen und mit der Automatisierung.

Obwohl sie nur selten in Reinform auftreten, unterscheide ich generisch folgende Konflikttypen:

-Wenn in einer Gesellschaft so viele junge Männer und Frauen geboren werden, dass die bestehenden Institutionen keine Verwendung für sie haben, sehen sich diese von der strukturellen Gewalt aus Traditionen, Kultur und Gesetzen eingeengt und wenden sich instinktiv dagegen. Sie machen sich dann gewöhnlich auf die Suche nach neuen Horizonten, also nach Alternativen, die außerhalb des etablierten Systems liegen und diesem womöglich feindselig gegenüber stehen. Im Extremfall entstehen hierdurch Bürgerkriege.

-Auf der anderen Seite entwickelt bei uns eine alternde Gesellschaft, in der die schiere Masse der Rentner die Wahlergebnisse dominiert, auch weil die wenigen Jungen statistisch seltener zur Wahl gehen, ihre ganz eigene Konfliktphänomenologie. Hier kommt es seltener zu Straßenschlachten, man ist sich weitgehend einig in der Ablehnung von Gewaltmethoden, trotzdem besteht eine große und generelle Unzufriedenheit mit der jeweiligen Regierung.

-materielle und soziale Konflikte, Verteilungskämpfe und Konflikte aufgrund von Umweltzerstörung und Zerstörung der Lebensgrundlagen. Verteilungskonflikte sind praktisch immer vorhanden; es ist utopisch, zu meinen, sie würden irgendwann ganz verschwinden.

-ideologische Konflikte: Religion, Rassenwahn, Gleichheitsutopien. Die Anführer wissen oder ahnen meist, dass Träume wie die Gleichheit aller Menschen oder die Reinrassigkeit eines Volkes unerreichbar sind, heizen aber die Konflikte aus egoistischen Motiven weiter an. Seit alters her ist die Funktion von Ideologien janusköpfig. Einerseits befriedigen sie bestimmte Bedürfnisse der Unterprivilegierten, von der Macht Ausgeschlossenen, andererseits sind sie der playing ground für diejenigen, die die Träume und Hoffnungen der Anderen benutzen, um sich selbst Macht und Privilegien zu verschaffen.

-das Streben nach Macht; damit einhergehend das Ausnutzen von Konfliktpotentialen, um die Macht zu erringen.

Wenn man sich die Staaten der Erde ansieht, erkennt man, dass sich Gesellschaften häufiger als Tyrannis organisieren denn als westliche Demokratie. Dass nach einer Phase relativer Freiheit oder auch nach einer Revolte des unzufriedenen Volkes ein Einzelner, der sich darin gefällt, über dem Gesetz zu stehen, nach diktatorischer Macht greift, ist ein immer wiederkehrendes Muster nicht erst seit der Moderne. Um erfolgreich zu sein, muss er in den Institutionen über Anhänger verfügen, die es ebenfalls mit der Demokratie nicht so genau nehmen. In besonders krassen Fällen bringen pathologische Autokraten wie Napoleon oder Hitler ihr Volk dazu, einen Eroberungskrieg gegen die halbe Welt zu starten.

VERSUCH ÜBER SARTRE

Wissenschaft und Philosophie, und ganz allgemein unsere analytischen Denk-fähigkeiten, sind sehr gut darin, das Funktionieren aller möglichen Teilaspek-te unserer Existenz zu verstehen. Sie haben es in vielen Fällen geschafft, hin-ter oberflächlich wahrnehmbaren Phänomenen das Wirken elementarer Prin-zipien zu enthüllen, die im weiteren Verlauf der Wissenschaftsgeschichte oftmals auf noch grundlegendere zurückgeführt werden konnten. Doch das wahre Problem der Philosophie, die metaphysische Frage nach dem letzten Seinsgrund, haben sie nicht gelöst. Woher kommen die Substanz und die Re-geln, nach denen sie operiert?

Man kann dem Problem ausweichen, indem man behauptet, dies sei eine falsch gestellte, sinnlose Frage, allein schon weil unsere Methoden, Fragen zu beantworten, an die Natur derjenigen Phänomene gebunden sind, die der Mensch im Laufe seiner Evolution auf der kleinen Erde kennen und zu hinter-fragen gelernt hat, oder anders formuliert, weil ein letzter Grund nicht mit der Konzeption des menschlichen Denkens zusammenpasst. Wie sollte auch die Antwort auf diese Frage lauten? Gründe und Kausalität gibt es doch nur für ein Ereignis, das auf andere folgt.

Man kann das Problem verlagern, indem man den Begriff der Zeit (und des Raumes) erweitert. Bei der Frage nach dem letzten Grund geht es ja mögli-cherweise um Vorgänge, die schon vor dem Anfang des Universums und außerhalb des beobachtbaren Kosmos stattgefunden haben. Ein Vorher und ein Außen sind durchaus denkbar, wenn man sich vorstellt, dass unser Universum beim Urknall aus der Kondensation eines heißen Tetrongases innerhalb eines größeren 6-dimensionalen Raumes hervorgegangen ist, der unser Universum auch heute noch umfängt.

Bei näherer Betrachtung stellt diese Art der Argumentation allerdings nur eine Verschiebung der ursprünglichen Frage dar. Dadurch mögen metaphysische Probleme wie das des letzten Seinsgrundes zwar zu Einstiegspunkten für neue physikalische Erkenntnisse werden; die Probleme selbst werden damit aber nicht gelöst, sondern nur immer weiter hinausgeschoben. Ob die unter den Bedingungen unserer terrestrischen Umwelt entstandenen Gehirne bzw Ich-Bewusstseine eine Letztbegründung der Welt überhaupt denken können oder nicht, ist eine Frage, die weiter oben bereits diskutiert worden ist. Dass dabei speziell dem menschlichen Dasein ein metaphysischer Sinn zukommt, würde ich eher verneinen. Am Ende müssen wir uns wohl einfach damit abfinden, dass unser eigenes Dasein absurd und sinnlos ist.

Der Begriff des Seins steht auch im Zentrum der sogenannten Existenzphilosophien. Diese sind zumeist Lebensphilosophien, die weniger das physikalische als das individuelle und soziale Sein des Menschen betrachten. Letzteres ist noch stärker von Zeitlichkeit und Vergänglichkeit bestimmt als der Kosmos als Ganzes, und menschliche Grundbefindlichkeiten spielen hier eine tragende Rolle.

Der Existentialismus und auch all das, was man im weiteren Sinn als Existenzphilosophie bezeichnet, beschäftigt sich mit der Naturphilosophie, die in meinem Denken einen zentralen Platz einnimmt, ausdrücklich nur am Rande. Existenzphilosophie geht normalerweise von einem Dasein des Menschen aus, das gewissermaßen außerhalb der organischen und anorganischen Natur und innerhalb eines sozialen Situationsrahmens stattfindet; der Mensch, sein Geist und Bewusstsein stehen im Mittelpunkt, nicht wie bei der naturwissenschaftlich begründeten Ontologie die Materie. Dass sie materiellen Wirkungen auf die Gesellschaft zu wenig Rechnung trägt, ist ein offensichtliches Manko dieser Art von Philosophie.

Historisch ging es dem Existentialismus vor allem darum, sich von den hermetischen, tendenziell menschenverachtenden Systemen in der Nachfolge Hegels abzusetzen, deren Verbreitung in Europa mit dem Zeitalter des Manchesterkapitalismus korreliert war und erst ungefähr mit den Weltkriegen ein Ende nahm. Die Erfahrung dieser Kriege zusammen mit einem technischen Fortschritt, der trotz aller Schattenseiten immer mehr Menschen immer größere Freiräume und Rückzugsmöglichkeiten eröffnete, hat dann jene veränderten Grundeinstellungen innerhalb der abendländischen Philosophie hervorgebracht bzw befördert.

Wie bei einschneidenden neuen Geistesströmungen nicht unüblich, kommen bei den abstrakten Begriffsbildungen der Existenzphilosophen einige andere Aspekte der klassischen Philosophie zu kurz. Etwa in Heideggers auf Innerlichkeit zielendem Ansatz, in welchem Begriffe wie Sorge, Geworfenheit, Mitsein, Möglichsein und Verstehen im Vordergrund stehen und dabei wichtige Tatsachen nicht mitreflektiert werden wie die, dass der Mensch ein zutiefst biologisches Wesen ist, das in einer hochtechnisierten Massengesellschaft dennoch gut funktionieren und sich dabei dem Anschein nach sogar sehr wohl fühlen kann. Gar nicht wird über die Rolle der organischen Natur bei der sich oftmals selbstähnlich restrukturierenden Organisation von Ich und Gesellschaft nachgedacht, und zu wenig über die Verschiedenartigkeit der individuellen psychischen Konstitutionen oder über die Klassenstrukturen und das Interessengemenge konkreter Gesellschaften, die unser aller Dasein determinieren und damit die dieses Dasein beschreibenden Theorien eigentlich dominieren sollten.

Genug Gründe, sich die Behandlung der zumindest anfangs nazibegeisterten Koryphäen Heidegger, Jaspers und Co, in deren konservativem Denken Eliten und/oder Führer eine allzu große Rolle spielen, zu ersparen. Stattdessen konzentriere ich mich auf Sartre, den Progressiven unter den Existenzphilosophen, dessen Denken ich zwar nicht in Gänze teile, dessen Ideen zur menschlichen Freiheit mir aber durchaus faszinierend erscheinen. Bei aller Bewunderung werde ich im Folgenden vor allem auf das abheben, was mich von Sartre trennt und dabei nicht gerade zimperlich mit ihm umgehen.

Wie bereits angesprochen, ist die Materie für den Existenzphilosophen nur ein Beiwerk, auf dessen Hintergrund sich das eigentliche Sujet seiner Philosophie, das Sein (gemeint ist das soziale oder individuierte Dasein des Menschen) entfaltet. Im Gegensatz dazu haben materielle Dinge keine wirkliche Tiefe, sie sind nur für uns da und an sich ohne Daseinssinn. Erst der Mensch verleiht ihnen durch Verwenden und Reflektieren Bedeutung und Leben. Sein Tod ist ein Wiedereintritt seines Körpers und der von ihm bearbeiteten und verwendeten Dinge in das undurchdringliche Nichts der Materie.

Anders als in der Naturphilosophie lässt sich auf Ebene der gesellschaftlichen Existenz ein letzter Seinszweck scheinbar leicht ausmachen. Er ergibt sich aus der Bedürfnisbefriedigung der Individuen, aus ihrem Gut-leben-wollen, sowie auch dem ihrer Klasse und der gesamten Gesellschaft. Dies setzt einen hohen Grad der Naturausbeutung voraus, eine stabile Geburtenrate, und dass man sich eventuell mit Nachbarn um Ressourcen streiten muss (zuweilen in kriegerischen Konflikten).

Da das Individuum, wie sich in der Geschichte gezeigt hat, in verschiedenen Gesellschaftsformen überleben kann, ist deren Form nicht exakt festgelegt. Der Mensch kann in kleinen Gruppen existieren, in einer straff durchorganisierten Tyrannei oder einer liberalen Demokratie.

Eine Metaphysik, die behauptet, der Begriff des Seins lasse sich nicht aus der Perspektive des konkret Seienden analysieren, kann nur für das Bewusstsein und die Begriffe gelten, die es formt, jedoch nicht für das physikalische Sein (=die Dinge-an-sich). Auch die Aussage, die Seinsfrage verweise auf den Menschen, gilt nur (und dort trivialerweise) für das Sein des Ich und für die dem Bewusstsein zur Verfügung stehenden Pointer. Daher ist festzustellen, dass der Begriff des Seins nur in dem Sinne auf den Menschen verweist, in dem jeder Begriff auf den Menschen verweist.

Der Mensch hat nicht nur als Herr über die Begriffe, die er verwendet, ein Seinsverständnis, sondern auch, weil er ein materieller Bestandteil des Universums ist. Seine Einbettung in den physikalischen Kosmos bestimmt und beschränkt seine Erkenntnisfähigkeit ebenso jenes Seinsverständnis. Der Mensch definiert die Begriffe, kann aber die Gesetze an sich nicht ändern.

Auch seine Fähigkeit zur Einsicht in soziale und ökonomische Dynamiken ist begrenzt. Immerhin hat er eine wenngleich beschränkte Möglichkeit, auf diese Einfluss zu nehmen. Der Grad seines Einflusses hängen von seiner Rolle innerhalb der gesellschaftlichen Hierarchie ab.

Wenn man sagt, das Seinsproblem könne nur im Kontext einer durch das Dasein getätigten ursprünglichen Verzeitlichung gelöst werden, darf das nur so verstanden werden, dass diese die Art und Weise bestimmt, wie der Mensch sein eigenes Sein begreift und empfindet. Denn das physikalische Sein der Materie gibt es auch ohne den Menschen, und dessen Gesetzmäßigkeiten sind anscheinend unwandelbar. Daher bleiben dem Menschen nur die Randbedingungen, die er ändern und bereitstellen kann, um seine Maschinen zum Laufen zu bringen.

Werden und Vergehen, die üblicherweise im Zusammenhang mit dem Sein genannten dynamischen Begriffe, sind in der physikalischen Wirklichkeit einfach Zustandsänderungen, die an der grundlegenden Eigenschaft des Seienden, zu sein, nichts ändern.

Aufgrund der so beschriebenen Beschränkungen ist jeder existenzphilosophische Ansatz automatisch mit folgenden Unzulänglichkeiten behaftet:

-der existentialistische Anthropozentrismus, der ohnehin der menschlich allzu menschlichen Tendenz entgegenkommt, alles aus der subjektiv-interessengesteuerten Sicht des selbst ernannten homo sapiens zu sehen, führt leicht zu philosophischer Selbstüberschätzung. Er steht damit im Gegensatz zu der von mir vertretenen ganzheitlichen Philosophie, wo das Sein der Menschen und das der Natur sich mindestens gleichberechtigt gegenüberstehen, nur teilweise als dialektische Gegenspieler.

-er führt insbesondere zu einer fragwürdigen Haltung gegenüber Umweltzerstörungen. Diese sind aus Sicht der Existenzphilosophen nur dann kritikwürdig, wenn sie das Dasein der Menschen beeinträchtigen, statt es zu verbessern oder bequemer zu machen. Das liegt daran, dass die ungenutzte und unbearbeitete Umwelt ja angeblich über keine Tiefe verfügt und auch kein Gut an sich ist, das neben den Interessen des Bewusstseins bestehen könnte. Wenn es dem menschlichen Wohlleben dient, ist selbst die gnadenlose Ausbeutung der Natur, auf welcher unser Wohlstand maßgeblich beruht, in jedem Fall gerechtfertigt.

-der existentialistische Antinaturalismus führt zu einer fragwürdigen Haltung gegenüber den Naturwissenschaften. Diese haben schon lange herausgefunden, dass das An-sich-sein der Dinge komplexen Gesetzmäßigkeiten folgt, die von sehr großer Tiefe zeugen - auch und gerade im Vergleich zu den banalen Triebimpulsen, denen das menschliche Verhalten oft unterworfen ist. Dabei sind viele dieser komplexen Naturerscheinungen mit Sicherheit noch gar nicht entdeckt, viele Gesetze noch gar nicht gefunden, und die experimentellen Produktionsmittel werden wohl nie ausreichen, um die Tiefe der Materie vollständig auszuloten.

An dieser Art der Tiefe ist aber der Existentialismus ohnehin nicht interessiert. Sondern es geht ihm um die Tiefen und Untiefen unseres psychischen und sozialen Ich-Bewusstseins, die dazu führen, dass viele gesellschaftlichen Strukturen und Kommunikationsvorgänge äußerst fragile Gebilde sind, wo im Extremfall ein hochmütiger Blick, ein Blinzeln zur falschen Zeit eine schreckliche Fehde auslösen kann.

In seiner äußersten Form mündet der Anthropozentrismus in die polemische Frage: "Was hat denn die Natur für mich / für den Menschen getan, dass ich sie schützen soll?", um auf die Antwort: "Sie ist die Grundlage allen organischen Lebens und lässt zum Beispiel die Früchte gedeihen, die an den Bäumen wachsen." zu erwidern: "Hast du schon mal einen Wildapfel probiert?"

Dies ist der egoistische Standpunkt des Ackerbauern und Viehzüchters, der der unabhängigen Natur keinen Raum bieten will, geschweige dass er ihr ein gleichwertiges Existenzrecht zugesteht. In Wirklichkeit hängen natürlich die kultivierte und die 'wilde' Natur untrennbar zusammen, und Beides greift vielfach bestimmend in das Sein des Menschen ein. Das wahre Problem ist die Ignoranz, mit der man sich auf diese Weise quasi über den materiellen Kosmos stellen zu können meint. Eigentlich kann das niemand im Ernst vertreten, und so stellt es wohl letztendlich nur eine innere Rechtfertigungsstrategie für die erwähnte gnadenlose Naturausbeutung dar.

Nota bene ist der Anthropozentrismus nicht nur ein wesentliches Element der Existenzphilosophie, sondern all jener philosophischen Ansätze (insbesondere auch des Hegelschen), die Natur und Materie als eher nebensächlich für ihr Denksystem betrachten. Gewiss ist der Hegelsche Zugang noch abstrakter. Doch teilt er mit dem Existentialismus und jeder Innerlichkeit die Konzentration auf die Begriffe und Konstruktionen, die der Mensch sich für sein Leben in der Gesellschaft und in der Geschichte zurechtlegt, und benutzt sie als Ausgangspunkt der philosophischen Überlegungen - dies übrigens einer der Gründe, warum Sartre mit Erfolg auf Hegelsche Denkfiguren zurückgreifen konnte.

Jedes rein geisteswissenschaftliche Schema wird nämlich bei der Frage nach dem (Grund des) Sein letztlich versagen. Weil es beim Sein der Materie versagt, versagt es dann auch beim Sein des Menschen. Es kann zwar alle möglichen Fragen bezüglich Befindlichkeiten, Reaktionen und Beziehungen der Individuen in sozialen Strukturen analysieren, wird dabei aber immer an der Oberfläche der Phänomene verbleiben, d.h. diese nur phänomenologisch beschreiben statt sie von fundamentalen Prinzipien her zu begreifen. Erstens, weil die Seinsfrage dem Grunde nach auch eine naturwissenschaftliche Komponente aufweist, und zwar eine biologische (der organisch-chemische Aufbau des Menschen, seines Hirns und seiner Genetik) sowie eine physikalische (das Biologische als Unterabteilung des anorganischen Kosmos, in den wir mindestens ebenso geworfen sind wie in die Gesellschaft). Und zweitens, weil die menschliche Existenz in sich absurd und daher womöglich unbegründbar ist. Dieses Argument wurde bereits im Abschnitt über Letztbegründungen näher ausgeführt.

Typische geisteswissenschaftliche Ansätze wie der Sartresche Existentialismus treffen unentwegt nur beschreibende Feststellungen bzgl des menschlichen Daseins, ohne zu fragen, welche Dynamik den geistigen (und damit auch den sozialen) Phänomenen zugrundeliegt. Feststellungen wie

-"Der Mensch ist verurteilt, frei zu sein. Er taucht in der Welt auf, erfasst sich als existierend für nichts, als überflüssig."

-"Die Dinge erscheinen als das, was sie sind und sind nichts als die Gesamtheit ihrer Erscheinungen. Sie sind, was sie sind, undurchdringlich, ohne Daseinssinn, überflüssig: sie sind an sich."

-"Es zeigt sich andererseits ein Sein, das nicht darin aufgeht zu sein, was es ist, und dies ist das Bewusstsein. Das Bewusstsein ist kein Ding, keine Substanz. Das Bewusstsein entspringt als das dem Sein Entgegengesetzte, als sich selbst durchsichtiger Bezug zu ihm."

offenbaren das Grundproblem aller Existenzphilosophie: sie ist nur rein deskriptiv und gibt selten Gründe für die beschriebenen Phänomene an. Woher stammt aber das Bewusstsein? Was steckt hinter den konstatierten Relationen? Woher kommen das Ich und die Anderen? Wieso entfaltet sich diese denkwürdige Dynamik des gesellschaftlichen Seins? Das Prinzip der evolutionären Selektion, das man hinzuziehen könnte, beantwortet solche Fragen nur relativ vage, und so wird man auf der Suche nach tieferen Erklärungen auf den naturwissenschaftlichen Zugang, d.h. auf die Suche nach dem neuronalen Korrelat des Bewusstseins geführt.

Dabei geht es zunächst um das Problem, in welchen Teilen des Gehirns unser Bewusstsein vorrangig lokalisiert ist und wie es sich aus der Aktivität von vielen verschiedenen Neuronen als ein qualifizierter und stetiger Gesamtzustand herausbildet. Hierbei muss man klar feststellen, dass Sartres Bewusstseinsbegriff ein anderer ist als der von mir im Kapitel über Bewusstes und Unbewusstes verwendete. Für mich gehören Ich und Bewusstsein zusammen. Sie sind nicht identisch, liegen aber konzeptionell sehr nah beieinander, mit so viel Überlapp, dass man in vielerlei Hinsicht von einem Ich-Bewusstsein sprechen kann. Ich habe ja bereits früher anlässlich der Diskussion von Kants 'Transzendalbewusstsein' eingefordert, dass philosophische Ansätze auf künstliche Trennungen unseres Ich-Seins besser verzichten sollte. Sartre sagt, das Bewusstsein sei kein Ding, keine Substanz. Andernfalls könne es kein Bewusstsein von etwas sein. Ich hingegen meine, das Bewusstsein ist in erster Linie in der Hirnmasse verankert und biochemisch gesteuert. Als Bewusstsein ist es FÜR-MICH etwas subjektiv Empfundenes, das objektiv wird und eine materielle Macht erst durch sein Handeln, Bearbeiten der Umwelt und die Gesellschaft vieler anderer Bewusstseine.

An anderer Stelle wurde erläutert, wie sich die Fähigkeit des Gehirns, die Realität zu reflektieren und gezielt zu verändern, aus der rein materiellen Struktur seiner Proteine ergibt. Daraus folgt, dass man das Bewusstsein nicht idealistisch zu etwas ganz Anderem hypostasieren muss, um seinen Umgang mit der Welt zu verstehen. Ich bevorzuge für das Bewusstsein das Bild eines Wurmfortsatzes, der die Oberfläche der Welt, mit der er verbunden ist und bleibt, eigenverantwortlich zuerst beäugen und dann auch materialiter modifizieren kann. Die Existenzphilosophen betrachten hingegen die Natur des Bewusstseins als von der der Materie gänzlich verschieden, als metaphysikalisch, und diesen idealistischen Irrtum teilen sie mit einem Großteil der griechischen und auch der abendländischen Philosophie.

Die radikalste künstliche Trennung, die Sartre vornimmt, besteht darin, zu behaupten, das Ego erscheine dem Bewusstsein als jenseitiges An-sich, als Existenz der menschlichen Welt, nicht des Bewusstseins. "Ich ist ein anderer." Was unserem Sein die persönliche Existenz verleihe, sei nicht der Besitz eines besonderen Ich, sondern das Faktum der Selbstgegenwärtigkeit. Selbstgegenwärtigkeit okay, dem stimme ich zu. Darüberhinaus ist aber doch das Bewusstsein unseres eigenen Selbst ein wesentliches Element des speziellen Ich, das wir sind. Kurz gesagt: das Bewusstsein gehört nach meiner Meinung zur Ich-Struktur dazu und sollte nicht künstlich von ihm getrennt werden.

Wenn ich in mich hineinsehe, beobachte ich in meinem Selbst eine große Schnittmenge zwischen den Bereichen des Ich und des Bewusstseins. Sartre hingegen unterscheidet das Bewusstsein als reine, unpersönliche Spontaneität vom Ich, das zum An-sich Sein des Menschen gehöre und von seinen Seelenzuständen, Erbanlagen und seiner sozialen Entwicklungsgeschichte determiniert werde. Das Bewusstsein trete auf, um dieses Ich zu nichten, und durch diese Nichtung sei der Mensch frei; sie löse den Menschen von sich selbst und zwinge ihn, sich bewusst zu definieren, beziehungsweise, wie Sartre sagt, zu entwerfen.

Demgegenüber existieren für mich die Ich-Bewusstseine einfach als Folge des Überlebenmüssens in der materiellen Welt, d.h. sie sind eine biologische Antwort auf eine biologische Herausforderung. Das schließt keineswegs aus, den Menschen als nichtende Überschreitung des Gegebenen zu definieren, der ununterbrochen dabei ist, sich selbst und seine Realität zu hinterfragen und nach eigenem Willen in Freiheit zu modifizieren.

Allerdings gehört ein Teil unseres Bewusstseins immer dem gesellschaftlichen Kollektiv bzw seinen Unterkollektiven an. Das Kollektiv der Familie, der sozialen Gruppe und der Gesellschaft oder ihrer Eliten samt einer gehörigen Portion Zufall legen fest, in welcher Weise wir Einzelnen und unsere Kultur sich entwickeln. Eine produktive Nichtung des Ich kommt nur zustande, wenn es zu Kritik und Selbstkritik willens und fähig ist (und ich meine hier nicht in einem von oben verordneten Sinne). Hinsichtlich dieser Option unterscheiden sich die Individuen beträchtlich. Jemand, der sich im Mainstream wohl und zuhause fühlt, braucht sich außer in Zeiten des Untergangs i.a. nicht großartig neu zu erfinden. Will sagen: Mitläufernaturen sind in diesem Sinne niemals frei, und auch all die Gecken nicht, die andauernd irgendwelchen Moden hinterherrennen. Das Einzige, was ein Mitläufer benötigt, ist eine gewisse, aber nicht zu große, Abgrenzung seines eigenen Ich-Bewusstseins gegenüber den Bewusstseinen der Anderen.

Der Mitläufer und der Opportunist haben sich anscheinend frei für ein Leben entschieden, für das gar kein großer Entwurf erforderlich ist, allein schon deshalb, weil es mehr als genügend Vorbilder gibt, denen sie nacheifern können. Da die Mehrheit immer aus Mitläufern besteht und ohnehin jeder von uns im täglichen Leben beinahe ununterbrochen mitläuferische Kompromisse eingeht, betrifft dies einen so großen und wichtigen Teil unseres Daseins, dass man ihn nicht als bloßes An-sich-Sein am Rand, sondern recht eigentlich im Zentrum unserer immer mediokren und letztlich absurden Existenz verorten muss. Indem ich mich anpasse, bin ich und bleibe ich - oder kann mich zumindest über Wasser halten. Um so besser geht es allerdings denen, die die Puppen auch noch für sich tanzen lassen können.

Die von Sartre implizit eingenommene, gegenteilige Position besteht darin zu behaupten, entscheidend sei, was der Mensch jenseits seiner Anpassungen ist; erst diese Aktivitäten machten ihn frei, machten sein Menschsein aus und brächten z.B. einen Dichter dazu, trotz schwerer Krankheit nicht zu resignieren, sondern sich ihr kraft seines Willens mit immer neuen Texten unermüdlich entgegenzustellen.

Abgesehen von dem existentialistischen Voluntarismus, der in diesem Argument besonders deutlich zutage tritt, gibt es viele Menschen, deren psychische Konstitution gar nicht ausreicht, sich einer schweren Krankheit 'entgegenzustellen'. Sartre muss sich fragen lassen, ob er 'den Menschen' hier nicht zu sehr universalisiert, statt die relevanten Unterschiede zu beachten, i.e. die körperlichen und seelischen Verfasstheiten der Individuen, die wiederum stark von genetischen Dispositionen abhängig sind.

Der Existentialismus ist eine Utopie; denn wer nicht frühzeitig untergehen will, darf nur sporadisch auf die Seite der Freiheit sich schlagen. Je mehr ein Ich-Bewusstsein in den Gegensatz zu Anderen oder zu gesellschaftlichen Traditionen gerät, um so mehr wird es sich i.a. aufreiben und schwächer werden, weil es Kraft kostet, die immer neuen Widerstände zu überwinden. Normalerweise ist die angepasste Komponente zu fast jeder Zeit der dominante Anteil unseres Ich-Bewusstseins, und fast immer behält sie die Kontrolle über das Ich. Oft sind wir uns darüber nicht einmal bewusst, und meist sind wir damit sogar zufrieden. Es reicht uns vollkommen, wenn wir unsere Vernunft in den Dienst jenes Überlebens und Wohlseinlassens stellen, um welches auch das Tier vor allem besorgt ist. Die verbreitete Überhöhung der menschlichen

Intelligenz im Vergleich zu der des Tieres, die sich durch die gesamte philosophische Literatur zieht, bemäntelt nur dieses so simple wie allgemeine Muster unseres Handelns. Auch für diejenigen, die gesättigt in einer schützenden Hochkultur zuhause sind, geht es vor allem um gutes Überleben in ihrem sozialen Umfeld. Allerdings werden hier von der Instinkt-Vernunft andere Verhaltenstechniken erwartet und angewendet als wenn es um die Ausbeutung der Natur und die Bewältigung ihrer Gefahren geht.

Gemäß Sartres Philosophie ist der Mensch dazu verurteilt, frei zu sein. Das sehe ich anders. Der Mensch ist hauptsächlich angebunden und unfrei. Außerdem entwickelt sich Vieles ohne unser freies Zutun 'einfach so', d.h. aufgrund gesellschaftlicher Umstände oder natürlicher Gegebenheiten. Für einen wirklich freien Menschen gäbe es keine biologische Wesensbestimmung. Er könnte sich sein Wesen, seine Persönlichkeit und alles andere selbst erschaffen, könnte die Grenzen seiner Freiheit immer weiter hinausschieben, bis zur vollständigen geistigen und körperlichen Durchdringung des Universums. Grenzen wären nur dazu da, überwunden zu werden, und erst, wenn ihm die Stunde schlüge, müsste er ins Dunkel des (individuellen und sozialen) Nichts zurücktreten.

Allerdings ist Sartre auch der Philosoph, der sagt, dass die menschliche Freiheit nicht in einer impotenten Welt existiert, sondern nur zusammen mit einer konkreten historischen Situation zu denken ist. Sie ist keine universelle, reine Freiheit im oben beschriebenen Sinn, sondern lebt gerade durch ihre Bindung an soziale Gegebenheiten.

Hiermit räumt er ein, dass die realen Möglichkeiten der Freiheit gegen die Natur und die historisch gewachsene Gesellschaft gering sind. Vielleicht liegt die tiefere Wahrheit von Sartres Freiheitsbegriff in der zumeist erfolglosen Auflehnung gegen das Bestehende, von der jedoch, wie oben bemerkt, nicht jeder von uns in gleicher Weise erfasst wird.

Die Behauptung, der Mensch habe zu jedem Zeitpunkt mehrere reale Alternativen, ist auch insofern Utopie, als sie nur innerhalb eines gewissen, mehr oder weniger breiten Potentialrahmens zutrifft, welcher durch die von Gesellschaft und Natur auferlegten Zwänge bestimmt wird. Seine Situation unterscheidet sich durchaus in ihrer Komplexität, nicht aber prinzipiell vom Tier. Das Tier, das etwa ein anderes jagt, tut dies instinktmäßig, und doch auch bewusst und unter Zuhilfenahme einer 'Vernunft', die seine Reaktionen auf die Fluchtversuche seiner Beute steuert. Es hat dann zu jedem Zeitpunkt mehrere Möglichkeiten zu reagieren, den linken Weg zu wählen oder den rechten - oder aus Einsicht in die etwaige Aussichtslosigkeit des Unterfangens einfach stehen zu bleiben. Umgekehrt stößt es bei erfolgreichem Jagdverlauf eine

Nichtung des Gegebenen (vulgo Tötung seines Opfers) an, und wird sich im Rahmen seines rudimentären tierischen Ich-Bewusstseins darüber auch durchaus bewusst sein.

Man könnte einwenden, diese Nichtung führe zu nichts außer einem vollen Bauch und gehe ansonsten auf Kosten eines anderen Lebens. Bei der menschlichen Freiheit hingegen komme es darauf an, worauf sie gerichtet sei. Kunst, Utopie - es müsse eine transzendente Komponente existieren bei allem, wohin ich mich frei entwerfe. Nur IRGENDetwas tun zu können, sei keine Freiheit.

Dann aber stellt sich automatisch die Frage, was Frei-Sein überhaupt bedeutet, außer einer abstrakten Möglichkeit, die vielleicht gar keine reale Grundlage hat. Wo sind denn die historischen, die neurologischen, die ontologischen Bedingungen der Freiheit? Bildet der Mensch sich seine Freiheit womöglich nur ein? Ist sein Handeln in Wahrheit nicht komplett determiniert?

De facto entwickelt sich unser Leben, unsere persönliche Historie doch so: wir rutschen in etwas hinein, oder sind von Geburt aus schon drin, geraten in im Großen vorfestgelegte, doch im Detail zufällige Situationen und reagieren entsprechend unserem Temperament und teilweise auch unter Anwendung der Vernunft. Manchmal stellt die Situation auch nur einen eher irrelevanten, statischen Welthintergrund für unsere Befindlichkeiten dar. In diesem Fall entschließen wir uns spontan zu etwas, wozu wir Lust haben - oder es kommen Pflichtgefühle dazwischen, denen wir nachgeben oder auch nicht. Wie wir denken und was wir letztendlich tun, darüber entscheidet auch unser Charakter. Dieser reiht sich ein in die Liste derjenigen Faktoren, die die Form unsere Freiheit bestimmen:

-innere Bedingungen wie (i) Charakter und Naturell eines Menschen und (ii) seine Instinkte und unbewussten Impulse

-äußere Umstände (i) physikalischer und (ii) sozialer Natur

Nota bene, handelt es sich hier nicht durchweg um Beschränkungen unserer Freiheit, weil sie den freien Willen, wie er in der Welt ist, in gewisser Weise erst definieren. Siehe hierzu das Kapitel über die menschliche Freiheit.

Freies Handeln als Ergebnis lang andauernder Reflexionsprozesse - das gibt es natürlich auch. Man könnte daher meinen, die Freiheit, sich dann so oder so zu entscheiden, sei alles andere als spontan. In Wahrheit setzt jedoch die endgültige Durchführung kurz vor dem Handlungsereignis ein erneutes, spontanes 'Ich will' voraus, bei dem unser Unbewusstes ein entscheidendes Wörtchen mitzureden hat.

Es besteht eine offenkundige Verbindung zwischen dieser Diskussion und den Einsichten, die wir an anderer Stelle aus der Erkenntnistheorie gewonnen haben. Dort war von Impulsen die Rede, die aus dem Unterbewusstsein vorschießen, das Korsett der strengen Analyse sprengen und unser Denken zu neuen Ideen führen können. Genau solche Impulse sind auch für die zuweilen erratische Wahl des Handelns verantwortlich, die wir auf der Grundlage unserer Freiheit treffen, weil sie es sind, die uns dazu bewegen, uns so oder so zu entscheiden, zuweilen auch entgegen Abwägung und jede Vernunft. Ein Korollar aus dieser Bemerkung: jede Erkenntnis ist frei, sonst wäre sie keine. Sie macht von demselben Zusammenspiel von Bewusstem und Unbewusstem Gebrauch wie die Freiheit des Handelns. Allerdings gibt es Grenzfälle; wenn wir uns etwa durch gute Argumente von Anderen gezwungen sehen, etwas als Wahrheit anzuerkennen, was wir zuvor partout nicht glauben mochten.

Ein wesentliches Element dieser Freiheit ist also die Spontaneität der Wahl. Aber ist das wirklich schon Freiheit? Sind nicht spontane oder erratische Entscheidungen zumindest statistisch vorhersehbar, und können sie überhaupt eine Bedeutung im Hinblick auf die Freiheit haben? Mehr noch: was kann der Begriff der Freiheit uns Menschen bedeuten, außer dass wir dann und wann unseren Willen bekommen, der zu einem Gutteil von unserem Egoismus und von dunklen Impulsen des Unterbewusstseins gesteuert wird. Ganz abgesehen davon, dass wir nicht selten am Ende bereuen, was wir zuvor in inbrünstiger Freiheitssucht erstrebt bzw uns eingehandelt haben.

Sartre behauptet, wir verlören durch die Verwendung der Freiheitsfunktion unsere Identität. Weil wir uns dadurch neu erfänden, zu neuen Ufern aufbrächen, konstruierten wir ein neues Selbst, das sich auf den Widerstand gegen das Gegebene gründe. Dies ist die bereits früher besprochene Negativität der Freiheit.

Im Gegensatz dazu ist der Horizont des soeben beschriebenen Freiheitsbegriffes viel enger. Indem er es für sich instrumentalisiert und meist bloß minimal zu verändern trachtet, stellt er das Gegebene nur selten grundlegend in Frage.

Freiheit bei Sartre ist nicht Freiheit von der äußeren Situation, sondern Freiheit ist die (u.U. infinitesimale) Bewegung über die Grenze dieser Situation. Diese Grenze wird durch die sozialen und natürlichen Rahmenbedingungen festgelegt, und wenn man der naturgesetzlichen Dynamik ihren Lauf ließe, würde sie nie überschritten. Eine Steppe voller Gräser und Sträucher bleibt ohne den Menschen wie sie ist; allenfalls wird sie sich über viele Jahre dank eines veränderten Klimas in eine Wüste oder einen Regenwald verwandeln. Objektiv gibt es hier keine Freiheit, keine Zwänge. Alles fließt so, wie es den physikalischen Gegebenheiten und Gesetzmäßigkeiten entspricht.

Freiheit ist wirksam erst mit dem Auftritt des Menschen auf dieser Bühne, wenn er sich in bewusster Weise für eine Umgestaltung des Geländes entscheidet, zu Weide oder Ackerland, zu einem Gewerbegebiet oder zu einem Naturpark voller Spazierwege. Selbst wenn er beim Anlegen dieser Spazierwege einen Unfall erleidet, und z.B. in einem tiefen Erdloch gefangen und zum Nichtstun verdammt ist, kann er durch Planung sich noch über diese Situation hinaus entwerfen, darin besteht seine Freiheit, egal ob er am Ende überlebt oder scheitert. Das Scheitern ist nicht der Gegensatz zur Freiheit, sondern einfach eine Möglichkeit, die sich aus der Freiheit ergibt. Die Dinge an sich leisten keinen Widerstand, sondern es sind die Entwürfe, also letztendlich das Bewusstsein, durch das die Dinge für uns zu einem Widerstand werden.

So kann man das durchaus sehen. Allerdings sind unsere Bewusstseine selbst für-uns nicht völlig frei, sondern dahingehend gebiast, dass sie ihr gesellschaftliches und materielles Überleben immer im Blick haben. Bevor wir uns frei entscheiden, wägen wir instinktiv und egoistisch (und rational) Vor- und Nachteile ab, und im Grunde bewirkt solcherlei Berechnung eine Fehlfärbung der Freiheit. Demzufolge sind die inneren Grenzen unseres freien Willens teils durch Instinkte, teils durch Vernunft festgelegt, und Freiheit besteht eben darin, die Grenzen auszuloten und gegebenenfalls zu überschreiten oder auch nicht.

Diese Aussage bezieht sich nicht nur auf Fälle, in denen man der Natur etwas abzutrotzen versucht oder sich dann doch frei dagegen entscheidet, sei es, weil man keine Lust dazu hat oder der Aufwand zu hoch erscheint, sondern auch auf soziale Situationen, in denen die Grenzen unserer Freiheit von Anderen gezogen werden. Dabei kann es sich sowohl um scheinbar eherne Regeln und Gesetze handeln als auch um Trugbilder einer Ideologie oder auch nur um den Druck einer vorherrschenden Meinung, mit denen wir leichter gefügig gemacht werden sollen.

Darüberhinaus gibt es historisch wie auch milieubedingt starke Schwankungen in dem, was eine Gemeinschaft frei durchgehen lässt, und umgekehrt auch krasse Unterschiede in dem, was Menschen sich gegenüber Anderen herauszunehmen wagen: für den einen bedeutet es bereits ein no-go, sich mit unbequemen Meinungen auch nur ein bisschen unbeliebt zu machen, der andere kann einiges aushalten und entwirft sein Leben bewusst im Gegensatz zum Mainstream. Ein Dritter findet nichts dabei, Streitigkeiten im Notfall mit Gewalt auszutragen. Wenn die Freiheit auf den Tod hinausläuft, verzichten die meisten allerdings lieber auf sie, außer sie sind in eine Situation geraten, einen Krieg etwa, in der ihnen scheinbar der Heldentod abverlangt wird, oder sie hängen am Tropf einer Ideologie, die ihnen weismacht, dass ihr Ende gleichzeitig ihr größtes Glück bedeutet.

Auf die Tatsache, dass die Menschen sehr verschieden sind, wurde schon mehrfach hingewiesen. Obwohl wir uns alle körperlich und auch in Hinsicht auf die intellektuellen Basics ähneln - andernfalls wäre eine Kommunikation zwischen den Individuen kaum möglich - gibt es enorme Unterschiede bzgl des Denkens, des Charakters, des Sozialverhaltens, der Interessen usw.

Solche Unterschiede bestehen nicht zuletzt zwischen der sogenannten schweigenden Mehrheit auf der einen Seite und den Anführertypen jeglicher Colör, zu denen nicht nur alle Chefs und Opinionleaders, sondern auch berühmte Philosophen wie Sartre, Heidegger, Hegel und Co zu zählen sind, Typen eben, die sich in jedem sozialen Umfeld, jeder historischen Situation nach oben bewegen und an denen beispielsweise anstrengende körperliche Arbeit immer vorbeigehen wird.

Tatsächlich gibt es verschiedene klassische Methoden, andere dazu zu bringen, für einen zu arbeiten. Am einfachsten sind natürlich Gewalt oder Gewaltandrohung, also Versklavung, und in der modernen Gesellschaft die Bezahlung mit Geld. Eine der ältesten und effektivsten Methoden besteht aber auch darin, im weitesten Sinne für die Aufrechterhaltung der Moral zuständig zu sein, d.h. durch schöngeistige Reden, lustige Witze oder ein ansprechendes Musikprogramm für gute Stimmung zu sorgen - mit anderen Worten: ein 'Popstar' zu sein. Für Popstars arbeiten viele Menschen gern und ohne zu murren. Und nicht nur, weil sich im Umfeld von Reich&Berühmt mehr Geld verdienen lässt als in Armenvierteln.

Popstars, zum Beispiel der Philosophie, sehen sich einem eigenen Selbst gegenüber, das ihnen in vielen Situationen fremd vorkommen muss, weil es intern extrem egoistisch ist (um den einmal errungenen Status zu sichern und auszubauen), während es nach außen das glatte Gegenteil signalisiert, eine Uneigennützigkeit nämlich, die darin besteht, der Öffentlichkeit scheinbar permanent dienstbar zur Verfügung zu stehen. Während er den Anschein zu erwecken versucht, vollständig in Willen und Weltbild seiner Bewunderer aufzugehen, ist alles Trachten des Popstars in Wirklichkeit auf das eine Ziel ausgerichtet, formelle oder informelle Macht über die Anderen zu gewinnen, letztlich um die damit verbundenen Privilegien genießen zu können.

In den Köpfen solcher Menschen entsteht dadurch naturgemäß eine Art von Schizophrenie, das Gefühl eines Widerspruches zwischen dem gewöhnlich in der Jugend verinnerlichten universellen Ehrlichkeitsideal und der Tatsache, dass sie der Öffentlichkeit permanent eine Rolle vorspielen. Genau diese Schizophrenie liegt ihrem Einfluss auf die Massen zugrunde. Um diesen aufrecht zu erhalten, muss sich ihr Ich-Bewusstsein streng in zwei Sphären teilen: das ihnen selbst fremd erscheinende Ich, das den Anderen gekonnt etwas vorspielt, und das es beobachtende Bewusstsein. Das Ich übernimmt die Herr-schaft über die Masse (etwa die Community der Philosophen), indem es sich ihr durch Beifall heischende kluge Reden scheinbar unterwirft. Dabei wird es vom Bewusstsein beobachtet, welches die Angst des existentiellen Alleinseins niemals vollständig verdrängen kann und sein überangepasstes Ich im Grunde verachtet.

Auch bei dem, was Sartre als 'Liebe' bezeichnet und analysiert, fällt auf, dass es ihm letztlich um in-Szene-setzen und um Manipulation geht. Er behauptet, das vom Bewusstsein entfremdete Ich sei ebenso sehr seine Verbindung zum Anderen wie das Symbol des absoluten Getrenntseins. Der Schlüssel zum eigenen Selbst liege in dem "Versuch, die Freiheit des Anderen in die Hand zu bekommen, indem man sich zum faszinierenden Objekt für den Anderen macht, ihn verführt." Liebe dient Sartre demnach hauptsächlich dazu, "die Definitionsmacht über das eigene Ich zu erlangen, indem man die Freiheit des Anderen in seinen Bann zieht", so dass man - möglichst allein und ausschließ-lich - für den Anderen die Welt bedeutet.

So habe ich persönlich Liebe nie erlebt, und ich glaube wohl, dass es daran liegt, dass ich kein Verführer bin, d.h. einer, dem es leicht fällt, Andere von seiner politischen, philosophischen oder wissenschaftlichen Meinung oder von körperlichen oder sonstigen Vorzügen zu überzeugen. Wie wohl den meisten Normalsterblichen ist mir diese Fähigkeit nicht gegeben. Doch für Selbstvermarkter wie Sartre und all die anderen Koryphäen des Weltgeistes ist sie essentielle Voraussetzung ihres Wirkens.

Auch hat die Art von Befreiung, die ein Verführer am Ende erlangt, wenig mit jenem emphatischen Begriff der Freiheit zu tun, den ich in diesem Werk be-schreibe, weil sie auf dem Rücken des Verführten stattfindet. In Wahrheit ist es einfach nur die oben beschriebene uralte Sozialtechnik, mit der man errei-chen will, sich in der Welt beliebt zu machen, damit die Anderen für einen arbeiten. Der Verführer muss sich verstellen, muss sein eigenes Interesse zu-nächst zurückstellen und scheinbar zum Diener werden, oder zum bewunder-ten Führer anerkannt kluger Reden; er muss dem Anderen etwas erzählen, was dieser goutiert - eine Schmeichelei oder eine faszinierend schlüssige Explika-tion - mit dem verdeckten Ziel, ihn am Ende zu unterjochen. Indem er skla-visch tut, kann er versklaven. Darin besteht einer der Techniken des Hierar-chisierens – auch auf Terrains, die zuvor keine Hierarchie kannten.

Obwohl als Befreiungsprozess angepriesen, ist dies offenbar nicht der Weg zur Freiheit, denn diese verliert sich durch ein solches Verhalten, diffundiert in die Kanäle von Täuschung und Schauspielerei; sondern es ist ganz im Ge-genteil eine der effektivsten Methoden, Macht auszuüben, ohne auf Militär-

oder Polizeigewalt zurückgreifen zu müssen. Solche Herrschaft verbürgt eine Stabilität, von der viele Tyrannen nur träumen können.

Unter den Gurus und 'Popstars' dieser Provenienz gibt es viele, die die eigene Schizophrenie nicht wahrnehmen und das Volk daher um so bedenkenloser manipulieren. Wobei die Masse der Verführten kein homogenes Gebilde ist. In erster Linie besteht sie zwar aus jener grob geschätzt Hälfte der Menschheit, die immer gern der Mehrheit und einem Anführer folgt; in gewissen, als heroisch empfundenen Situationen schließen sich aber auch Andere dem Begeisterungstaumel an, so dass leicht eine Zweidrittelmehrheit zustande kommen kann.

Das Handeln der realen Menschen ergibt sich natürlich immer als eine Mischung aus verschiedensten Impulsen, und das gilt auch für die Verführer. Sogar die übelsten politischen Demagogen haben Träume und verhalten sich nicht immer als die Machtmaschinen, als die sie die Geschichte im Nachhinein wahrnimmt. Mag also sein, dass ich auch Sartre an dieser Stelle zu einseitig sehe, denn er sagt auch, dass man durch die Liebe nicht mehr überflüssig und verloren ist, sondern gerechtfertigt zu existieren. Gleich darauf schränkt er aber ein, eine Freiheit, die sich im Anderen verliere, zerstöre sich als Freiheit. Im Liebespaar wolle jeder Objekt sein, in dem sich die Freiheit des Anderen entfremdet. Daher gelte: "Wenn der Andere mich liebt, enttäuscht er mich radikal durch seine Liebe."

Solche Bemerkungen hören sich tiefsinnig an. Nach meinen Erfahrungen sind sie aber sekundär, zu abstrakt und abgehoben, als dass sie der Liebe zweier Menschen gerecht werden würden. Es gibt mehrere andere Mechanismen, die eine weitaus wichtigere Rolle spielen. Ich möchte darauf an dieser Stelle aber nicht weiter eingehen, sondern verweise auf die umfangreiche Literatur zum Thema 'Psychologie der Liebe'.

Sartre konstatiert, dass jedes Ich am liebsten an-und-für-sich wäre, das meint, genuine Ursache seines Selbst, so dass alles biologische Verlorensein und alles soziale Außer-sich-sein (alle Entfremdung) aufgehoben wäre. Doch dieser Wunsch muss natürlich Utopie bleiben. Bestenfalls kann man auf eine relative Überwindung der Entfremdung hoffen, auf wessen Kosten auch immer. Das Für-sich kann sich im Verhältnis zu Anderen überwinden, d.h. stabilisieren, entweder im Für-andere-sein, oder indem es sich in den Dienst einer Sache stellt. Das sind die beiden prinzipiellen Richtungen, in die der Mensch sein Leben entwerfen kann. Je nach Persönlichkeit und individuellen Interessen entscheidet er sich so oder so.

Es wurde bereits erwähnt, dass über fast allen menschlichen Aktivitäten unser Überlebenswille steht. Von dieser Warte aus betrachtet verhalten sich diejenigen besonders egoistisch, die nicht in irgendeiner Form eine Serviceleistung für die Gesellschaft erbringen, sondern stattdessen eine Sache verfolgen, die ein rein privates Steckenpferd zu sein scheint und anderen nichts nutzt. Doch manche Menschen können nicht anders; und zuweilen ergibt sich ein allgemeiner Nutzen für die Menschheit am Ende auf indirektem Weg. Das ist wohl einer der Gründe, warum die Philosophie existieren darf.

Wie Sartre richtig feststellt, ist der Andere in der Lage, mein Verständnis von mir mit einem einzigen Blick, einem einzigen Laut zu verändern - vorausgesetzt, dass ich diesen Blick oder diesen Laut auch wahrnehme. Genauso wie ich den Anderen zu meinem Objekt machen kann, verstehe ich, wenn der Andere mich zu seinem macht.

Doch welche realen Folgerungen ergeben sich aus dieser Alltagserfahrung? Ändern Sie mein Verhalten oder meine Selbstverortung im Sozialgefüge? Ich kann natürlich, wie bei Hunden, versuchen, den Anderen wiederum mit meinem Blick zu unterwerfen, aber das wird dann nicht funktionieren, wenn ich in der sozialen Hierarchie unter ihm stehe. Am wirkungsvollsten und auch am schädlichsten für meine Ich-Konstitution sind hingegen umgekehrt missbilligende Blicke des Machthabers auf mich, beruhend auf jenen asymmetrischen sozialen Strukturen, die das öffentliche Dasein der Menschen dominieren. Eigentlich müssten solche Blicke voller Scham sein über die Anmaßung seiner Herrschaft, doch diese Scham scheinen die Herren nicht zu kennen. Stattdessen nutzen sie jede Möglichkeit zur Zementierung ihrer Macht. Entscheidend ist hier im Übrigen nicht ein einzelner vernichtender oder aufmunternder Blick, sondern die Gesamtheit der involvierten Kommunikationsvorgänge und die Frage, ob der Beherrschte dem Herrschenden schon öfter negativ aufgefallen ist. Sie bestimmen letztlich darüber, wer die Arbeit macht, wer die Putzfrau zu spielen hat und wer in Notzeiten als Erster vom Wagen gestoßen wird.

PHILOSOPHIE DER GESCHICHTE

Zu reden ist nicht von der Naturgeschichte; sondern gemeint ist die Geschichte der menschlichen Gemeinschaften.

Im Prinzip startet diese mit dem ersten Auftritt des homo sapiens auf der Bühne unseres Planeten; jedoch gibt es eine umfassende Selbstreflexion der Geschichte durch den Menschen wohl erst seit der Zeit der frühen Hochkulturen vor maximal ungefähr 5000 Jahren, in denen dann auch bereits Schrift und Schreibgeräte zur Verfügung standen, die jede Geschichtsschreibung voraussetzt.

Geschichte wird von Historikern erforscht, beschrieben und interpretiert. Während die geschichtlichen Ereignisse vielschichtig sind, von vielen widerstrebenden Interessen und Protagonisten getragen und von anderen, vorvergangenen Ereignissen wesentlich mitbestimmt, kann Geschichtsschreibung naturgemäß immer nur aus einer oder wenigen Perspektiven heraus erfolgen und nie den vollständigen Ablauf des Geschehens wiedergeben. Umgekehrt heißt das: die Totalität einer geschichtlichen Epoche kann durch ein einzelnes Narrativ nicht vollständig erfasst werden, sondern ist zu definieren als der Limes der Gesamtheit aller möglichen Narrative.

Nietzsche hat behauptet, es gebe 3 Arten von Geschichtsschreibung, eine monumentalische, eine antiquarische und eine kritische, je nachdem ob der Historiker "dem Tätigen und Strebenden, dem Bewahrenden und Verehrenden oder dem Leidenden und der Befreiung Bedürftigen zuneigt".

Dazu ist zu sagen, dass bei jeder dieser 3 Vorgehensweisen die eigentliche Geschichte tendenziell gegenüber den Interessen des Betrachters in den Hintergrund tritt. Dass der Geschichtsschreiber historische Ereignisse durch die eigene Brille sieht und seine Darstellung daher teilweise verfälschend ist, mag als Binsenweisheit durchgehen. Nach meiner Meinung muss ein guter Historiker aber versuchen, sich und seine eigenen Zeitläufe und Interessen so weit wie möglich in den Hintergrund treten zu lassen. Sicherlich wird ihm das nicht vollständig gelingen; doch als Ideal sollte er dies im Auge behalten: eine Geschichte zu entwerfen, die sich selbst gehört; und zusammen mit der ergänzenden Arbeit anderer Geschichtsforscher aus unterschiedlichen Perspektiven ein annähernd objektives Bild der Vergangenheit zu zeichnen. Wer Geschichtsschreibung anders versteht, betreibt sie eher als eine Form von Propaganda - um nichts Anderes handelt es sich bei den von Nietzsche beschriebenen Typen.

Man muss sich ganz einfach klarmachen, dass die Sicht auf eine geschichtliche Ereignisfolge a priori von mehreren, ganz unterschiedlichen Seiten beeinflusst wird:

-von den damaligen Beweggründen der geschichtlich handelnden Protagonisten

-von ihrer Vorvergangenheit, ihren Biografien und dem Einfluss zeitgenössischer Institutionen

-von der Interessenlage der Geschichtsschreiber, die ihre eigene Weltsicht und Gegenwart darin spiegeln

-von einer eventuell existierenden übergeordneten Universalität aller geschichtlichen Abläufe; in welchem Sinn, wird noch zu klären sein.

-vor allem aber von der Rezeption durch den SPÄTEREN LESER, der sich aus Berichten und Beschreibungen verschiedener Historiker, die selber höchst unterschiedlichen Epochen angehören können, ein Bild von den ursprünglichen Ereignissen zu machen versucht.

Eine der Hauptfunktionen eines guten ('dienenden') Historikers besteht darin, sich zum Nutzen jenes späteren Lesers gegenüber den ursprünglichen Protagonisten zurückzunehmen und insbesondere seine eigene Gesinnung soweit als möglich aus der Sache herauszuhalten. Nur dann wird dem (eventuell Jahrhunderte) späteren Leser mit seinem ganz anderen kulturellen Hintergrund, der am Zeitgeist und der Weltsicht des Historikers im allgemeinen wenig Interesse hat, eine halbwegs neutrale Dokumentation der ursprünglichen Ereignisse zur Verfügung stehen.

Da ich die Existenz eines auf die Vollendung der Menschheit zielenden geschichtlichen Telos an späterer Stelle weitgehend ausschließen werde, sollte dieser Historiker erst recht nicht versuchen, die ursprünglichen Ereignisse zusammen mit Geschehnissen und Entwicklungen seiner eigenen Zeit als Teil eines solchen Telos zu präsentieren.

Ebenso wenig darf man die Geschichte als ein Buch auffassen, aus dem man einfach abschreiben könnte. Wenn überhaupt, ist sie ein verworrenes und verwirrendes Konvolut, zu welchem zahllose Autoren Beiträge geliefert haben, ein Amalgam aus unzähligen Ereignissen, die jeweils vielerlei Ursachen und teilweise spontanen oder zufälligen Charakter haben.

Es hat allerdings immer Historiker gegeben, die aus der Geschichte eine Erzählung zu machen wussten, indem sie eine Sequenz einzelner Ereignisse auswählten, nacherzählten, ausschmückten und gemäß eigener subjektiver Erfahrung, Weltanschauung oder einfach ihres gesunden Menschenverstandes (um)interpretierten. Auf diese Weise sind inzwischen fast alle bedeutenden Vorgänge der Geschichte von einem ganzen Kontinuum aus Erinnerungen, Beschreibungen und psychologischen Analysen überdeckt und haben so einen spezifisch 'durchhistorisierten' Charakter erhalten. Allerdings mit der Konsequenz, dass jeder spätere Leser die Geschichte ein wenig anders sehen kann, und sich höchstens aus der Schnittmenge der vielen Zeugen und Interpreten korrekte Bilder der damaligen Wirklichkeit herauskristallisieren.

Ein Problem für die neuere Geschichte: es kommt relativ häufig vor, dass Historiker die wahren Ereignisse aus ideologischen Gründen verfälschen. Im Gegenzug ist es hier aber möglich, dieser Tendenz mit vielen Funden, Fotos und Filmausschnitten und den Aussagen von Augenzeugen entgegen zu wirken.

Hinsichtlich der alten Geschichte kommt es ebenfalls zu Verfälschungen der geschichtlichen Wahrheit, aber meist nicht aus ideologischen Gründen, sondern weil nicht genügend Quellen zur Verfügung stehen, was Raum lässt für Spekulation und Vermutung, und weil das wenige, was zur Verfügung steht, meist zufällig gefunden wurde und so die Gewichte gegenüber der historischen Wahrheit verschiebt.

Obwohl alle geschichtlichen Ereignisse singulär sind und sich die Geschichte niemals genau wiederholt, hat man doch in manchen historischen Momenten ein deja-vu Gefühl, das sich auf gewisse Strukturähnlichkeiten menschlicher Gesellschaften zurückführen lässt, die sich wiederum aus der Ähnlichkeit menschlicher Reaktionen in gewissen Situationen und aus anderen relativen Grundkonstanten des Daseins ergeben. Wie später diskutiert, darf man aber keinesfalls so weit gehen, hier eine Parallelität in der Entwicklung aller Kulturen, d.h. eine periodische Bewegung der Geschichte zu postulieren.

Die Ähnlichkeiten reichen immerhin aus, um gewisse strukturalistische Methoden zu rechtfertigen, mit deren Hilfe sich die Geschichte analysieren lässt. Wenn es etwa um Unterdrückung geht, sind die je konkreten Formen der Herrschaft historisch unterschiedlich, und hängen zum Beispiel auch vom Stand der Produktivkräfte ab, doch gewisse Grundkonstanten bleiben über alle Zeitalter erhalten. Ebenso hat sich das Verhalten autoritärer sogenannter 'großer Männer', die sich der aggressiven Impulse ihres Egos nicht enthalten können und damit leicht Kriege auslösen oder zumindest ihre Nation immer wieder in missliche Situationen bringen, seit der Antike nicht wesentlich verändert.

So gibt es zwar keine festen Gesetzmäßigkeiten in der Geschichte, aber doch Ähnlichkeiten, partielle Isomorphien und wiederkehrende Tendenzen, welche sich durchaus vorhersagen lassen. Diese 'Gesetze' der Politik und der Kultur, auch wenn es sich im engeren Sinn nicht um zwingende Gesetzmäßigkeiten handelt, sind meist nicht sehr kompliziert und folgen oft denselben einfachen Mustern. Schwierigkeiten in der Vorhersage resultieren hauptsächlich aus unklaren und variablen Randbedingungen, wie beispielsweise die Vielzahl der Einflüsse und Akteure, überraschende Zufälle etc, und aus der Vagheit mancher soziologischer Begriffsbildungen.

Grundsätzlich verhält es sich mit dem Verlauf gesellschaftlicher Entwicklungen nicht viel anders als mit dem Wetter - man kann einigermaßen verlässliche Vorhersagen für kürzere Zeiträume (grob geschätzt etwa 10 Jahre, entsprechend einer Generation von Menschen oder von technischen Anlagen) machen, aber nicht für längere, und dies in erster Linie, weil der technische Fortschritt nicht vorhersagbar ist. Erst in dem Moment, wo sich eine Neuerung wie das Internet detailliert abzeichnet, kann man versuchen, seine Folgen für die Gesellschaft abzuschätzen. Zu erforschen bleiben ferner die Rolle des kollektiven Unbewussten, die Psychologie der Eliten, wenn sie einem Krieg zuneigen, oder die der Massen, wenn sie einen schlechten Anführer wählen.

Wenn man sich für die groben Entwicklungszüge der Geschichte interessiert, scheint es auf den ersten Blick vernünftig, statt von objektiven Zuständen von den Interessen einzelner, beherrschender Akteure auszugehen und zu versuchen, daraus Vorhersagen für die Zukunft zu gewinnen. Nehmen wir einmal an, ein solcher Akteur, nennen wir ihn H=Hitler, habe (i) mit welchen Methoden auch immer in einem Staatswesen die Macht an sich gerissen, und (ii) es gehe ihm um ein Ziel N, etwa N=seine Nation groß zu machen (was immer er darunter genau versteht und natürlich geht es ihm dabei auch darum, sich selbst und seine Paladine groß herauskommen zu lassen und bestens zu versorgen). (iii) Er glaubt, dass er N nur erreichen kann, wenn er ein gewisses Ereignis K herbeiführt, zum Beispiel K=einen Krieg und (iv) er macht sich tatsächlich daran, K herbeizuführen.

Oft ist es dann aber leider so, dass er zwar K herbeigeführt hat, aber am Ende das Gegenteil seines Ziels N erreicht, in diesem Fall heißt das, dass Deutschland nach dem 2. Weltkrieg zerstört am Boden lag. Der obige Versuch einer historisch-logischen Vorhersage vermag also zwar die einfach gestrickte Psychologie eines Politikers und Massenmörders richtig widerzuspiegeln, ist aber für den realen Ausgang der Ereignisse nicht wirklich erhellend. Geschichte ist eine verworrene Gesamtheit von vielen einzelnen Individualzielen, zu der gewiss Führungsfiguren mehr beitragen als Mitläufer, nur in dem beschriebenen Fall waren eben einige andere Akteure, vor allem im Ausland, beteiligt, deren Ziele denen Hitlers entgegenstanden und die sich am Ende durchgesetzt haben. Immerhin kann man hier im Nachgang anschaulich machen, warum ein Mensch, der mit allen seinen Nachbarn Streit anfängt, am Ende beinahe notwendig scheitern muss.

Von daher scheint ein eher narrativer Ansatz im Vorteil, wo der Historiker die Ereignisse schildert und nur nebenbei zu plausibilisieren versucht. Dieser Zugang weist zwar auch verschiedene Schwachstellen auf, unter anderem, dass gewöhnlich eine zu beschränkte und subjektive Auswahl unter den Ereignissen getroffen wird, und dass auch plausible Argumente Gesetze und Normen voraussetzen, die beim narrativen Zugang meist nicht systematisch benannt werden. Ein narrativer Historiker wird aber bei der Deutung der Geschichte selten so weit daneben liegen wie manchmal die Verfechter des historisch-logischen Ansatzes.

Unter den narrativen Geschichtszugängen muss man diejenigen, wo das Sammelsurium der Ereignisse nur erzählt und dabei mit 'gesundem Menschenverstand' plausibel gemacht wird, von denen unterscheiden, die in allem Geschehen eine tiefere, zusammenhängende und zumeist nach oben gerichtete Entwicklungslinie auszumachen meinen. Ein solches Konzept, das in einer absoluten Form von manchen Hegelianern vertreten wird und im Grunde einem teleologischen Geschichtsbild entspricht, muss als unbewiesen und rein fiktiv angesehen werden, besonders unter Berücksichtigung der biologischen Ursprünge und Beschränkungen des Menschengeschlechts und der Tatsache, dass dessen erstes und dauerndes Augenmerk immer der Erfüllung seiner Primärbedürfnisse dient.

Allerdings entspricht der Selbstverwirklichungsprozess des absoluten Geistes, als den Hegel die Geschichte deutet, einem bei der Betrachtung der historischen Epochen naheliegenden Gedanken, der sich in Wahrheit hauptsächlich aus dem offensichtlichen technischen Fortschritt seit der neolithischen Revolution ergibt. Eine eher materialistische Geschichtsphilosophie sieht sich dann der Frage gegenüber, warum sich die ganzen Umwälzungen von der Landwirtschaft bis hin zur Digitalisierung über 100000 Jahre Zeit gelassen haben, bevor sie ca 5000 AC endlich einsetzten. Dazu später mehr.

Dass eine Rückkopplung zwischen dem technischen und dem sozialen Fortschritt existiert, steht außer Frage. Zudem beeinflusst die daraus resultierende jeweils spezifische Ausprägung des Fortschritts im Verlauf von Generationen unsere Gene, und wird von ihnen beeinflusst. Wenn wir dies alles jedoch nur hermeneutisch konstatieren oder wie Hegel diese Konstatierung bloß in eine andere Diktion (die des Hegelschen Geistes) übersetzen, heißt das noch lange nicht, dass wir die Gesetze des Fortschritts verstanden haben. Hegel ist ja durchaus auf der Suche nach einer Dynamik des Geistes bzw der Geschichte, hat jedoch übersehen, dass diese vor allem durch technisch-naturwissenschaftliche Neuerungen und ihre sozialen Begleiterscheinungen angetrieben wird. Die technischen Neuerungen aber verdanken wir dem so genialen wie beschränkten Ingenieursgeist der menschlichen Gattung. Ein davon unabhängiger, sie im Gegenteil sogar determinierender wie auch immer gearteter 'absoluter' Geist ist reine Einbildung.

Die Folgen, die das menschliche Handeln in der Geschichte zeitigt, sind Erscheinungsweisen unserer Intelligenz, die sich in der Gesamtheit aller menschlichen Gesellschaften vielleicht zu einem 'Weltgeist' verklären lässt. Es bleibt aber dabei, dass dieser Weltgeist aus nichts Anderem zusammengesetzt ist als den vielen, teils antagonistisch, teils kooperativ miteinander kommunizierenden Ich-Bewusstseinen, und dass auch die sie verbindende Kommunikation Prinzipien folgt, welche sich letztlich aus den Gesetzen für das Zusammenspiel der verschiedenen Formen physikalischer Materie (etwa von Schallwellen oder der Eiweißbausteine des Gehirns) ergeben, denen damit auch der 'Weltgeist' samt seinen Entwicklungsmöglichkeiten unterworfen ist.

Die Geschichte hat noch eine weitere Eigenschaft, die sie teleologischen Ansätzen und Heilshoffnungen entzieht: sie ist in ihrer Dramaturgie extrem widersprüchlich, und zwar in einer Weise, die jede positive Dialektik widerlegt. Auch dies gründet auf ihrer Verhaftung in erbbiologischen Egoismen und den Zwängen physikalischer Gesetzmäßigkeiten, die an-sich weder gut noch böse, sondern zuallererst sinnfrei sind, jedenfalls ohne einen Sinn für den Menschen. Und es führt nicht erst seit dem Atomzeitalter dazu, dass jeder menschlichen Gesellschaft in kritischen Momenten der Untergang drohen kann, der jeden bis dahin erreichten Fortschritt zunichte macht.

Dabei ist weiters zu bedenken, dass die vielen Opfer, die die Geschichte seit Anbeginn gekostet hat, in keiner Zukunft jemals kompensiert werden können. Zwar wurde im Letztbegründungskapitel argumentiert, dass sich zum Ende aller wissenschaftlichen Erkenntnis, wenn die Gesetze der Natur vollständig decouvriert sind, durchaus ein bis heute versteckter Sinn der menschlichen Existenz und auch des Kosmos offenbaren könnte. Doch wird dies keineswegs automatisch dazu führen, dass auch nur ein einziges Opfer von Kriegen, die in der Vergangenheit im Namen irgendeines Fortschritts geführt worden sind, gerechtfertigt werden kann.

Historische Erfahrung lehrt uns, dass es für den Fortschritt keine Garantie gibt und jede Gesellschaft eines Tages untergeht. Zwar leben wir in einer Zeit, in der Wohlstand, Bequemlichkeiten und Freiheitsrechte zuzunehmen scheinen; doch können sogar wir Bürger der westlichen Staaten beobachten, dass die ökonomische Stabilität und unsere ohnehin nur sehr begrenzten Freiheiten immer wieder bedroht sind, sei es durch machthungrige Politiker oder bedrohliche Einflüsse von außen.

Zwar scheint es in manchen historischen Momenten, als habe sich die 'List der Vernunft' am Ende durchgesetzt; doch ist Hegels Bonmot in meinen Augen nicht anders zu bewerten als auf der ökonomischen Ebene jene Idee vom Kapitalismus, die davon ausgeht, die Wirtschaft floriere am besten, wenn man den Unternehmern möglichst freies Spiel lässt, weil damit der Gesellschaft als Ganzer geholfen sei.

Tatsächlich kommt unter allen Arten des Handelns und Wirtschaftens die kapitalistische den menschlichen Eigenschaften, Erwartungen sowie unseren natürlichen egoistischen Lebenswünschen am nächsten. Trotz ihrer vielen Defizite hat es in der Geschichte keine Zeit gegeben, wo es so vielen Menschen besser ging als in der gegenwärtigen Marktwirtschaft. Der Vergleich zwischen Hegels Geschichtsphilosophie und dem Ideal des Kapitalismus zeigt indes das Risiko, in das man sich begibt, wenn man der 'List der Vernunft' allzu naiv vertraut. Der Kapitalismus ist untrennbar verknüpft mit wiederkehrenden ökonomischen Krisen, während denen er zumeist mit dirigistischen Maßnahmen wieder aufs rechte Gleis gestellt werden muss. Und er hat bei weitem nicht allen Menschen Glück gebracht.

Darin geht es seinen Opfern wie den vielen Kollateralschäden, die die List der Vernunft bereits in Hegels Epoche gezeigt hat, zum Beispiel den ungezählten Toten der europäischen Kriege zwischen Napoleon I und Wilhelm II, die von Eliten und Usurpatoren jeweils bereitwillig in Kauf genommen und auch von Hegel gebilligt wurden, als Tribut an den Fortschritt der menschlichen Gattung und die Selbstverwirklichung des Weltgeistes. Was für eine List soll das aber sein, wenn noch heute in relativ entwickelten Ländern wie Russland immer wieder Diktatoren an die Macht kommen und an der Macht bleiben, die Opposition unterdrücken und überhaupt das Wohl des ganzen Volkes einem einzigen Ego ausgeliefert wird. Ist es nicht vielmehr das alte, immer gleiche Stück, das die Herren und ihre Helfershelfer wahrscheinlich schon zu Zeiten der Urmenschen erlernt und aufgeführt haben?

Es handelt sich bei Hegels Visionen offenbar um ein inhumanes Geschichtsbild, in dem weniger das Individuum, sondern hauptsächlich Nationen (bzw der Mensch als Gattung) zählen, denen es im Durchschnitt immer besser geht, und für die der preußische Staat eine Art ideales Gemeinwesen verkörpert. Dieser ist nicht ganz zufällig Hegels Brotgeber, und so ist die scheinbar objektive Vernunft des Philosophen mit subjektiven Partikularinteressen aufgeladen, die überspitzt formuliert zu einer Hypostasierung der Dynamik einer auf Herrschaft und Unterwerfung fixierten Gesellschaft führen.

Kant hat anders argumentiert. Von ihm stammt die Idee eines Völkerbundes, der die Nationen durch verlässliche Verträge dazu bringt, in Frieden zusammenzuleben. Letzte Instanz für die Durchführung seines Friedensprogrammes ist für den Rationalisten Kant naturgemäß die menschliche Vernunft. Man muss aber feststellen, dass alle Ideen von der unbeschränkten Autorität der Vernunft eine Kehrseite aufweisen, die sie den Herrschaftsideologien von Priestergesellschaften nicht unähnlich machen. Derartige Ideen sind eigentlich Dogmen und müssen als solche von Individuen vertreten bzw glorifiziert werden - die dann von dieser Repräsentationsfunktion materiell profitieren. Mit gelehrten Worten erklären sie ihre Idee zu einem Absoluten, und also insbesondere zur absoluten Autorität. Sie behaupten, die Idee zwinge sie dazu, das Partikular der Individuen der Gattung zu opfern, damit deren Allgemeines sich durchsetze. Die Geschichte ende, wenn das Absolute wiederhergestellt sei, erklärt etwa Hegel, müsse jedoch allerlei dialektische Winkelzüge durchlaufen, bevor sie sich auf eine höhere Stufe erheben könne.

In Wirklichkeit ist das alles nur vorgeschoben. In Wirklichkeit sind die Ideen für die einen nur eine leidenschaftliche Einbildung und für die anderen das Mittel, um die Schlüssel zur Herrschaft an sich zu bringen.

Hegels Dialektik ist in Wahrheit Identitätsdenken, in dem das Besondere bruchstellenlos vom Allgemeinen vereinnahmt wird. Hegel missachtet nicht nur die Opfer der Geschichte, sondern es ist die komplexe Realität selbst, die im schlechten Denken untergeht. Seine Dialektik ist die Methode eines preußischen Professors, sich Welt und Zukunft schön zu reden. In Wirklichkeit muss Dialektik anders gedacht und von ihrer erpressten Versöhnung befreit werden. So wie die Geschichte selbst auch offen ist, muss Dialektik immer bereit sein, zugunsten eines offenen Diskurses auf die positive Synthesis zu verzichten.

Trotz dieser Argumente fasziniert die Vorstellung eines durch ein wahrhaft Absolutes bedingten Endes der Geschichte noch immer viele Denker. Gehlen und Fukuyama haben behauptet, dass wir bereits in einer Endzeit leben, im Sinne eines Sieges der liberalen Demokratien über totalitäre Systeme. Die monistischen Denkformen hätten sich überlebt, und wir seien eingetreten in ein Stadium nach der Moderne, das von einem prinzipiellen Pluralismus getragen sei. Dass diese Behauptung wenig stichhaltig ist, zeigt ein Blick auf China und auf all jene Länder, die sich neuerdings wieder autoritären Herrschaftsformen zuwenden.

Was diese Autoren als liberale Endzeit wahrnehmen und begrüßen, ist nur der örtlich begrenzte Augenblickseindruck unserer nach einem kurzen antiautoritären Jahrzehnt wieder erstarrenden westlichen Gesellschaften, die dank der errungenen Freiheiten und des langanhaltenden technischen Fortschritts zurzeit einen guten Lauf haben. Dem stehen verschiedene immer stärker werdende konservative und sogar geschichtsvergessene Strömungen gegenüber, und es ist schwierig vorauszusehen, wer sich am Ende im Westen durchsetzen wird, der autoritäre oder der eher liberale Ansatz.

Zur Wahrheit über die liberale Wohlstandswirklichkeit gehört auch, dass sie in unzusammenhängende Einzelbereiche zerfasert, die alle ihren eigenen, mehr oder weniger gerechtfertigten Geltungs- und Wahrheitsanspruch haben, aber in keiner übergeordneten Metaerzählung zusammengezwungen werden können. Anders ausgedrückt, wir alle leben und arbeiten in verschiedenen 'Szenen' und auf der Grundlage unterschiedlicher Paradigmen und Sichtweisen, die teilweise von der Moderne erst generiert worden sind, wenn auch unter Beimischung alter magischer oder ideologischer Untertöne. Dass diese Paradigmen ausfransen, ineinander übergehen oder sich teilweise widersprechen, hängt damit zusammen, dass die Realität eben komplex ist und dabei doch immer besser gehandhabt wird, während die genannten Untertöne dem früheren Stand des menschlichen Nichtwissens entsprechen.

Neuerdings sorgt die immer stärkere Verflechtung und Globalisierung der Welt dafür, dass alle Unterschiede der Kulturen tendenziell ausgebügelt werden. Die Globalisierung führt also möglicherweise zu einem Effekt, der der zuvor verworfenen Vorstellung einer UNIVERSALGESCHICHTE neue Nahrung gibt, jedoch nicht derart, dass sich in der bisherigen Menschheitshistorie eine solche erkennen ließe, denn es ist nicht einzusehen, warum man, um ein extremes Beispiel zu nennen, die alten Hünengräber in der Lüneburger Heide und das heutige Japan zu einer Universalgeschichte zusammenfassen sollte, sondern so, dass sich von der Moderne ausgehend in der Zukunft eine solche entwickeln könnte.

Obwohl Historiker von der Weltsicht ihrer Zeit beeinflusst wurden und Bedeutungen sich wandeln, muss für den hier gemeinten Begriff einer Universalgeschichte kein transzendentes Subjekt angenommen werden, das sozusagen from a god's eye view alle menschlichen, historisch relevanten Geschehnisse vollständig überblickt. Und auch Begriffe wie Menschheit, Vernunft oder Weltkultur müssen nicht unbedingt in einem universellen Sinne existieren, sondern nur in einem eingeschränkten, als etwas, auf das sich Wissenschaftler geeinigt haben.

Die begriffliche Einheit der durch diese Art der Universalität verbundenen Objekte darf nicht die Kriterien festlegen, nach welchen die für die Universalgeschichte relevanten Ereignisse ausgewählt werden. Dann wären wir wieder bei der eingangs kritisierten Nietzscheanischen Geschichtsschreibung; dann wäre Universalgeschichte ebenso willkürliche wie ideologische Sicht auf die geschichtlichen Ereignisse. Sondern es muss jeweils der gemeinsame Kern der Geschehnisse gefunden und als Teil des ubiquitären historischen Handelns im Zeitalter der Globalisierung identifiziert werden.

Verschiedene Historiker des letzten Jahrhunderts haben Aufstieg und Fall großer Kulturen verglichen und hierbei manche Strukturähnlichkeit festgestellt. Solche Ähnlichkeiten basieren vielfach auf der phänotypischen Ähnlichkeit menschlicher Reaktionen in gewissen Situationen, die wiederum auf die näherungsweise gleiche genetische Ausstattung und Selbstähnlichkeit der Menschen zurückgeht. Auch gewisse Grundkonstanten und Merkmale von Herrschaft und Unterdrückung, die sich seit dem Altertum nicht wesentlich geändert haben, gehören in diesen Komplex. Statt einen linearen Progress anzunehmen, stellen manche eher pessimistisch eingestellte Autoren geschichtliche Ereignisse daher als Teil einer Kreis- oder Wellenbewegung dar, wo der Kreismetapher die Wiederkehr des Ewiggleichen repräsentiert.

Aus Strukturähnlichkeiten auf Gleichheiten in der Geschichte zu schließen, scheint jedoch eine überzogene Schlussfolgerung. Die Unterschiede zwischen der antiken Sklaverei, der Ausbeutung der Arbeiter im Manchesterkapitalismus und die Vorgesetzter-Mitarbeiter Beziehungen in der modernen Angestelltengesellschaft sind trotz der genannten Ähnlichkeiten beträchtlich. Die Geschichte wiederholt sich nicht, und zwar in erster Linie, weil sich die Produktivkräfte weiterentwickeln und in zweiter Linie, weil sich jeweils unterschiedliche gesellschaftliche Strömungen teils zufällig teils zwangsläufig durchsetzen und andere dafür zurücktreten, oder eben nicht.

Demzufolge sind sich auch die Entwicklungskurven von Hochkulturen höchstens ähnlich, aber nicht gleich. Dabei stellt das materialistisch-objektive Element, das dem Fortschritt der Technik innewohnt, ein entscheidendes Moment von Entwicklung dar, welches geschichtliche Kreisbewegungen von vornherein ausschließt. Man denke etwa an die Einführung des Telefons oder des Internets, oder an das Gleichgewicht des Schreckens, das seit der Erfindung der Atombombe existiert, alles Entwicklungen, die dem Lauf der Geschichte völlig neue Richtungen vorgegeben haben. Gewiss ändern sich auch soziale Einstellungen im Verlauf der Zeit. Dabei kann es aber schon eher zu Kreisbewegungen kommen, indem etwa von der öffentlichen Meinung jahrzehntelang eine autoritäre, danach aber eine laissez-faire Kindererziehung propagiert wird, bevor man später wieder zum autoritären Stil zurückkehrt. Es sind die technischen Neuerungen, die in vielen Fällen Rahmenbedingungen völlig verändern und damit eine nachhaltige Änderung der gesellschaftlichen Entwicklung und der individuellen Einstellungen erzwingen.

Anzumerken bleibt, dass sich 'erzwingen' in einer liberalen Gesellschaft auf das statistische Mittel beziehen, während das einzelne Individuum frei entscheiden kann, ob es einem Trend folgen will oder nicht. So halten sich bzgl der Kindererziehung keineswegs alle Eltern an die Empfehlungen des Zeitgeistes.

In solcher Freiheit liegt übrigens die wahre Resistenz gegen jede Form des gesellschaftlichen Nihilismus, wohingegen man den Nihilismus der Natur, der sich aus einer vermutlichen Sinnlosigkeit unserer physikalischen und biologischen Existenz ergibt, wohl niemals überwinden wird.

Es gibt in der Historie immer wieder den großen Einzelnen, der in der Lage ist, den Lauf der Geschichte zu ändern und etwa auch einer Nation zum Aufstieg zu verhelfen. Jedoch würden die Taten solcher 'Übermenschen' nur zu erweiterten zyklischen Bewegungen der Geschichte führen, wenn sie sich nicht auf die durch den technischen Fortschritt veränderten Rahmenbedingungen ihrer Epoche stützen könnten. Zudem muss angemerkt werden, dass 'große' Einzelne, so sehr sie oft von der Nachwelt heroisiert worden sind, der Menschheit allzu oft Rückschritt und Untergang und gar keinen Segen gebracht haben. Denn leider folgen die Massen meist eher den Anführern, die sie unter Heils- oder Beuteversprechen in einen Krieg schicken als jenen, die in dieser Hinsicht wenig zu bieten haben.

Der Blick der Philosophie auf die Fakten der Geschichte

Viele Fakten der Menschheitsgeschichte nehmen sich vom Standpunkt der Philosophie eher banal aus:

-Hunderttausende Jahre geschah nicht viel, außer dass sich unsere Vorfahren als Jäger und Sammler gerade so über Wasser hielten. Sie lebten in kleinen Gemeinschaften, wussten nicht oder konnten nur spekulieren, was hinter den mannigfachen Erscheinungen der Realität verborgen ist und fragten vielleicht auch gar nicht danach. Wenn überhaupt, gaben sie sich mit magischen Ritualen zufrieden, um ihre Götter zu besänftigen.

-In der Steinzeit (-12000 bis -2500) wurden die Menschen langsam sesshafte Bauern. Durch diese Entwicklung, die von der Geschichtsforschung als 'neolithische Revolution' bezeichnet wird, konnten sie sich besser vermehren, ihre Siedlungen wurden größer, und sie mussten sich an komplexere Sozialstrukturen und Hierarchien gewöhnen. Es bildete sich wahrscheinlich eine Priesterkaste (Megalithenkultur).

-In der Bronzezeit/Antike (-2500 bis +500) findet man die ersten Hochkulturen samt ihrer typischerweise ausgeprägten Arbeitsteilung. Zusätzlich zu den Priestern gab es Krieger, Kaufleute, Wissenschaftler, Künstler und so weiter. Kaufleute zum Austausch von Waren. Krieger, weil die Mächtigen Reichtümer aufhäuften, die die Krieger entweder zu schützen oder zu rauben trachteten. Und einen neuen, zahlenmäßig noch kleinen Überbau aus Wissenschaftlern und Künstlern, der sich jedoch nicht von der Priesterkaste emanzipieren konnte.

-Das Mittelalter (500-1500): an den Fürstenhöfen entwickelte sich das höfische Leben. Diener und Höflinge als neue soziale Gruppierung. Die katholische Kirche als starke universelle Institution, aber auch Reibereien zwischen kirchlicher und weltlicher Macht.

-Die Neuzeit, beginnend mit Renaissance und Aufklärung (1500 bis heute). Viele technische Erfindungen, Entdeckung neuer Kontinente. Der Einfluss der Kirchen wurde zurückgedrängt.

-Die Moderne (1900 bis heute). Die Automatisierung reduziert die Notwendigkeit körperlicher Arbeit.

Da ich die technische Entwicklung als entscheidend für die Geschichte ansehe, charakterisiere ich die Altsteinzeit durch Faustkeil und Speer, das Neolithikum durch Ochsenpflug und Ackerwagen und die Antike zusätzlich durch verschiedene Gerätschaften aus Bronze. Im Mittelalter gibt es außerdem Brille, Anspanngeschirr, Schubkarre, Spinnrad und Windmühle. Die Renaissance fügt dem eine Vielzahl komplizierterer Erfindungen hinzu.

Alle diese Techniken haben eines gemeinsam: sie nutzen mechanische, gravitative Effekte, während Erfindungen im Bereich der Elektrizität und des Magnetismus erst in der Zeit der Aufklärung ab 1750 zu verzeichnen sind und denen der Mechanik seither den Rang abgelaufen haben. Vom Standpunkt des technischen Fortschritts, der für den kulturellen Fortschritt den Rahmen darstellt, kann also noch eine andere Einteilung der menschlichen Geschichte vorgenommen werden, und zwar

-bis etwa 1750 das mechanische Zeitalter der Gravitation und

-seit der Zeit der Aufklärung das elektromagnetische Zeitalter.

-Mit der Erfindung des Kernreaktors 1942 beginnt eigentlich ein drittes Zeitalter der Kernkräfte, das aber noch sehr in den Kinderschuhen steckt.

Bei allen genannten Einteilungen fällt auf, dass die Ereignisse und Zeitspannen um so ausführlicher dargestellt werden, je näher sie der Gegenwart sind, die Geschichte also um so geringer gewichtet wird, je weiter sie in der Vergangenheit liegt. Das ist verständlich, aber nicht zielführend im Hinblick auf die wohl wichtigste Frage im Zusammenhang mit der Geschichte der Menschheit: warum kam es nach über 100000 Jahren des Menschseins relativ plötzlich zur neolithischen Revolution? Auch wenn dieser Prozess ein paar tausend Jahre gedauert hat, vollzog er sich im Vergleich zu den mindestens 100000 Jahren vorher, in denen die Menschen Jäger und Sammler blieben, relativ schnell. Voraussetzung dafür war nicht nur technisches Wissen, das sich ein Jäger grundsätzlich immer hätte aneignen können, sondern die Menschen mussten auch lernen, in größeren sozialen Einheiten zu leben. Vielleicht halfen sakrale Riten, die im Neolithikum anscheinend eine größere Rolle gespielt haben als zuvor (erkennbar an den Megalithen, Hünengräbern und den ersten Tempeln der Geschichte), den Zusammenhalt zu stärken.

Eine konsistente Erklärung, warum die neolithische Revolution anscheinend unabhängig gleichzeitig in Südchina und im Nahen Osten einsetzte, gibt es bis heute nicht. Ich tendiere zu der Ansicht, dass es sich um ein Zusammenspiel von genetischen und äußeren Faktoren (kultureller Austausch) handelte. Eine Mutation, die den Menschen dazu bringt, lieber auf dem Feld zu stehen als wilden Tieren hinterher zu laufen, wirkt mit dem Umstand zusammen, dass die Beutetiere seltener werden und dass man Erfahrungen mit dem Ackerbau machen und weitergeben kann. Ist der Mensch erst einmal sesshaft geworden, befördert er weitere genetische Selektionen, wie zum Beispiel eine geringere Körpergröße bei den Bauern im Vergleich zu den Jägern.

In der Steinzeit gab es noch keine Kriegerkaste und daher weniger bewaffnete Auseinandersetzungen als in der Bronzezeit/Antike. Erst ab dieser Zeit finden

Archäologen zerstörte Dörfer mit vielen eingeschlagenen Schädeln. Wohlhabende Dörfer wurden für Räuberbanden ein lohnendes Ziel, die durch Raub, Mord und Erpressung am Reichtum der Bauern zu partizipieren trachteten. Bedrohte Gemeinden wehrten sich mit Kriegsknechten und Stadtmauern. Der Ursprung des Rittertums.

Im Mittelalter, an den Königs- und Fürstenhöfen und in den Adelshäusern, bildete sich eine neue Schicht, die Höflinge. Diese bereicherten sich zusammen mit den Fürsten an den Bauern, die gnadenlos ausgebeutet wurden und dadurch weniger Nachkommen durchbringen konnten. Um zu überleben und eventuell selbst in die Reihen des Adels aufzusteigen, mussten Höflinge keine großen Körperkräfte besitzen, sondern mit diplomatischem Geschick und reichlich Unterwürfigkeit flinkzüngig um die Gunst des Königs buhlen. Hinzu kamen die Händler, die Waren verkaufen wollten, und also ebenfalls wortgewandte Verkäufer und Dealmaker sein mussten. Nota bene, dass auch der Ritteradel, wenn er seine Räuberschar gut und effektiv führen wollte, eine hohe Sozialkompetenz benötigte.

Die Zeit der Moderne: Fortschritt und Stillstand im Wechsel

Die Geschichte vom Ende des preußischen Kaiserreiches bis heute kann als fortgesetzte Auseinandersetzung zwischen Konservativen und Progressiven gelesen werden. Dabei haben die Konservativen normalerweise eine stabile strukturelle Mehrheit von beinahe 2:1 auf ihrer Seite, und nur in jenen geschichtlichen Momenten, wo die von dieser Mehrheit gewählte eher rechtsgewirkte Elite schwerwiegende Fehler macht, wechselt ein potenziell liberaler Teil der konservativen Wähler die Seite und verschafft den Linken beziehungsweise Progressiven eine Mehrheit, die jedoch recht volatil ist, da die Wechselwähler sich im allgemeinen zuviel erhoffen und daher bei der nächsten Wahl meist wieder abspringen.

Auch in Zeiten, wo geburtenstarke Jahrgänge erwachsen werden und nach eigenen intellektuellen und materiellen Perspektiven suchen, haben Progressive gute Karten, wenn sie sich die natürliche Unruhe und Experimentierfreudigkeit der Jugend zunutze machen können.

Hier ein kurzer Abriss der politischen Veränderungen in Deutschland seit dem 1. Weltkrieg:

bis 1918: Fehler und Selbstüberschätzung der konservativen Eliten, den 1. Weltkrieg zu beginnen. Sie sind Hauptverantwortliche für Millionen Tote, Verstümmelungen und Hungersnot.

1918-1925: Unter Geburtswehen Machtübernahme durch die Progressiven, hauptsächlich die SPD.

1925-1933: Weil man der ökonomischen Hypotheken des Krieges nicht Herr wird, schwingt das Pendel zurück zu den Rechten, die in ländlichen Gebieten die Mehrheit nie verloren haben. Die wirtschaftliche Krise schwächt die Progressiven, indem sie ihre Uneinigkeit verstärkt.

1939-1945: Die extreme Rechte mit Revanchegelüsten übernimmt das Ruder und fährt Deutschland an die Wand. Abermillionen Tote in ganz Europa, viele Städte durch Luftangriffe zerstört.

1946-1966: Trotzdem erhalten die Progressiven kein Mandat zur Regierung, sondern die Amerikaner besinnen sich auf die moderate Rechte, weil sie die im kalten Krieg für nützlicher halten.

1966-1976: das anti-autoritäre Jahrzehnt, wo alles durchlüftet und scheinbar für immer entstaubt wird. Im Hintergrund bleiben die alten Hierarchiestrukturen jedoch unangetastet, die Mächtigen schlucken von nun an ein bisschen Kreide, und manche sind sogar fasziniert vom Aufruhr der Jugend.

1977-heute: man fährt die Durchlüftung zurück, restauriert unmerklich, wobei diejenigen Reformelemente aus der 68er Periode bestehen bleiben und ausgebaut werden, die den Ablauf des Lebens in einer liberalen Gesellschaft vereinfachen, also: möglichst keine Diskriminierungen, Gleichstellung von Mann und Frau usw. Allerdings schaffen die von der Politik kontrollierten Medien eine teils beklemmende Atmosphäre, in der es nur darum geht, scheinbar linke oder liberale Politiker an der Macht zu halten, die jedoch in Wirklichkeit keinerlei Programm (und auch kein wirkliches Interesse) für eine progressive Veränderung der Gesellschaft haben. Indem sie untätig bleiben, werden sie den Staat demnächst wohl wieder den Rechten ausliefern.

Im Ganzen erkennt man eine Wellenbewegung, die vor allem am Anfang von starken Ausschlägen nach links und rechts gekennzeichnet ist, bei fortgesetzter ökonomischer Stabilisierung aber zusehends schwächer wird und zu konvergieren scheint - vermutlich solange bis die Eliten der neuerdings tonangebenden imperialen Mächte USA, China und Russland wieder einen verhängnisvollen Fehler begehen...

Fortschritt, Telos, Universalgeschichte

Oben wurde argumentiert, dass es falsch ist, von der Ideengeschichte her zu denken. Stattdessen wurden drei 'materialistische' Zeitalter eingeführt: das der Gravitation, das des Elektromagnetismus und das Zeitalter der starken Wechselwirkung, also der Kernkräfte. Sicherlich sind hier die Übergänge fließend, da zum Beispiel das Feuer, ein elektromagnetisches Phänomen, schon lange vor dem elektromagnetischen Zeitalter verwendet worden ist. Im Ganzen jedoch entsteht ein Bild der Geschichte, das Höherentwicklung des Menschen und seiner Gesellschaften am technisch-naturwissenschaftlichen Fortschritt festmacht und den positivistischen Geschichtsansatz ablehnt, der die Menschheitsgeschichte in ein theologisches, ein metaphysisches und ein wissenschaftliches Stadium unterteilt, diese Stadien aber als bloße Erscheinungen hinnimmt, ohne nach den Hintergründe ihres Auftretens zu fragen.

Bei allen diesen Überlegungen muss das menschliche Individuum im Zentrum der Betrachtung bleiben. Die verbreitete Ansicht, der Geschichtsforschung solle es weniger um die Individuen gehen als um den Fortschritt der Gattung, ist ein verhängnisvoller Fehler - noch wesentlich schlimmer als der jener Biologen, die bestens zufrieden sind, wenn sie eine Spezies (vorläufig) vor dem Aussterben retten, und die das Abschlachten vieler Millionen Einzelwesen, die ja in genügender Zahl vorhanden seien, ohne mit der Wimper zu zucken hinnehmen oder sogar befürworten. Abgesehen davon, dass die Gattung Mensch wie jede andere eines Tages vom Planeten verschwunden sein wird, ist das Verhältnis zwischen Individuum und Art als dialektisch aufzufassen. Wenn nicht für die Individuen auch etwas abfiele, würden und sollten sie bei geschichtlichen Veränderungen nicht mitspielen. Zudem hat die Rede von der menschlichen Gattung, für die allein sich der Fortschritt zu interessieren habe, etwas Entmenschlichendes, nicht unähnlich den Argument einer Kriegspartei, die ihre Soldaten als Kanonenfutter ins Feld sendet und im Dienst eines vorgeblich übergeordneten Zieles sogar den Tod von Zivilisten in Kauf nimmt, um den Krieg zu gewinnen.

In Wirklichkeit kann aller Glaube an den Fortschritt die Opfer der Vergangenheit nicht aufwiegen. Jeder einzelne Mensch zählt, und er zählt zur Geschichte. Die Reformation und der 30-jährige Krieg, die Französische Revolution und Napoleons mörderische Eroberungskriege müssen jeweils zusammen gedacht werden. Wenn sich die Nachwelt auf einzelne Heroen kapriziert, die in jenen Zeiten eine scheinbar rühmliche Rolle gespielt haben, wird sie der Geschichte nicht gerecht.

Wer in einer Hochkultur lebt, und dazu noch in einer ökonomischen Blütezeit, und von da aus auf die Geschichte blickt, stellt sich unwillkürlich die Frage, ob die gesamte menschliche Zivilisation trotz mancher Rückschläge nicht einer Fortschrittslinie folgt, die auf ein Telos gerichtet ist. Wer die Geschichte vergangener Hochkulturen in seine Betrachtungen mit einbezieht, wird diese Frage allerdings eher verneinen. Selbst die bedeutendsten historischen Kulturen haben nie Lebensdauern von wesentlich mehr als 1000 Jahren gehabt, und dabei existieren 'kalte' Gesellschaften, in denen sich über Jahrhunderte wenig verändert und also der Fortschritt eine Schnecke ist, tendenziell noch am längsten.

Hinzu kommt: man darf die periodischen Rückschritte, die Krisen, Untergänge und Zerfallsprozesse nicht kleinreden, sondern sie stellen offensichtlich einen bemerkenswerten Teil der Geschichte dar, in denen nicht nur Atem geholt wird für den nächsten Fortschritt, oder sich gar ein Übergang von einer Kultur zu einer anderen (Höheren) ankündigt, sondern oft nur ein geschichtliches Nichts, in welchem die Individuen in Armut und Orientierungslosigkeit verharren, versprengt und verwirrt durch gesellschaftliche Zerfallslandschaften stolpern oder gleich ganz ausgelöscht werden.

Es könnte immerhin sein, dass das eigentliche Telos erst in ferner Zukunft nach einer langen Phase der wirtschaftlichen und politischen Globalisierung auf uns wartet, die alle auf der Erde vorhandenen menschlichen Gesellschaften einander angleicht und die künftigen geschichtlichen Ereignisse zu einer Universalgeschichte vereinigt. Während die bisherigen Epochen und Kulturen das Bild eines undurchdringlichen Gestrüpps bieten, aus dem heraus sich Universalität gewiss nicht ablesen lässt, wird man aufgrund der momentan scheinbar unaufhaltsamen Globalisierungstendenzen vielleicht eines Tages von einer Universalgeschichte der Menschheit sprechen können - ohne allerdings den vielen Kollateralschäden dieser Entwicklung jemals gerecht werden zu können.

Im Abschnitt über Metaphysik wurde die Frage diskutiert, ob es einen von Menschen unabhängigen Sinn und sogar Zweck der physikalischen Natur geben könne. Unter anderem wurde gezeigt, dass sich die biologische Natur einen eigenen, auf dem darwinistischen Prinzip beruhenden Sinn definiert, welcher bereits vor dem menschlichen Geist existiert, und dass es ebenso einen bisher allerdings nicht decouvrierten Sinn und eine Gesamtordnung der Welt und allen Seins geben könnte, die außerhalb von menschlicher Setzungen aktiv sind.

Diese Erkenntnisse sind für die Frage eines menschheitsgeschichtlichen Telos jedoch ziemlich irrelevant, da wir es bei geschichtlichen Ereignissen allein mit von Menschen zu verantwortenden Vorgängen zu tun haben; und von der vielleicht oder vielleicht auch nicht existierenden Gesamtordnung der sich seit den Zeiten des Urknalls abkühlenden Materieklumpen würde der soziale Fortschritt auf der Erde ohnehin nicht viel zu erwarten haben.

Andererseits lässt sich die Existenz eines geschichtlichen Telos durch solche Überlegungen auch nicht ganz ausschließen, besonders dann, wenn man darunter keinen bestimmten Zielzustand, sondern einen inneren Sinnzusammenhang versteht, welcher sich untergründig und unabhängig vom Willen der Einzelnen vollzieht. Von einem Ziel der Geschichte würde man sprechen, wenn diese ein quasi-physikalischer Prozess wäre, der nach einer mehr oder weniger determinierten Zeitentwicklung gegen einen definierten Zustand strebte.

Man muss kein Zukunftsforscher sein, um zu erkennen, worauf der gegenwärtige Fortschritt der realen menschlichen Sozietäten hinausläuft, im allerbesten Fall, wenn lähmende Rückschläge (Vernichtungskriege, Seuchen, Tyranneien und sonstige Apokalypsen) vermieden bzw dauerhaft überwunden werden können. Dann wird am Ende eine Welterde stehen, in der die organische Natur weitgehend zurückgedrängt ist, auf Schutzzonen, die vielleicht 5 bis 10 Prozent der Erdoberfläche ausmachen. Den Rest der Fläche, soweit sie bewohnbar ist oder sich ausbeuten lässt, werden die Menschen für sich beanspruchen, und sich dank technischer Errungenschaften und eines gut organisierten Sozialsystems, in dem die Freiheit des Einzelnen gegen obligate Gleichheits- und Gerechtigkeitsprinzipien einigermaßen austariert ist, ein bequemes und zufriedenes Leben gönnen. Eventuell kann auch das menschliche Erbgut auf ein paar Lichtjahre entfernte erdähnliche Planeten befördert werden, und ganz allgemein wird sich die Menschheit alles leisten können, was ihr Herz begehrt, von der Erforschung der fundamentalen Weltgesetze über Lufttaxis bis hin zu Süßigkeiten und Pornographie, soviel unsere Triebe verdauen können.

Natürlich wird es immer Konflikte geben. Das Streben nach Macht und die Gier nach Geld, sowie auch Rassismus und Gewalt werden das beschriebene Bild erheblich stören. Doch geht es hier ja zunächst um die Frage, auf welches Ziel sich die Geschichte hinbewegen könnte. Vom subjektiven Standpunkt der menschlichen Gattung aus würde der oben skizzierte Idealzustand der Weltgesellschaft den ultimativen Fortschritt verkörpern - besonders im Vergleich zum jetzigen Stadium, wo Millionen am Hungern und in schlechten Verhältnissen zuhause sind.

Zu beachten ist hier einerseits, dass von einem wie auch immer gearteten höheren Standpunkt der Fortschritt der menschlichen Gesellschaft nicht unbedingt als ein Fortschritt-an-sich erscheinen muss - man denke etwa an das schon erwähnte Artensterben, das sich bei immer zunehmenden Wohlstand der Menschen vermutlich weiter beschleunigt - und dass andererseits das obige Idealbild kein geschichtliches Telos im Sinne einer sich automatisch vollziehenden Notwendigkeit, sondern nur eine Tendenz beschreibt, von der man unter Umständen hoffen darf, dass sie erreichbar sein könnte.

Was ihr dauerhaft entgegensteht, sind nicht nur Raffgier und Gewaltaffinität der Menschheit, sondern auch die Tatsache, dass ein solcher Zustand allzu sehr nach einem Ende der Geschichte aussieht. Ein Ende der Geschichte aber ist für eine Gattung wie den homo sapiens, die möglichst keine Grenzen akzeptieren, sondern immer weiter voranschreiten möchte, vielleicht gar nicht erstrebenswert. Vorzuziehen wäre, ähnlich dem wissenschaftlichen Erkenntnisfortschritt, eine Art von dauerhaftem Progress, wobei sozusagen die Kräfte des Lichtes und die der Dunkelheit in ständigem Widerstreit liegen, und es dem Fortschritt trotzdem immer wieder gelingt, eine nächste, höhere Stufe zu erklimmen.

Diese Sichtweise wird nicht nur durch die auf dem Planeten mittlerweise weit verbreitete kapitalistische Wirtschaftsweise gestützt, mit ihrer ständigen Verbesserung der Produktion und des Warentransports und aber auch ihrem enormen und unsinnigen Ressourcenverbrauch sowie ihren zyklischen Krisen, sondern ganz allgemein lehrt die historische Erfahrung, dass fortgeschrittene, hoch entwickelte Gesellschaften ständig vom Scheitern, von autoritären Entartungen und äußeren Konflikten bedroht sind. Aus diesem Blickwinkel erscheint die künftige Entwicklung des Westens denn auch viel risikoreicher als aus der zuvor beschriebenen eher statischen Vision eines von Notwendigkeiten befreiten Schlaraffenlandes.

Danach wäre selbst am Zielpunkt der Globalisierung ein Konzept von Universalgeschichte im engeren Sinne, wäre jede Art von holistischem Denken, das man der schlechten Realität ja doch nur überstülpt, zu verwerfen. Es wäre die Geschichte mehr als ein lineares, auf sich selbst bezogenes Fluidum, viel reichhaltiger als jedes utopische Ideal, und ihre Opfer leider auch in Zukunft unvermeidliche, wenn auch zufällig verteilte Begleitumstände einer janusköpfigen und wellenförmigen kulturellen Evolution der Menschheit. Zudem hätten die Verfechter des sozialen Fortschritts, d.h. der Freiheit des Einzelnen und der Gleichverteilung und sparsamen Verwendung von Ressourcen, auch weiterhin ständig mit der sattsam bekannten Übergriffigkeit derjenigen zu kämpfen, die den Hals nicht voll kriegen können.

Die Geschichte der Gesellschaften fügt sich ein in den allgemeinen Strom der Zeit, und ihre Phänomene sind an die physikalische Materialität des Kosmos gekoppelt, wie auch an die biologische Identität des Menschen, die zu manchen unverkennbaren Ähnlichkeiten aller seiner Kulturen Anlass gibt (mögen sie zeitlich und geographisch noch so weit auseinander liegen) und nur vom unterschiedlichen Stand der technischen Produktivkräfte in den jeweiligen Epochen gebrochen wird.

Je nach Forschungsinteresse kann man sich entweder auf diese Ähnlichkeiten konzentrieren oder im Gegenteil die spezifischen Eigenschaften der einzelnen Kulturen separat betrachten, samt ihrer Entwicklung vom Aufstieg zum Untergang. Der Untergang des römischen Reiches ist Gegenstand vieler Untersuchungen gewesen; im Idealfall sollte eine blühende Kultur aber in eine andere, fortgeschrittenere übergehen, und zwar dann, wenn es zu einem Entwicklungsschub infolge einer technologischen Transformation kommt, wie etwa während der neolithischen Revolution oder beim Übergang vom mechanischen zum elektromagnetischen Zeitalter.

Da ich Technologieschübe und Produktivkraftentfaltung plus die durch sie ermöglichten Verteilungsspielräume als primären Trigger gesellschaftlicher Veränderungen ansehe, an dieser Stelle ein kurzer Exkurs zum Thema

Technik und sozialer Wandel

Der Beginn des elektromagnetischen Zeitalters, d.h. das Aufkommen der ersten auf dem Elektromagnetismus beruhenden Erfindungen, fällt historisch mit der Aufklärung zusammen. Der technische Fortschritt kann hier durchaus als Teil und gleichzeitig Motor und Folge aufklärerischen Gedankenguts verstanden werden.

In der heutigen Zeit heißt technischer Fortschritt, alte Industrien durch Hightec und umweltschonende Energiegewinnung zu ersetzen. Die Errungenschaften der Technik sind dabei nach wie vor eindeutig als positiv zu bewerten. Wie man in der dritten Welt sieht, ist Unterentwicklung andauernd mörderisch, technischer Fortschritt nur manchmal. Im Durchschnitt wird unser Leben dank Technik immer angenehmer, und es ist kaum abzusehen, welchen Aufschwung die Menschheit noch erleben wird. Dies pflegen besonders diejenigen unter den Technikkritikern zu unterschlagen, die nicht nur seine Auswüchse, sondern den technischen Fortschritt als Ganzen in Zweifel ziehen.

Sicher ist die Technik kein Allheilmittel. Gegen die ontologische Sinnlosigkeit unseres Daseins wie auch manche absurde soziale Ungerechtigkeit kommt keine Technik an, und diverse exzessive Umweltzerstörungen hat sie überhaupt erst möglich gemacht. Infolgedessen sind viele Einwände von Seiten ihrer Skeptiker durchaus berechtigt. Dabei geht es vor allem um soziale Folgen oder um Umweltschäden, die mit technischen Neuerungen oft einhergehen. Zu den sozialen Schäden gehören Arbeitslosigkeit durch Automatisierung oder irrationale Ängste, wie etwa die Furcht, der Mensch könne aufgrund der zunehmenden Digitalisierung zum Knecht der Maschine regredieren. Offensichtliche Umweltschäden sind die Vergiftung des Bodens und der Luft, die mit der Technik einhergehen, sowie die Verseuchung der Weltmeere. Am Ende solcher Analysen steht oft die Einsicht, dass Technik und Politik nicht kompetent genug waren, solche Auswirkungen wieder rückgängig zu machen oder gar zu vermeiden.

Nach meiner Meinung sollte man immer zuerst die Gesellschaft entscheiden lassen, was sie zielbestimmt erreichen will. Falls Einigkeit besteht, dass das

Leben der Menschen durch Fortschritt erleichtern werden soll, müssen diese Verbesserungen der Natur abgerungen werden, mehr noch: sie werden fast immer auf Kosten der Natur gehen. Dabei ist keineswegs ausgemacht, dass menschlichen Interessen a priori der Vorrang gebührt. Stattdessen wäre zu fragen, wie (i) die Zahl der Menschen auf dem Planeten begrenzt und (ii) der Pro-Kopf-Verbrauch an natürlichen Ressourcen reduziert werden kann. Dies sind die wichtigsten Stellschrauben im Hinblick auf jedes der oben beschriebenen Probleme. Je mehr Menschen am Fortschritt teilhaben und je komfortabler sie leben wollen, um so mehr leidet notwendigerweise die Natur, die zu diesem Behuf immer weiter zurückgedrängt werden muss. Ergo ist es besonders wichtig, die Übervölkerung zu begrenzen und für ein Gleichgewicht zwischen Naturschutz und Naturausbeutung zu sorgen. Hierin besteht die eigentliche Aufgabe der Politik, und man kann kaum den technischen Fortschritt dafür verantwortlich machen, dass viele Gesellschaften nicht willens oder in der Lage sind, ein solches Gleichgewicht herzustellen.

Soviel zur Frage der Technikfolgen. Woher aber kommt überhaupt der Fortschritt? Als biologische Wesen haben die Menschen die Fähigkeit zur genetischen und durch ihr Geistesbewusstsein auch zu kultureller Anpassung. Technische Neuerungen werden aber meist nicht eingeführt, um diese Anpassungen zu erleichtern, sondern dienen eher dazu, den bereits Angepassten körperliche Arbeit zu ersparen. Wie am Beispiel der Antibabypillen ersichtlich, können technische Neuerungen allerdings auch massiven Einfluss auf die demographische Entwicklung einer Gesellschaft haben.

Allgemein gilt die Regel, dass nur diejenigen Teile der Menschheit, die mit den je aktuellen Lebensbedingungen am besten zurecht kommen und sie für die eigene Vermehrung zu nutzen verstehen, die Zeitläufte überdauern werden. Dies ist ein unerbittlicher wenn auch chaotischer Prozess, der durch äußere Einflüsse wie Kriege, Wirtschaftskrisen und Migrationsbewegungen beständig modifiziert wird und zudem relativ langsam vonstatten geht.

Der technische Fortschritt beeinflusst unsere Sicht auf die Dinge und sogar auch, welchen politischen und moralischen Leitlinien wir folgen und welche Art von Anführern wir wählen. Wegen der oben beschriebenen Flexibilität unseres Intellekts und der auf ihm beruhenden Gesellschaften heißt dies aber nicht, dass die Technikentwicklung die industriellen oder gar gesellschaftliche Abläufe zwingend und eineindeutig vorschreibt. Die Arbeitsorganisation in den modernen Fabriken etwa, der in den entwickelten Gesellschaften eine zentrale Funktion für den Wohlstand und die Versorgung der Bevölkerung zukommt, muss als ein sozio-technisches System begriffen werden, das Wahl- und Gestaltungsfreiheiten zulässt. Hier sind durchaus Experimente angebracht, um die entfremdende Arbeitsteiligkeit zu überwinden. Bisher hat sich allerdings der Effektivitäts- und Profitgedanke gegenüber solchen Ideen meistens durchgesetzt.

Ein weiterer Nachteil der beschriebenen Entwicklung ist die Gefahr der Überanpassung der Individuen an die durch Technik optimierten Sozial- und Herrschaftsstrukturen. Während die immer weiter verbesserte Organisation der Gesellschaft unser aller Leben in vieler Hinsicht einfacher und bequemer macht, steigt der allgemeine Anpassungsdruck, weil Nonkonformisten leichter identifiziert und aussortiert werden können, während die Angepassten in die Schaltstellen der Macht gelangen, wo es weniger auf technische Intelligenz als auf die Qualität der sozialen Schmierstoffe ankommt. Missliebige und unbequeme Vertreter der Spezies werden außer in extraordinären Krisensituationen nicht mehr benötigt und teils subtil, teils rigoros beiseite gedrängt. In der Konsequenz führt dies zu uniformen Gesellschaften, nicht nur uniform bezüglich der sozialen und technischen Abläufe, denen sich alle glücklich zu unterwerfen haben, sondern auch der genetischen Ressourcen. Früher zuweilen in negativen Utopien vorhergesagt, stellt eine sich auf einen uniformen Charaktertyp verengende Menschheit inzwischen eine realistische Zukunftsvision dar.

Adorno schreibt in seiner Negativen Dialektik, keine Universalgeschichte führe vom Wilden zur Humanität, sehr wohl eine von der Steinschleuder zur Megabombe. Man kann das - bei aller Misanthropie - auch so interpretieren: ein Telos gibt es möglicherweise im Bereich des technischen Fortschritts, zumindest in dem eingeschränkten Sinn, dass die technische Entwicklung fast immer eine Vorwärtsrichtung einschlägt, also fast immer ein Fortschritt ist, der als solcher auch vielen Menschen zugute kommen kann, und dass dieser auf einen Zustand vollendeter technologischer Performance geht, die zwar nie erreicht wird, doch in Zwischenschritten das Wohlergehen (zunächst eines privilegierten Teils) der Menschheit vergrößert.

Zusammenfassend ist festzustellen, dass dem so begründeten Begriff des Fortschritts kein Telos im eigentlichen, emphatischen Sinn zugrunde gelegt werden kann. Die Geschichte folgt einem Auf und Ab, während der technische Fortschritt tendenziell weitergeht, ohne dass aber ein solches Telos erkennbar wäre. Auf dieser Basis könnte man höchstens den Begriff eines 'Semi-Telos' einführen, d.h. eines Zustandes, gegen den eine Kultur unter der Voraussetzung eines gegebenen technologischen Entwicklungspotentials strebt. Ein Semi-Telos ist so etwas wie eine realistische Bestmarke für den jeweils möglichen Fortschritt sowie auch für die sozialen Beziehungen der Individuen. Diese sind nicht qua Automatismus erreichbar - denn es ist genauso gut möglich, dass die Kultur durch kriegerische Konflikte oder andere falsche Weichenstellungen geschwächt wird oder ganz untergeht - wohl aber durch permanente kollektive Anstrengungen von Politik und Gesellschaft. Im Falle von Fehlentwicklungen bleiben Revolten oder Revolutionen das letzte Mittel der Wahl, um etwa eine Tyrannei abzuschütteln.

Beim Begriff des Semi-Telos ist eine gewisse Analogie zu dem der biologischen Teleonomie der Biologie festzustellen. In Wahrheit sind beide nur Krücken, damit niemand auf die Idee kommt, zusammen mit Telos bzw Teleologie auch den Begriff des Fortschritts über Bord zu werfen. Fortschritt allein bedeutet nicht Telos; es gibt Fortschritte und auch zeitweise allgemeinen, durchgängigen Fortschritt vor allem in aufstrebenden Kulturen, der dann im Niedergang allerdings nahezu vollständig verlorengehen kann.

Hierbei ist zu bemerken, dass der Begriff der Kultur a priori mit dem Fortschritt wenig zu tun hat. Es gibt Kulturen, welche repressiv und völlig erstarrt sind und in denen es keinen Spaß macht zu leben. Das soll nicht heißen, dass sich Fortschritt allein über das Glück, die Bequemlichkeit und den Wohlstand der Menschen definiert. Auch wenn die Natur weniger belastet wird, ist das Fortschritt - ob es nun den Menschen zugute kommt oder nicht.

Hier erweist sich die Rückbesinnung auf alte Kulturen als unergiebig, da diese sich auf einem veralteten Stand der Technik entwickelt haben, der dann die entsprechenden Kultureffekte generiert hat. In manchen Kulturen waren die Menschen glücklich, in anderen nicht.

Der Begriff des Semi-Telos enthält auch keine Synthesis oder Versöhnung. Er kann nicht in Hegelscher Manier den Blick auf die Opfer verdecken, deren Opfergang sich schon aus der allgemeinen Sinnlosigkeit unserer Existenz als sinnlos ergibt. Darüber hinaus ist ein Semi-Telos keineswegs eindeutig bestimmt. So könnte z.B. eine Tendenz auf eine Gesellschaft im Sinne Platos gehen, wo 'Philosophen' das Sagen haben und die soziale Befreiung scheinbar nicht dazugehört. Dann kann es geschehen, dass einer Mehrheit der Menschen die Freiheit aber so wichtig ist, dass sie sich über dieses scheinbar so bedeutsame Semi-Telos hinwegsetzt.

Alle geschichtlichen Akteure einschließlich des 'gemeinen Mannes' folgen hauptsächlich ihren egoistischen Interessen und Trieben, die wiederum bedingt sind durch Tradition, Erziehung, Zeitgeist und so weiter, und durch einen Hang zu selbstzerstörerischer Spontaneität. Allein deshalb kann das geschichtliche System im strengen Sinne niemals teleologisch sein. Es ist ein selbstorganisiertes System, und wie alle selbstorganisierten Systeme kann es zwischenzeitlich zu relativ stabilen Gebilden führen, in deren Rahmen die

Natur und ein unterprivilegierter Teil der Menschheit auf effektive Weise ausgebeutet werden, jedoch nie zu der besten aller Welten.